Leopold Kohr

Die Lehre vom rechten Maß

Leopold Kohr

Die Lehre vom rechten Maß

Aufsätze aus fünf Jahrzehnten

Mit einem Vorwort von Jakob von Uexküll

Herausgegeben von Ewald Hiebl
und Günther Witzany

OTTO MÜLLER VERLAG

Mit freundlicher Unterstützung von:
Land Salzburg
Ski-Arena Wildkogel Neukirchen am Großvenediger/Bramberg am Wildkogel

Leopold Kohr: Werkausgabe
Herausgegeben vom Wissenschaftlichen Beirat der
Leopold Kohr-Akademie (Salzburg – Neukirchen)

Univ.-Prof. Dr. Reinhold Wagnleitner (Leitung)
Christine Bauer-Jelinek
Gesandter Dr. Michael Breisky
Univ.-Prof. Dr. Christian Dirninger
Mag. Manfred K. Fischer
Mag. Erwin Giedenbacher
Dr. Ewald Hiebl
Dr. Silvia Kronberger
Univ.-Prof. Dr. Ulrich Müller
Dr. Elisabeth Schreiner
Mag. Dr. Günther Witzany
Prof. Alfred Winter

Biograph: Gerald Lehner

Leopold Kohr-Akademie:
Leitung: Susanna Vötter-Dankl und Christian Vötter
Tauriska-Kammerlanderstall
A-5741 Neukirchen a. Grv.
www.leopoldkohr.com, www.tauriska.at, office@tauriska.at
Tel. 0043-(0)6565-6145, Fax 0043-(0)6565-6145-4

2. Auflage
www.omvs.at

ISBN 3-7013-1116-1
© 2017 Otto Müller Verlag Salzburg/Wien
Alle Rechte vorbehalten
Satz: Media Design: Rizner.at, Salzburg
Umschlaggestaltung: Stephanie Winter
Druck und Bindung: Christian Theiss GmbH, A-9431 St. Stefan

Inhalt

Wie man Denkgrenzen überwindet –
Vorwort von Jakob von Uexküll ... 7

Vorwort der Herausgeber ... 12

Zur Frage, wie man Gast sein soll ... 14

I Von der richtigen Größe

Einigung durch Teilung ... 21
Kritische Größe ... 28
Angepaßte Technologie und das Problem der Größe ... 53
Wo immer etwas falsch ist, ist es zu groß ... 74
Die Hauptkrankheit der Menschheit ... 78
Warum denn in die Ferne schweifen ... 80

II Gesellschaftsanalysen

Annäherung an den Frieden
  in Gleichnissen und Parabeln ... 83
Das Drama des Menschen (I) ... 92
Das Drama des Menschen (II) ... 106
Ursprung und Natur der Slums ... 120
Das Paradox der Fußgängerzone ... 124
Das Ende des Wohlfahrtsstaates ... 127
Die „kritische Macht" –
  Alte und neue Kriegsschuldtheorien ... 130
Je schneller, desto mehr ... 133

III Weltreisen

Südtirol ist Österreich 138
Erfolgsbasis einer Paneuropäischen Union 141
Kleinstaat ohne Form und Pomp.
   Besuch in Liechtenstein 144
Beitritt oder nicht: Die Schweiz und die EG 149
Orangen, Bananen, Rum und ein Revolver 167
Die Rebellion des Inselknirpses 170
Die Aufteilung Rußlands 174
Moskauer Eindrücke.
   Akzent, Straßen, Frauen, Kunst, Geschmack 176
Die keltische Freistaatsbewegung 180
Ist ein unabhängiges Wales lebensfähig? 187
Der Mond über Maastricht.
   Die Jugoslawienkrise als Widerlegung? 191
Die Fleißaufgabe der UNO schützt die Kurden nicht 197

IV Interviews

Unsere Gefahr ist die Größe. 200
„Gott zerschlägt Babylon, wo er es findet" 215
Europa ist eine Titanic 220
Das gefährliche Unterfangen EG 222
„Geistig umstellen und das Glück im Kleinen suchen" 227

Leopold Kohr: Lebenslauf 232

Leopold Kohr Akademie 236

Jakob von Uexküll

Wie man Denkgrenzen überwindet

Leopold Kohr war ein Weltbürger, in vielen Ländern zu Hause, ein Genießer und Charmeur. Zum Treffen der Alternativen Nobelpreisträger erschien er in Begleitung einer attraktiven jungen Dame. Ich nahm an, dass er von einer Enkelin begleitet wurde, weil er aus Altersgründen nicht allein reisen wollte. Aber sie war eine Schweizerin, die Kohr während der Zugreise kennen gelernt hatte und von seinen Erzählungen so fasziniert wurde, dass sie spontan mitgekommen war, um mehr zu erfahren. Die Begegnung mit Kohr, sagte sie mir, habe ihr Leben verändert.

Ich erwähne diese Geschichte, weil oft behauptet wird, wer Kleinheit schätzt, sei provinziell, unmodern, rückständig, kleinkariert. Warum ist dieser Prophet der Kleinheit heute trotzdem so aktuell?

Kohr war kein Fanatiker, der alles verkleinern wollte. Er wollte uns aber daran erinnern, dass wir alle fehlbar sind und daher – als Gäste auf dieser Erde – besser kleine als große Fehler machen sollten! Leicht auf der Erde leben, nicht mehr, als unseren fairen Anteil der natürlichen Ressourcen verbrauchen – das ist für mich die heute sehr aktuelle Botschaft Leopold Kohrs.

Kohr wusste, dass er provozieren musste, um gehört zu werden im Lärm der „Bigger is Better!"-Propaganda der herrschenden Wachstums-Fanatiker. So forderte er, zu einer Zeit, als immer mehr Europäer von einer Union träumten, kurz und bündig: „Disunion NOW!" Einige seiner Bewunderer nahmen und nehmen das noch immer sehr wörtlich. Auf den Tagungen und in den Publikationen der Organisation „FOURTH WORLD", die sich auf Kohr beruft, werden alle UN- und EU-Institutionen regelmäßig als Teufelswerk verdammt. Erst kürzlich wurde ich in der „FOURTH WORLD REVIEW" vom Herausgeber John Papworth als machtgierig und größenwahnsinnig attackiert, weil ich einen „Weltzukunftsrat" vorgeschlagen habe...

Auch die Gründer von Organisationen wie „TOES" (The Other Economic Summit = Alternativer Weltwirtschaftsgipfel) wurden von

„Lokalisten", die sich als intellektuelle Kohr-Erben sehen, als machthungrige Weltbeherrscher in spe verdammt. Laut John Papworth müssen die Gemeinden der Welt die Macht ergreifen, denn nur auf Gemeinde-Ebene können die Menschen wieder die Kontrolle über ihr Leben zurückgewinnen. Wie dies vor sich gehen soll, bleibt im Dunklen.

Leopold Kohr war, wie dieses Buch belegt, viel realistischer. Er fordert nicht die Abschaffung der EU, sondern will ihr zum Erfolg verhelfen – ein Beitrag trägt den Titel „Erfolgsbasis einer Paneuropäischen Union". Er verweist auf die Probleme, die entstehen werden, wenn ein Mitglied viel mächtiger ist als die anderen. Wie wir wissen, teilten sehr viele Europäer nach der deutschen Vereinigung diese Sorge.

Kohr meinte: „Nur kleine Staaten sind bescheiden, unbekümmert und vor allem schwach genug, um eine Autorität zu akzeptieren, die größer als ihre eigene ist." Es ist interessant zu verfolgen, wie die immer stärkere Präsenz der deutschen Bundesländer in Brüssel – zum Missvergnügen der Berliner Regierung – dazu beiträgt, ein neues Gleichgewicht im Kohrschen Sinne zu schaffen. Auch andere Regionen, z.B. in Spanien, „verbünden" sich mit der EU gegen ihre nationalen Regierungen. Die schottischen Nationalisten kämpfen für die Loslösung von London unter dem Slogan „Scotland in Europe". Sogar Dörfer und Gemeinden machen ähnliche Erfahrungen. So erzählten mir die Alternativen Nobelpreisträger der finnischen Dorf-Aktions-Bewegung „KYLÄTOIMINTA", dass sie erst gegen den EU-Beitritt ihres Landes gewesen seien, aber inzwischen bei ihrem Kampf gegen das Dorf-Sterben Unterstützung gegen Schließungspläne der finnischen Regierung bei der EU finden können.

Der Titel des Buches „Protecting the Local Globally" (von Colin Hines) beschreibt die heutige Herausforderung: Es geht nicht um eine Rückkehr zum autarken Dorfleben mit Zollschranken an jedem Ortseingang (anders ginge es nicht!), sondern es geht um die Schaffung von Rahmenbedingungen auf allen Ebenen, die es lokal und regional möglich machen, das Ausmaß der Einbindung in globale Strukturen zu entscheiden. Nur so kann verhindert werden, dass die Fehlentwicklungen der Globalisierung, vor denen Kohr warnte, so groß werden, dass sie nicht mehr rückgängig zu machen sind: Umweltzerstörung, sozialer Kollaps, Terror usw.

Kohrs bekanntester „Schüler", E. F. Schumacher, schrieb einen Bestseller mit dem Titel „Small is Beautiful", aber wahrscheinlich stammt der griffige Titel nicht von ihm, sondern von der PR-Abteilung seines Verlages. Denn es ging Schumacher nicht um die möglichst kleine, sondern um die angepasste („appropriate"), die richtige Größenordnung, wobei seine Richtschnur in Anlehnung an Kohr das menschliche Maß ist, d.h., was passt zu uns? Schumacher gründete eine Organisation mit dem Namen „Intermediate Technology Development Group", denn er sah, dass solche „mittleren" Technologien vor Ort neue, interessante Arbeitsplätze schaffen, während Großtechnologien meist Arbeitsplätze abschaffen.

Wer heute nur auf die Produkte der Technologie schaut, kann leicht zu dem Schluss kommen, dass die Kohrschen Ideen gesiegt haben, denn vieles ist in den letzten Jahrzehnten immer kleiner geworden. Rechner, die mehrere Stockwerke groß waren, können heute auf einem Fingernagel untergebracht werden. Mobilfunk-Sendeanlagen, die mehrere Kubikmeter Raum brauchten, passen in einen Schuhkarton. Aber, während die Einheiten kleiner werden, benutzen und verbrauchen wir so viel mehr davon, dass wir immer noch dabei sind, unsere Lebensgrundlagen zu zerstören.

Man könnte annehmen, dass die Verstädterung und der Übergang zur Dienstleistungsgesellschaft hier Abhilfe schaffen würde, denn, wie der US-Ökonom Paul Krugman schreibt: „Wenn man sich die Wirtschaft moderner Städte anschaut, sieht man einen Prozess der Lokalisierung: Ein steigender Teil der Arbeitskräfte produziert Dienstleistungen, die nur innerhalb bzw. im Umkreis derselben Stadt verkauft werden." Also auch hier eine Entwicklung hin zum menschlichen Maß? Nur sehr bedingt, denn diese Dienstleistungen erfordern fast immer auch Waren, die zunehmend von globalen Unternehmen produziert und über immer längere Strecken transportiert werden.

Wir sind die erste Generation, deren Entscheidungen die Zukunft der ganzen Menschheit entscheiden kann. Wir müssen die Richtung ändern, bevor der Kampf um immer knappere Ressourcen unsere Gesellschaften barbarisiert. Wir müssen Bedingungen schaffen, die es möglich und lohnend machen, als Gäste auf dieser Erde und nicht als Alleinherrscher mit dem Motto „Nach uns die Sintflut" zu leben.

In unserer globalisierten Welt brauchen wir entsprechende Prioritäten auf allen Ebenen – von der lokalen bis zur globalen. Aber wir leben lokal und können dort die Konsequenzen unserer Entscheidungen am ehesten überblicken und beherrschen. Wir können vor Ort positive „Externalitäten" selbst genießen und die negativen am leichtesten verhindern bzw. wieder gut machen.

Die direkte Erfahrung lokaler Demokratie und Mitbestimmung ist unerlässlich für die Erziehung mündiger Bürger, schrieb schon John Stuart Mill. Für Leopold Kohr wurde die optimale Einheit politischer Entscheidungen immer kleiner, je länger er sich mit dieser Thematik beschäftigte. Als er noch in den USA lebte, hielt er die Größe Schwedens für optimal. Anfang der 1990er Jahre war dann Liechtenstein sein Ideal geworden. Bei einem Besuch dort, erzählte er mir, sei er abends allein mit dem Premierminister in dessen Büro gesessen, als das Telefon klingelte. Der Minister antwortete mit „Regierung", und Kohr meinte, ein Land, wo die Regierung nur einen Telefonanschluss habe, könne sie sich nie zu weit von den Interessen seiner Bürger entfernen...

Natürlich glaubte Kohr nicht, dass ein Land von der Größe Liechtensteins völlig autonom oder autark entscheiden könne. Aber er meinte, dass die Bürger in einem Land mit einer so kleinen Verwaltung eher die Möglichkeit haben, Beschlüsse zu beeinflussen und nachzuvollziehen. Dies gilt natürlich auch in der Wirtschaft: Unternehmen, die lokal eingebunden sind, werden nicht so schnell nach Asien umsiedeln.

Margaret Thatcher sagte: „Ökonomie ist die Methode. Das Ziel ist es, die Seele zu verändern." Die entscheidende Frage heute ist: Wollen wir diese Veränderung oder nicht? Wollen wir global konkurrierende Individualisten sein oder kooperierende Bürger? Was ist uns wichtiger, eine möglichst große Auswahl an möglichst billigen Konsumgütern oder eine ökologisch und sozial nachhaltige Gemeinschaft?

Leopold Kohr warf viele provozierende Fragen auf und fand Antworten, die sicher nicht immer die unsrigen sind. Aber er erinnert uns daran, dass die Marschrichtung nicht vorbestimmt ist. Angebliche Sachzwänge sind nur die Denkgrenzen von heute. Leopold Kohr zeigt, wie man sie überwindet.

London, im Januar 2006

Vorwort der Herausgeber

„Der Mensch ist das Maß aller Dinge". Dieser Satz des griechischen Rechts- und Staatsphilosophen Protagoras war einem der Grundpfeiler abendländischer Denkgeschichte, Plato, so wichtig, dass er diesem Denker einen eigenen Dialog widmete. Platos Schüler Aristoteles, der Vater der abendländischen Logik- und Wissenschaftsgeschichte betonte nachdrücklich, dass eine der wichtigsten Voraussetzungen für ein gelingendes Gemeinwohl und Gesellschaftsleben die Beachtung der Größe und Überschaubarkeit der Gesellschaften sei, um dem Menschen ein „gutes Leben" zu ermöglichen. Würde die optimale Größe und Überschaubarkeit überschritten, drohe Niedergang und Verfall der Staaten und Reiche.

Wie wichtig die Beachtung der Grundregel des Protagoras in den letzten 2500 Jahren ist, zeigt die Geschichte in zahllosen Beispielen, in denen nicht der Mensch das Maß aller Dinge war, sondern der Stamm, das Volk, das Imperium, das Reich, die Nation oder andere Loyalitäten zu gesellschaftlichen Großgruppen. All diese Versuche, die abstrakten Großgruppen über die Ansprüche und Bedürfnisse des menschlichen Individuums zu stellen, scheiterten. Grund dafür war nicht die Unzulänglichkeit der Menschen, sondern die prinzipielle Entindividualisierung und Entwürdigung des Einzelnen; indem er zum bloßen Werkzeug von Ideologien, zum Kriegsspielzeug von Zentralverwaltungen wurde. Wird das Individuum zum „Zahnrad einer Megamaschine" (Lewis Mumford), gehen freier Wille, gegenseitiger Respekt, Anerkennung und Würde verloren und reduzieren den Menschen zur Sache. Solche „Sachmassen" brauchen Zentralverwaltungen, willenlose Untertanen, die im Machtgeschiebe der Geschichte als Kriegs- und/oder Arbeitsmaschinen zum Einsatz kommen – bis zum heutigen Tage. Sie folgen nicht den ethischen Normen zur Durchsetzung der Menschenrechte, sondern plan- und berechenbaren statistischen Gesetzen.

Weil sich am richtigen und gerechten, nämlich menschlichen Maß Geschichte und Zukunft des Menschen entscheiden, bildet dieser Satz des Protagoras auch die Grundlage für die Philosophie und Ökonomie von Leopold Kohr. Die Lehre vom rechten Maß, die bei Protagoras beginnt, hat in Leopold Kohr seinen energischsten Protagonisten der Gegenwart und wohl auch der Zukunft gefunden. Diese Lehre hat er in den Büchern „Das Ende der Großen" und „Die überentwickelten Nationen" detailliert entfaltet. Neben dieser systematischen Arbeit griff Leopold Kohr aber auch in den öffentlichen Diskurs ein: In zahlreichen Aufsätzen, Vorträgen, Interviews wurde er bis zum Ende seines Lebens nicht müde unmissverständlich darauf hinzuweisen, dass dieser Blick und die öffentliche Wahrnehmung des rechten Maßes von zentraler Bedeutung für ein „gutes Leben" seien, die (aristotelische) Grundorientierung eines jeden Menschen nach Glück.

Im Unterschied zu seinen Büchern, in denen er ausreichend Raum für die Entfaltung seiner Philosophie hatte, war er in Zeitungs- und Zeitschriftenartikel gezwungen, die Quintessenz seiner Theorie allgemeinverständlich und kurz auf den Punkt zu bringen. Die hier gesammelten Beiträge geben ein eindrucksvolles Zeugnis davon, wie ernst Leopold Kohr diesen öffentlichen Diskurs führte, sei es in renommierten internationalen Zeitungen, sei es in kleinen Regionalblättern. Die Texte zeigen auch die Fähigkeit Kohrs, als Essayist komplizierte Sachverhalte in verständlicher und angenehm zu rezipierender Form an verschiedene Zielgruppen zu vermitteln.

Weil Leopold Kohrs „Lehre vom rechten Maß" immer dann aktuell wird, wenn Großordnungen unter ihrer Last zusammenbrechen zu drohen und Menschen nach Auswegen, Orientierungen und Hilfestellungen suchen, wird seine Aktualität in absehbarer Zeit noch zunehmen. Insofern stellen die Beiträge in diesem Buch auch eine Hilfe zur Selbsthilfe dar, indem sie dem Leser verdeutlichen, dass die Vielfalt politischer Geschichte(n) immer auch geprägt ist von der Einhaltung oder eben Missachtung des rechten menschlichen Maßes.

Ewald Hiebl und Günther Witzany   Salzburg, im März 2006

Zur Frage, wie man Gast sein soll

Leopold Kohr im Gespräch mit Altbundespräsident Rudolf Kirchschläger

Schön langsam geht's mit mir zu Ende. Wie mir gerade ein Zeitgenosse aus Amerika schrieb, schickt er bereits fast zweimal jede Woche Kondolenzschreiben, meistens an Witwen. Das ist fast genausooft, wie ein alter Salzburger Schulfreund vom Rupertinum (als es noch ein Zöglingsheim war) seinen Hut aufsetzt, den er nur zu Begräbnissen trägt. Was einen anderen alten Freund, Professor Anatol Murad, veranlaßte, mir treu wienerisch schon vor einigen Jahren aus Kanada zu schreiben:

> *„O Gott, o Gott, o Gott,*
> *Scho wieder ana tot.*
> *Wos wird denn do no wean,*
> *Wenn olle Leit so steam?"*

Also muß ich mich jetzt schön langsam etwas beschleunigen, wenn ich noch einige Bücher schreiben will, über die ich schon seit einer Dekade herumrede, das letzte Mal in der Wiener Hofburg anläßlich eines Besuches bei dem hochverehrten damaligen Bundespräsidenten Dr. Rudolf Kirchschläger. Ich erzählte ihm, daß ich nach einem halben Jahrhundert Proselytisieren nichts mehr über das Thema „Small is Beautiful" schreiben will. Mein nächstes Buch wird den Titel haben: „Wie man Gast sein soll". In der heutigen Zeit, bei dem ununterbrochenen weltweiten Herumreisen und Besuchemachen, scheint mir das ein sehr wichtiges Thema zu sein, besonders für die jüngere Generation. Und nebenbei solle es auch ein Führer für die ältere Generation sein, mit einigen Ratschlägen, wie man ein Gastgeber sein soll. Aber das Wichtigste ist der Gast.

Darauf fragte mich der Präsident: „Werden Sie auch etwas darüber schreiben, wie man ein Gast auf dieser Erde sein soll?"

„Herr Präsident", antwortete ich, „Sie haben gerade mein letztes Kapitel geschrieben."

Es war eine wunderbare Idee, die meinem Buch noch die fehlende vierte Dimension gegeben hat. Das Unglück besteht nur darin, daß ich das Buch noch nicht einmal angefangen habe, trotz des Gefühles, daß ich es Dr. Kirchschläger schuldig bin, schon wegen des letzten Kapitels. Aber da es mit mir, wie gesagt, jetzt doch schön langsam zu Ende geht, möchte ich mich endlich schön langsam daranmachen, wenigstens einiges über seinen Inhalt zu schreiben.

Trotz meiner amerikanischen Staatsbürgerschaft fesselt mich mein Oberndorfer Ursprung leider noch immer an die österreichische Gepflogenheit, sich mit nichts zu beeilen – alles schön langsam zu machen. In einer meiner soziologischen Schriften wählte ich in Anlehnung an „Small is Beautiful" das Zwillingsthema „Slow is Beautiful", denn nur im kleinen Rahmen kann man zum Ziel kommen, wenn man etwas schön langsam tut. Im großen Raum muß man rennen und rasen, und man erreicht doch nichts, denn, wie Nestroy (glaube ich) so richtig sagt, „das Glück rennt hinterdrein". In meinen Versuchen, Freunden den österreichischen Charakter zu erklären, weise ich daher immer auf die Formel hin, mit der man hier seinen Abschied vorbereitet: „Ich glaube, ich muß mich jetzt dann schön langsam auf die Beine machen."

„Schön langsam"

Man beginnt mit einem Vorsatz, über den man noch debattieren kann. „Ich glaube." Gleich darauf faßt man Mut; der Vorsatz wird zum Entschluß: „Ich muß." Darüber besteht kein Zweifel mehr. „Mich jetzt." Das heißt sofort! Los! Hinaus! Nach Haus! Aber damit hat man seine Energie erschöpft. Die Stimme wird sanfter und das Absolute des „jetzt" mit einem „dann" wieder diskutierbar gemacht. „Jetzt dann." Also, so eilig ist es ja doch nicht, und man endet mit einem letzten Achterl in der Hand: „Schön langsam auf die Beine machen." Es hat den Rhythmus Schillers: „Im Hexameter steigt des Springquells flüssige Säule. Im Pentameter drauf, fällt sie melodisch herab."

Als ein ungarischer Freund, der Reitervölkerhistoriker Michael von Ferdinandy, mir einmal eine Begegnung mit Otto von Habsburg, damals noch „Erbkönig" von Ungarn, beschrieb, wies er darauf hin, daß, obwohl Otto nie in Ungarn war, sein Ungarisch perfekt sei. „Hie und da klingt es etwas archaisch", schilderte Ferdinand, „wie das eines Landedelmannes. Aber nur an einem kann man erkennen, daß er kein Ungar ist. Wenn er dich empfängt, sagt er: ‚Wollen Sie bitte Platz nehmen?' Oder ‚Wollen Sie sich bitte niedersetzen?'" Auf meine Frage, was denn ein Ungar sagen würde, antwortete mein Freund mit einer donnernden Kommandostimme: „Setz dich nieder." Das ist das Österreichische in Otto: Schön bedachtsam und schön langsam mit allem umzugehen. Was ist schließlich schon aus denen geworden, die es eilig hatten?

Das zur Erklärung der etwas langen Einleitung zu einer kurzen Skizze des Inhaltes meines noch nicht angefangenen Buches: „Wie man ein Gast sein soll". Und sogar diese Skizze besteht nur aus einigen Notizen, die ich hoffentlich zu Ehren des lieben Altbundespräsidenten von Österreich noch Zeit haben werde, später dann einmal schön langsam aufzurunden, bevor meine Freunde eines morgens in der Zeitung lesen werden: „O Gott, o Gott, o Gott/ Scho wieder ana tot."

Hier also einige der Ratschläge, die ich erteilen möchte:

1. Ein französisches Sprichwort sagt: l'exactitude est la politesse des rois. Pünktlichkeit ist die Höflichkeit der Könige. Das ist zwar sehr unösterreichisch, aber ein Gast muß seinen Fahrplan einhalten. Wenn er vom akademischen Viertel Gebrauch macht, muß er pünktlich um eine Viertelstunde verspätet sein. Wenn er auf längeren Besuch kommt, muß er genau mitteilen, wann er kommt und besonders auch, wann er geht. Wie das englische Sprichwort sagt: The guest brings always joy – when he arrives and when he leaves. Der Gast bereitet immer Freude – bei seiner Ankunft wie auch bei seiner Abreise.

Besuch und Heimsuchung

2. Paracelsus schrieb: „Alles ist Gift. Ausschlaggebend ist nur die Menge." Das gilt von Medikamenten, vom Rauchen, Schlafen, Trinken, Essen, Reden und Gastsein. Wieder ein englisches Sprich-

wort: Three days is a visit. More than three days a visitation. Drei Tage ist ein Besuch, mehr als drei Tage eine Heimsuchung. (Es gibt auch ein übelriechendes Equivalent auf deutsch. Das überlasse ich anderen. Auch der ärgste Gast ist kein toter Fisch, außer der Gastgeber hat ihn schon bei seiner Ankunft umgebracht.) Die Drei-Tage-Grenze ist allerdings nur ein Durchschnittsoptimum, die viele Ausnahmen hat, je nachdem, um wen es sich handelt. Es gibt Drei-Minuten-Gäste, deren Zeit nach einem herzlichen Handschlag auf die Schulter und einer warmen Einladung zu einem Mittagessen, der man nie nachkommt, erschöpft ist. Es gibt Zwei-Stunden-Cocktail-Gäste, Drei-Tage-Wochenend-Gäste, Sommergäste und Lebensgäste, die man meistens heiratet. In jedem Fall muß der Gast herausfinden, wo er auf der Willkommensskala steht.

3. Von der englischen Kunstkritikerin Manning Farrell stammt das Wort: Der Gastgeber soll immer dem Gast versichern, daß er zu Hause ist, und der Gast soll immer wissen, daß er es nicht ist.

4. In einer Zeit, in der jeder ein schlechtes Gewissen hat, fällt es oft schwer, Gastfreundschaft ohne eine Gegenleistung anzunehmen. Man bringt Wein und Zuckerln, die der Gastfreund nicht braucht, oder bietet Hilfeleistungen an, wie eine reizende Nichte, die mich in Wales besuchte und nach unserem ersten Abendessen, das ich bereitete, das Abwaschen übernehmen wollte. Das war an einem Freitag. „Nein", gebot ich ihr. „Bis Montag bist du mein Gast und bis dahin wirst du keinen Finger rühren. Ab Montag ist es etwas anderes. Von da an bist du…" „Deine Magd", ergänzte sie etwas verstimmt den Satz. „Nein", war meine Antwort. „Ab Montag bist du zu Haus. Da kannst du helfen und arbeiten, was du willst."

Wie das Wort selbst besagt: der Gastgeber ist der Geber. Das größte Geschenk, das man erbringen kann, besteht nicht in Weinflaschen und Abspülhilfe, sondern in der Annahme ohne Gewissensbisse von dem, was er dir bietet. Was er am meisten würdigt oder würdigen soll, ist der Freund oder Fremdling, der nach einer langen Wanderung durch die feindliche Welt sich hinstreckt und mit Rilke aufseufzt: Einmal sich alles geschehen lassen, das ist das schönste Geschenk, das der Gast dem Gastgeber geben kann.

Zerbrechliche Beziehungen

5. Wo immer ich meinen alten, jetzt in Rom lebenden Freund Peter Wenzel – früher Chef verschiedener Pan-American-Airways-Bureaus in Miami, Caracas, Prag, Rom – traf; und wie groß auch die Zwischenräume zwischen unseren Zusammenkünften sein mochten; ich wußte immer, was seine fast ersten Worte sein würden – dieselben, mit denen er mich nach zwanzig Jahren auch diesmal wieder in Rom begrüßen wird: Les relacions humaines sont les plus precieuses. Na ja, dachte ich einige Jahre lang. Die menschlichen Beziehungen sind sicher die kostbarsten. Aber da unsere Umgangssprache Englisch war, fragte ich mich, warum sagt er mir das auf Französisch? Bis mir dann eines Tages der Knopf aufging. Denn weder das deutsche Wort „kostbar" noch das englische „precious" spiegelt den äußerst delikaten Doppelsinn des französischen wider. Wie es bei vielen kostbaren Dingen der Fall ist, sind menschliche Beziehungen auch sehr „zerbrechlich", was das bloße Wort „kostbar" nicht vermittelt. Man muß sie mit Vorsicht und Fingerspitzengefühl behandeln, wenn man sie nicht zertrampeln will. Und das läßt sich nicht mit einem Wort übersetzen, genauso wie das delikate deutsche Wort „Fingerspitzengefühl" in anderen Sprachen kein einwortiges Equivalent hat. Um das erfühlen zu können, muß der Gast Takt haben, was wichtiger ist, als jedem bei jeder Gelegenheit die Wahrheit ins Gesicht zu watschen. Als Gott sagte: „Hier sind Sonne, Mond und Erde", hat er das Blaue aus dem Himmel heruntergelogen. Aber seither bestehen Sonne, Mond und Erde, was nicht der Fall wäre, hätte er sich an die Wahrheit gehalten und analytisch festgestellt: „Alles, was ich seh, ist Chaos."

6. Aus dem ergibt sich auch, daß sich der Gast keinen Launen hingeben darf, auch wenn das seiner wahren Stimmung entsprechen würde. Es steht anders mit Unglück oder Leid, das der Gastgeber teilen und erleichtern kann. Aber eine grantige Stimmung mitzuteilen ist genauso ungezogen, als wenn man sich im Wohnzimmer erleichtern würde, wenn der Magen verstimmt ist. Wenn man launige Verstimmungen nicht verheimlichen kann, dann: hinaus auf die Stimmungstoilette, und nicht zurück, bevor die Seele, Gemüt und Sinn gründlichst wieder reingespült sind.

Pflicht des Gastgebers

7. Letztens ein Prinzip, das dem Gastgeber eine Pflicht auferlegt, ohne dem Gast ein Recht dazu zu geben. Ich bin im allgemeinen gegen jedes Prinzip. Denn wenn jemand etwas aus Prinzip tut, heißt das, daß er es nicht tun würde, wenn es auf ihn selbst ankäme, ein Vorwand, unter dem Sadisten, Gauner und Bürokraten etwas verweigern, das sie aus Anstand zugestehen müßten, wenn es nicht des verdammten Prinzipes halber wäre. Was verdammt ist, ist jedoch in diesem Fall nicht das Prinzip, sondern der Kerl, der es wollüstig zitiert und zur Anwendung bringt. Also lieber überhaupt keine Prinzipien haben, was eines der vier Prinzipien ist, die sogar bei mir Geltung haben. Die anderen drei sind: 1. Meine Nationalität besteht aus meinen Freunden. 2. Vereinbarungen müssen eingehalten werden (pacta observanda sunt). 3. Der Gast ist heilig. Und viertens, wie gesagt: keine Prinzipien haben.

Das Leben verlangsamen

8. Und allerletztens noch zur Frage des verehrten Altbundespräsidenten: Wie soll man sich als Gast auf unserer Erde verhalten? Mein Rat ist derselbe wie zu Beginn dieser Skizze: das Leben verlangsamen. Sich wieder mehr Zeit nehmen. Nicht immer feindlich nach allem fassen. Nicht fressen, sondern essen. Nicht saufen, sondern trinken. Die Schallplatte abbremsen, damit man wieder die Melodie hört statt des Kreischens. Das Ewige in der Nachbarschaft suchen, was man schön langsam tun kann, anstatt dem Vergänglichen im Düsenflugzeug nachzujagen, aus dem man von der Erde nichts sieht als eine weiße Wolkendecke, die von einigen Emmentalerlöchern durchbrochen ist. Wie man in Spanien sagt: Reduzca la velocidad y viva mas – Fahre langsamer und lebe länger.

Aber länger leben bedeutet hier auch besser leben, weil das langsamere Fahren die Umwelt weniger verschmutzt als das schnellere. Da man aber nur in kleineren Gesellschaften seine Ziele in langsamerem Tempo erreichen kann, weil, wie in den alten Stadtstaaten, alles, was man braucht – von der Schule zum Theater, vom Bräustübl zum Dom, vom Bauernhof zum Rathaus –, in der unmittelbaren Nähe liegt, erfordert das bessere Leben auch eine Rückkehr zu kleineren Gemeinwesen, vom slow ist beautiful, zu small ist beautiful. Und in kleineren, überschaubaren Staaten wird es schließlich auch wieder möglich sein, nicht nur langsamer und besser, sondern auch vernünftiger zu leben, nicht als Ausbeuter, sondern als Gäste der Erde, die wissen, daß sie dem Hausherrn immer Freude bereiten müssen – bei der Ankunft mit einer schönen Tauf', und bei der Abfahrt mit ana schönen Leich'.

Zur Frage, wie man Gast sein soll. Leopold Kohr im Gespräch mit Altbundespräsident Rudolf Kirchschläger, in: Salzburger Nachrichten, 31. Oktober 1987, 21.

I VON DER RICHTIGEN GRÖSSE

EINIGUNG DURCH TEILUNG

Gegen nationalen Wahn, für ein Europa der Kantone –
ein Vorschlag aus dem Jahr 1941

Die meisten von uns glauben, daß das Elend, das die Welt erfaßt hat, darin liegt, daß sich die Menschheit in zu viele Staaten zersplittert. Deshalb sind auch die meisten von uns davon überzeugt, daß die einfachste Methode, dieses Übel abzustellen, ganz einfach darin liegt, die Vielzahl der Staaten durch einen Prozeß der allmählichen Vereinigung abzuschaffen, angefangen mit der Vereinigung der Demokratien, dann der Kontinente und letzten Endes der ganzen Welt. Die gewöhnlich zitierten Beispiele für die Möglichkeit solcher Unionen sind die Vereinigten Staaten und die Schweiz.

Was die Vereinigten Staaten anlangt, so sind sie kein Modell, das auf Europa angewendet werden kann, da sie keine Union verschiedener Einheiten darstellen. Es gibt keinen wirklichen Unterschied zwischen den Bevölkerungen, Sprachen, Rassen und Sitten, die in den verschiedenen Staaten existieren. Es gibt nur ein Volk, das amerikanische, das in den Vereinigten Staaten lebt, die einen Plural nur dem Namen nach darstellen. Die USA *sind* kein Land, sie *ist* ein Land. Die einzige Lehre, die sich daraus ziehen läßt: Trotz der äußeren Einheit wurde es für sinnvoller und praktischer gehalten, das Land in 48 Staaten zu unterteilen, als den ganzen Halbkontinent durch Delegierte von Washington her verwalten zu lassen. Das heißt: Differenzierungen wurden künstlich hergestellt, weil es sich als einfacher erwies, dadurch eine Union zu schaffen als durch zentralistische Vereinheitlichung.

Ein besseres Beispiel für die Verwirklichung des Einigungstraumes, wie ihn die europäischen Unionisten träumen, wo es weder eine gemeinsame Sprache noch einen gemeinsamen kulturellen oder historischen Hintergrund gibt, finden wir in der Schweiz. Dort, auf einem kleinen Gebiet mitten in den Alpen, leben drei traditionelle Erzfeinde – Italiener, Deutsche und Franzosen – in einem Freundschaftsverband zur gemeinsamen Förderung von Frieden, Freiheit und Wohlstand. Für viele Europa-Enthusiasten ist die Schweiz das überzeugendste Modell für ein Zusammenleben verschiedener Nationen. Die Confoederatio Helvetia, nicht die USA, ist das heilige Land ihrer Ziele.

In Wirklichkeit ist aber auch die Schweiz etwas radikal anderes als das, was sie darzustellen scheint. Von den Proportionen her gesehen (wenn man von der in Graubünden lebenden kleinen vierten Nation der Rätoromanen absieht), bestehen die drei nationalen Hauptgruppen der Schweiz zu ungefähr siebzig Prozent aus deutsch-, zu zwanzig Prozent aus französisch- und zu zehn Prozent aus italienischsprechenden Eidgenossen. Wären diese drei nationalen Gruppen als solche die Basis der Union, so hätte das auch in der Schweiz unaufhaltsam zur Vorherrschaft des großen deutschsprachigen Blocks über die anderen Nationalitäten geführt und sie de facto zu Minderheiten degradiert, da sie nur dreißig Prozent der Gesamtbevölkerung darstellen. Tatsächlich fördern ja gerade demokratische Prinzipien eine solche Entwicklung. Das Resultat wäre: Jeder Grund für die französisch- und italienischsprechenden Volksgruppen, weiterhin Teil eines vorwiegend deutschen Unternehmens zu bleiben, fiele weg.

Es gäbe nichts mehr, was sie von einem Anschluß an ihre Sprachverwandten auf der anderen Seite der Grenzen abhalten könnte, die die mächtigen Nationen Italien und Frankreich geschaffen haben. Auch für die deutschsprachige Mehrheit würde es wenig Sinn haben, weiterhin außerhalb der Grenzen ihres großen Nachbarreiches zu leben.

In Wirklichkeit aber begründen sich die Existenz der Schweiz und das erfolgreiche Zusammenleben verschiedener Volksgruppen nicht im Zusammenschluß ihrer drei oder vier Nationalitäten, sondern im Verband ihrer 25 „Staaten" (den Kantonen und Halbkantonen), was quasi eine nochmalige Aufteilung innerhalb der einzelnen regionalen Einheiten darstellt – und das genaue Gegenteil einer Verschmelzung ihrer Volksgruppen bedeutet. Dies aber bildet die unerläßliche Vorbedingung für jeden demokratischen Staatenbund: Die einzelnen Gemeinschaften müssen sich von ihrer Bevölkerungszahl her in einem Gleichgewicht befinden.

Die Größe der Schweizer Staatsidee liegt daher in der Kleinheit der Zellen. Auf deren souveräner Unabhängigkeit ruht die Garantie ihrer Existenz. Der Schweizer aus Genf steht dem Schweizer aus Zürich nicht als französischer einem deutschen Eidgenossen gegenüber, sondern als ein Eidgenosse aus der Republik Genf einem Eidgenossen aus der Republik Zürich. Ein Bürger aus dem deutschsprachigen Uri ist für einen Bürger aus dem deutschsprachigen Unterwalden genauso ein „Ausländer" wie für einen Bürger aus dem italienischsprechenden Tessin. Zwischen dem Kanton St. Gallen und dem Schweizer Staatenbund gibt es keine Zwischenorganisation in der Form eines deutschsprechenden Halbbundesstaates. Die an Bern abgetretene Staatsgewalt stammt von den kleinen Kantonsrepubliken, nicht von den Nationalitäten, denn die Schweiz ist eine Union von Staaten, nicht von Nationen.

Es ist wichtig, sich darüber im klaren zu sein, daß die Bevölkerung der Schweiz (in runden Zahlen) aus 700.000 Bernern, 650.000 Zürichern, 160.000 Genfern besteht, nicht aus 2,500.000 Deutschen, 1,000.000 Franzosen und 500.000 Italienern. Die verhältnismäßig große Zahl von fast souveränen Kantonen und Halbkantonen, zusammen mit der Kleinheit der einzelnen Kantonatsbevölkerungen, verhindert das Aufkommen jeder imperialistischen Vorherrschaftsambitionen seitens eines Einzelkantons, da er zahlenmäßig auch schon von einer kleinen Koalition anderer Kantone übertroffen würde.

Falls jemals – im Zuge der zeitgenössischen Vereinfachungs- und Rationalisierungstendenzen – die 25 Kantone mit all ihren Hauptstädten, Parlamenten, Regierungen und Eigenarten sprach- und stammeinheitlich reorganisiert werden sollten, so würden sie die Form von drei Provinzen annehmen: aber nicht der Schweiz – sondern Deutschlands, Frankreichs und Italiens.

Politiker, die für die große europäische Vereinigung eintreten, und zwar für ein Europa der Nationen, haben bei allem Enthusiasmus nie das schweizerische Urprinzip der kantonalen „Kleinstaatenselbständigkeit" wirklich begriffen. Sie sind noch heute so von der *Nationalidee* beeindruckt, daß der Begriff *Staat,* der so viel biegsamer ist als der der *Nation,* von den Architekten der gegenwärtigen babylonischen Einheitstürme beinahe immer links liegengelassen wird. Das gesellschaftlich Erstrebenswerte erblickt man in großen und immer größer werdenden Einheiten, während kleinere Gemeinschaften als Brutstätte von Zwietracht, Hinterlist, Krieg und all den anderen Übeln dargestellt werden, die am Anfang aller Zeit aus der Büchse der Pandora entflohen sind. Schon von Kindheit an preist man uns das Große, das Massive, das Universale, das Kolossale an. Dagegen verschweigt man uns, daß das gesellschaftlich wirklich Große, das Vollkommene, das Universalistische – im Kleinen liegt, im Individuum als dem Protoplasma allen sozialen Lebens.

Wir bejubeln die Einigungen Deutschlands, Frankreichs, Großbritanniens und Italiens in der Annahme, sie seien der erste Schritt zu einer Einigung der ganzen Menschheit. Doch alles, was sie produzieren, waren – imperiale Mächte, die sich ununterbrochen in den Haaren liegen.

Wenn das Schweizer Vorbild auf Europa angewendet werden soll, und oft ist ja davon die Rede, dann muß auch die Schweizer *Methode* nachgeahmt werden und nicht nur der äußere Rahmen in ihrer multinationalen Gesamtstruktur. Und die liegt in der *Teilung* ihrer drei unterschiedlich großen Blöcke in so viele kleinere Bestandteile als notwendig sind, um jedwedes zahlenmäßiges Übergewicht eines Blocks unmöglich zu machen.

Was Europa anlangt, so heißt das, daß 40 oder 50 *gleich große* Staaten geschaffen werden sollen anstatt vier oder fünf *ungleich* große. Anderenfalls wird auch ein föderativ geeinigtes Europa immer 80 Millionen Deutsche, 45 Millionen Franzosen, 50 Millionen Italiener et cetera haben, was letzten Endes genauso zur Hegemonie Deutschlands führen würde wie Bismarcks föderativ geeintes Deutsches Reich, in dem 24 mittlere und kleine Staaten mit der 40-Millionen-Einwohner-Großmacht Preußen verbunden waren – und so unter die Hegemonie Preußens gerieten.

Mein Vorschlag ist also, Deutschland nach dem Krieg vorerst in eine Anzahl von Staaten – von sieben bis zehn Millionen Einwohner – aufzuteilen. Das wäre leicht zu bewerkstelligen, da die früheren Deutschen Staaten (oder zumindest ein großer Teil von ihnen) innerhalb ihrer alten Grenzen rekonstruiert werden können. Sogar Preußen würde eine Spaltung in seine historischen und natürlichen Landschaften zulassen.

Die Zersplitterung Deutschlands allein hätte aber auf die Dauer keine Wirkung. Bei der natürlichen Tendenz aller organischen Zellstrukturen würde die einstige Zersplitterung Deutschlands zur Wiedervereinigung führen, wenn nicht gleichzeitig auch ganz Europa kantonisiert würde. Die historische Landkarte Europas würde eine Aufteilung auch aller anderen Großmächte sehr vereinfachen. Wir würden wieder ein Venezien, eine Lombardei, ein Burgund, Savoyen, Estland, Weißrußland, eine Normandie und so weiter haben. Aber wie im Falle Deutschlands würden auch in den andern Ländern die neuen (oder alten) Kantone und Regionen wieder zu Nationalstaaten zusammenwachsen, es sei denn, sie ordneten sich neu in begrenzten „Lokalkombinationen" – schlössen sich eher mit den ihnen geographisch unmittelbar verbundenen Nachbarstaaten zusammen als mit ihren Stammverwandten. Das würde die Neubildung großräumiger National- und Rassestaaten unmöglich machen.

Das wahre Schweizer Modell der nationalen Aufteilung – anstatt Vereinigung – müßte in verschiedenen europäischen Gegenden wiederholt werden, wie es seinerzeit schon in der österreichisch-ungarischen Monarchie der Fall war. Das Ergebnis wäre die Zusammenfassung kleiner europäischer Staaten in einem Netz kleiner, schweizähnlicher Staatenbunde, nicht zwischen Blutsverwandten, sondern Grenznachbarn, also etwa Pommern-Westpolen, Ostpreußen-Baltikum, Kärnten-Venezien-Slowenien, Österreich-Ungarn-Tschecho-Slowakei, Baden-Burgund, Lombardei-Savoyen.

Auf diese Weise würden die Großmächte (die Väter jedes modernen Krieges, denn nur sie haben die Muskelkraft, den Kriegen ihre moderne Totalverwüstungsfähigkeit zu geben) endlich verschwinden. Aber nur wenn der ganze europäische Kontinent in seine ursprünglichen Teile zerlegt wird, ist es möglich, Deutschland oder irgendeine andere Großmacht ehrenvoll abzuschaffen, ohne es mit dem Odium eines neuen Versailles zu belasten. Sobald Europa in ein System kleiner Zellen umgewandelt ist, wird sich das Schweizer Modell nebenbei auch für eine Pan-Europäische Union ergeben. Deren Erfolgsbasis liegt nicht in der Zusammenarbeit mächtiger Nationen, sondern ausschließlich in der Kleinheit all ihrer Staaten.

Das alles kommt auf eine Verteidigung der vielbelachten Idee hinaus, die Erfolg und Ruhm in der Souveränität nicht der größten, sondern der kleinsten Staatseinheiten sieht – Kleinstaaterei nennt man es in Deutschland. Die politischen Theoretiker unserer Zeit, die nur das Große im Auge haben und die sich an Sammelbegriffen wie „Menschheit" begeistern (niemand weiß, was das eigentlich ist und warum man für sie Leben opfern soll), halten den bloßen Gedanken, mehr anstatt weniger Staaten zu schaffen, für einen Rückschritt ins Mittelalter. Sie alle sind für Einigung und Gigantismus, obwohl Einigung über gewisse Grenzen hinaus nichts darstellt als totalitäre Gleichschaltung, sogar wenn man in ihr eine Garantie des Friedens sieht. Was sie tatsächlich darstellt, ist eine Übertragung in die internationale Arena des undemokratischen Einparteiensystems – das natürlich auch einen gewissen Frieden garantiert. Aber was für einen!

Trotz des Spotts unserer Theoretiker möchte ich auf einige der Vorteile dieser „mittelalterlichen" Idee hinweisen. Der Einigungsfanatiker wird sagen, daß die Zeit, als es noch Hunderte von Staaten gab, düster war und daß Kriege fast ohne Unterbrechung geführt wurden. Stimmt. Aber was für Kriege waren das? Der Herzog von Tirol erklärte dem Markgrafen von Bayern wegen eines gestohlenen Pferdes den Krieg. Der Krieg dauerte zwei Wochen. Es gab einen Toten und sechs Verwundete. Ein Dorf wurde erobert und der ganze Vorrat an Wein ausgetrunken, den man im Keller des Wirtshauses fand. Man schloß Frieden und bezahlte ein paar Taler Schadenersatz. Nachbarstaaten wie das Fürstentum Liechtenstein oder das Fürsterzbistum Salzburg erfuhren erst gar nicht, daß es überhaupt einen Krieg gegeben hatte. Kriege gab es natürlich in irgendeinem Winkel Europas fast jeden Tag. Aber es gab keine Kettenreaktion und ihre Auswirkungen waren geringfügig. Heutzutage gibt es verhältnismäßig wenig Kriege, und der Grund, warum sie ausbrechen, ist kaum seriöser als der Diebstahl eines Rosses. Aber die Konsequenzen sind katastrophal.

Auch wirtschaftlich waren die Vorteile der Koexistenz vieler Kleinstaaten beträchtlich, obwohl die modernen Gleichschalter, Fusionisten und Nationalökonomen nicht damit übereinstimmen, da sie sich daran gewöhnt haben, die Welt aus der Perspektive des Kopfstandes zu sehen. Anstatt einer Regierung gab es zwanzig, anstatt zweihundert Parlamentarier gab es zweitausend, und anstatt der Ambitionen von wenigen konnten die Ambitionen von vielen befriedigt werden. Es gab wenige Arbeitslose, weil es zu viele gleichartige Betriebe, Berufe gab, die sich weniger Konkurrenz machten, weil sie in mehr Staaten lagen und ausgeübt wurden. Die Idee des Sozialismus (ebenfalls ein totalitärer Begriff) war überflüssig, weil die Wirtschaft eines kleinen Landes von jedem Kirchturm aus überschaut werden konnte, ohne die Interpretation eines Karl Marx oder Hjalmar Schacht (so brillant sie auch sein mögen) herbeiziehen zu müssen.

Die vielen Hauptstädte übertrafen sich in der Förderung von Kunst und Kunstgewerbe, der Einrichtung von Universitäten, dem Bau von Domen und später Theatern und Museen und bereiteten so auch das Milieu für Dichter, Denker, Maler, Komponisten und Architekten.

Und trotzdem war die Steuerbelastung der Bürger nicht größer als heute, im Zeitalter der Rationalisierung. Heute werden aus „wirtschaftlichen" Gründen so viele Betriebe und Menschen eingespart, daß dadurch erst das vorher unbekannte Phänomen der Massenarbeitslosigkeit entstand. Wir haben die Verschwendung der Könige und ihrer Höfe abgeschafft und dadurch die Mittel in die Hand bekommen, statt dessen die Pracht der Diktatoren und ihrer Millionen-Heere finanzieren zu können. Wir haben über die Vielheit der Kleinstaaten gelacht. Jetzt werden wir von ihren wenigen, zu Großmächten angeschwollenen Nachfolgern tyrannisiert.

Es ist nicht nur die Geschichte, sondern auch unsere eigene Erfahrung, die uns gelehrt hat, daß die Demokratie in Europa oder sonstwo nur in kleinen Staaten blühen kann. Nur dort kann der Einzelmensch seinen Platz und seine Würde behaupten. Und solange wir die Demokratie für eine sinnvolle Institution halten, müssen wir auch wieder die Bedingungen für ihre Entfaltung schaffen: den überschaubaren kleinen Staat – und die Glorie der Souveränität auch der kleinsten, staatlich lebensfähigen Gemeinschaft zuzuerkennen. Es wird dann leicht sein, diese kleinen Staaten unter das Dach eines Bundesstaates oder Staatenbundes zu bringen. So wären auch die befriedigt, die von der großen Verbrüderung aller Menschen träumen.

Ein solches Europa wäre ein anregendes Gebilde, ein Mosaik, mit faszinierenden Variationen im Detail und vielen verschiedenen Eigenarten – und doch durchflutet von der Harmonie der organischen und lebendigen Ganzheit.

Das ist natürlich eine lächerliche Idee, orientiert allein an dem Menschen als einem lebendigen, geistigen Individuum. Welteinigungspläne dagegen sind todernste Vorhaben und auf einen Menschen zugeschnitten, den man sich nur als kollektives Wesen vorstellt. Diese großen Pläne erinnern mich an den Professor für Statistik, der dem Teufel vorschlägt, wie er die Hölle organisieren soll. Da antwortet der Satan mit felsenerschütterndem Gelächter: „Die Hölle organisieren? Mein lieber Herr Professor: Organisation *ist* die Hölle!"

Einigung durch Teilung. Gegen nationalen Wahn, für ein Europa der Kantone – ein Vorschlag aus dem Jahr 1941, in: Die Zeit, 18. Oktober 1987, 21.

KRITISCHE GRÖSSE

1

In den entscheidenden Tagen der kubanischen Raketenkrise war ich zu einer kleinen Cocktailparty eingeladen, die in etwas gedrückter Stimmung im Hause eines meiner Kollegen an der Universität von Puerto Rico stattfand und wo fast jedermann daran dachte, sein Testament zu machen – als ob es nach dem ersten und letzten Atomkrieg, den viele als Möglichkeit in Betracht zogen, noch irgend etwas zu erben gäbe.

Eine unwirkliche Friedensstimmung lag über Puerto Rico. Die amerikanischen Touristen hatten die Insel, tausend Meilen von Kuba entfernt, verlassen, um sich in die vermeintliche Sicherheit Floridas zurückzuziehen, von wo es bloß sechzig Meilen nach Kuba sind. So hatte ich das herrliche Schwimmbad-Terrassencafé des Caribe Hilton Hotels, wo ich nach gut altösterreichischer Gewohnheit meine wöchentliche Zeitungsspalte zu schreiben pflegte, für mich allein. Die Kellner waren wie gewöhnlich auf ihren Posten, hatten aber nur einen Gast, dem sie all ihre Aufmerksamkeit widmeten, ohne sich störend auf meine Schreiberei oder meine Gedankengänge bemerkbar zu machen.

Diese Tage voll abschußbereiter Raketen gehören zu den vergnüglichsten meines Lebens: Der blaue Himmel der Karibik und die freundlich darüber hinschwebenden, windbewegten Wolken, die grünen, vom erfrischenden Seewind gejagten Gewässer des Atlantik, die am Korallenriff zerstäuben. Und in der Ferne ein einsames Segelboot. Kein Mensch sonst, nur die Kellner und ich.

Was ich jedoch hier zum Ausdruck bringen will, ist nicht, daß ich der einzige Hotelgast war. Ich will lediglich klar machen, daß ich vermutlich der einzige war, dem diese unheilschwangeren Tage in ihrer Ruhe, die so oft dem Sturm vorangeht, zum reinen Vergnügen wurden. Und das hat nichts damit zu tun, daß ich mich dem Charles Adams verwandt fühle, jenem Karikaturisten des Zwielichtigen und Autor von, unter anderem, *Adams and Evil* (Wortspiel auf Adam und Eva; Adam – *Adams,* und Eva – *evil,* das Böse). Der Grund für meine Haltung angesichts der Situation war ganz einfach, daß ich wußte, es würde keinen Sturm geben.

Das bringt mich auf ein kurzes Gespräch während der Cocktailparty meines Kollegen, von der schon die Rede war. Wie gesagt, herrschte unter den Gästen eine gedrückte Stimmung. Die mit Raketen beladenen Schiffe der Russen waren auf halbem Wege über den Atlantik und hielten immer noch Kurs auf Havanna, obwohl Präsident Kennedy am Vorabend gewarnt hatte, daß man sie mit Waffengewalt am Weiterfahren hindern werde, wenn sie sich über einen bestimmten Punkt hinausbewegten. Während die Aussichten auf Frieden und ein Überleben auf pessimistische Art und Weise diskutiert wurden, wandte sich die Frau eines Kollegen, deren Kinder weit weg an der University of Texas studierten, an mich und stellte mir die eindringliche Frage: „Glauben *Sie,* daß es Krieg gibt?" Meine Antwort war einfach und bestimmt: „Ich garantiere Ihnen", sagte ich, „es gibt keinen Krieg." Es war mir die größte Freude, als sie mit einem riesigen Seufzer der Erleichterung, als ob ein großer Stein von ihrem Herzen gefallen wäre, antwortete: „Ich danke Ihnen, danke!"

Der Grund, warum ich mit solch absoluter Überzeugung versicherte, daß der Friede, auf den ich keinerlei Einfluß hatte, gewahrt werden würde, war derselbe Grund, der es mir ermöglichte, jene Tage der Raketenkrise voll zu genießen, welche so viele andere mit Todesgedanken belastete: *Ich hatte eine Theorie!* In dreißig Jahren als Schriftsteller hatte ich versucht, eine Interpretation der Geschichte zu entwickeln, welche auf alle gesellschaftlichen Phänomene anwendbar sei: Vom Krieg zu den Opfern des Straßenverkehrs, von der Arbeitslosigkeit zu den Zyklen der Wirtschaft, vom Zunehmen der Kriminalität zur Erosion unseres Lebensstandards, von der Drogensucht zu den Revolten an der Universität, von der Inflation zur Unterdrückung demokratischer Institutionen. Was einem auch immer in den Sinn kommen mag, es würde mich aufs höchste erstaunen, könnte es mit meiner Interpretation nicht erklärt werden.

2

Es gibt natürlich eine Menge von Interpretationen des Geschichtsablaufs, und jede davon erklärt allerhand. Zugleich aber hinterlassen sie immer Lücken, die so tief und dunkel sind wie die schwarzen Löcher im Weltraum. So gibt es etwa eine Theorie, die geschichtliche Ereignisse auf die Aktionen einflußreicher Führergestalten wie Churchill, Hitler, Stalin oder de Gaulle zurückführt. Andere Theorien verweisen auf den Einfluß der großen geistigen Bewegungen wie Christentum, Faschismus oder Sozialismus; andere wieder auf das Klima, die Umwelt, die Erziehung, das rassische Erbe oder den reinen Zufall. Und die am besten durchdachte von diesen Theorien, die berechtigterweise berühmte materialistische Geschichtsinterpretation des Karl Marx, führt den Ablauf der Geschichte auf die Veränderung in den Produktionsmethoden zurück. Die hierarchische Gesellschaftsordnung, behauptet diese Theorie, ist nicht das Produkt reaktionären Denkens, sondern der differenzierenden Auswirkung der handwerklichen Produktionsmethode. Und das Streben nach Gleichheit in der Demokratie ist nicht etwa das Resultat humanistischer Aufklärung, sondern der fühllosen Gleichmacherei am Fließband.

Aber selbst die wunderbar durchdachte marxistische Interpretation weist einige wesentliche unerhellte Lücken auf. Die wesentlichste und dunkelste dieser Lücken liegt darin, daß die Theorie nicht erklärt, warum dieser Urgrund für jegliche historische Veränderung – die Produktionsmethode – selbst zeitweise plötzlichen Veränderungen unterworfen sein sollte. Was ist die Ursache *dafür?* Warum, in Gottes Namen, sollte der Mensch das paradiesische Hirtenleben oder das abenteuerliche Jägerdasein zur Befriedigung seiner Bedürfnisse zugunsten der Schwerarbeit im Ackerbau aufgegeben haben? Und warum hätte die bedachtsame, handwerkliche Produktionsmethode mit den dazugehörigen humanistischen und persönlichen Aspekten dem beschleunigten, seelenlosen Prozeß der Mechanisierung, des Fließbandes und der Automation weichen sollen?

Es läßt sich zugunsten jeder Interpretation etwas sagen. Führergestalten haben ihre Auswirkung genau so wie die Ideologien, Religionen, Zufälle und insbesondere Marxens primäre Ursache, die Art der Produktion. Aber alle diese Einflüsse scheinen sekundärer Natur zu sein. Als primärer Grund, als Urgrund sozusagen, für jede tiefgreifende Veränderung der Weltgeschichte erscheint als Konstante die sich verändernde Bevölkerungszahl.

Was Adam aus dem Paradies vertrieb, war nicht Evas Apfel, sondern der Geschlechtstrieb. Durch die zunehmende Vermehrung des Menschen wurde aus der anfänglichen Überfülle ein Mangel an lebenswichtigen Produkten, und dieser nötigte den Menschen, sich über den Apfel hinaus umzusehen, womit er sein Leben fristen könne.

Was den Menschen zuerst von seinen gesegneten Bergweiden in die Täler trieb und ihn zwang, seine Produktionsmethode vom Früchtesammeln auf die Bearbeitung der Erde im Schweiße seines Angesichts umzustellen, war also nicht der Fluch Gottes, sondern der Fluch des Geburtenzuwachses. Eine spätere Bevölkerungsexplosion erforderte die Umstellung von der handwerklichen auf die maschinelle Herstellung von Gütern, und eine weitere trieb ihn von der Erforschung der kommerziellen Revolution zu den verbesserten Methoden der landwirtschaftlichen Revolution und letztlich zu den zunehmend automatisierten Erfindungen einer Reihe von industriellen Revolutionen.

Als Ursache jedes technischen Fortschritts und all der dazugehörigen Veränderungen von Denken, Benehmen, Gewohnheiten, Verhaltensweisen, Gesetzen, Politik und Wirtschaft wird man also nicht einen Fortschritt in den Produktionsmethoden, sondern immer eine in geometrischer Reihe zunehmende Bevölkerung finden. Das allein war es, was dem Menschen immer neuere und immer wirksamere Produktionsmethoden aufgezwungen hat, mit denen er seinen Lebensunterhalt verdient. Und dadurch fand er sich auch mit der Notwendigkeit konfrontiert, in gewissen Zeitabständen seine gesellschaftlichen, wirtschaftlichen und intellektuellen Strukturen entsprechenden Veränderungen zu unterziehen. Infolgedessen ist, im Widerspruch zu Marx, die veränderte Produktionsmethode selbst lediglich die *Folge* einer noch tiefer reichenden Ursache für jegliche Veränderung der Weltgeschichte: der periodisch eintretenden, explosionsartigen Zunahme der Bevölkerungszahl. Es ist jedoch klar, daß sich die Bevölkerung nicht ins Uferlose vermehren kann. Es gibt einen gewissen Grenzwert, über den hinaus ein zusätzliches Wachstum nicht weiterhin durch eine entsprechende Steigerung der Leistungsfähigkeit der Produktionsmethoden ausgeglichen werden kann. Es gibt ein gewisses Limit, von dem an das Lenkbare unlenkbar wird, das Kontrollierbare unkontrollierbar und von dem an eine Weiterentwicklung nicht zu weiterem Fortschritt führt, sondern zum Zusammenbruch.

Ich habe darauf zu einer Zeit hingewiesen, als das wirtschaftliche Wachstum des Bildungswesens auf seinem Höhepunkt stand, nämlich auf der Tagung der American Economic Association 1952 in Boston, wo ich (ohne Erfolg, nebenbei gesagt) die Ansicht vertreten habe, daß das wahre Problem der modernen Wirtschaft nicht mehr darin bestünde, Wachstum anzuregen, sondern es zu verhindern: „Deshalb kann zu diesem Zeitpunkt keine Lösung durch noch größere Absatzmärkte oder noch größere Firmenkonglomerate gefunden werden. Was not tut, ist das Gegenteil: eine Reduktion des politischen und wirtschaftlichen Ausmaßes auf Dimensionen, welche sich wieder den geringen Dimensionen des Menschen anpaßt." An Stelle von Wachstumswirtschaft schlug ich vor, das Hauptgewicht auf Strukturwirtschaft zu legen, da ich der Meinung war, daß Wachstum an sich weder seinen Zweck erfülle, noch selbst Endzweck sein könne. Sein einziger Zweck ist ein abgeleiteter: ein Ding in der Form auszugestalten, welche es zur Erfüllung seiner menschlichen und sozialen Funktion am besten geeignet macht. Man hört auf, Ziegel zu legen, wenn ihre Anordnung jene äußere Form angenommen hat, welche ein Haus zum bestgeeigneten Obdach macht; so wie die Natur bei einem Kind Wachstum eines Zahnes einstellt, wenn der Zahn die für den Kauvorgang bestgeeignete Größe erreicht hat.

Aber 1952 war es noch zu früh für einen Vorschlag dieser Art. Es war, wie gesagt, die Blütezeit des Wirtschaftswachstums. Es dauerte noch Jahre bis zur Bildung des Clubs von Rom und bis in die siebziger Jahre, daß andere anfingen, sich an der Auseinandersetzung zu beteiligen: Professor Meadows und sein Team vom Massachusetts-Institute of Technology (in *The Limits to Growth*), D. J. Misham von der London School of Economics (in *The Cost of Economic Growth* und *Technology and Growth*), E. F. Schumacher (in *Small is Beautiful*) oder der weitbekannte Kenneth Galbraith von der Harvard University in seinen neueren Schriften. Aber trotz dieses vielversprechenden Anfangs und des gesellschaftlichen Erfolgs des Club von Rom ist die wissenschaftliche Meinung noch weit davon entfernt, zu akzeptieren, daß das Hauptproblem unserer Zeit auf eine einzige Ursache reduziert werden kann: auf Übergröße, übermäßiges Wachstum, Konzentration (anstelle von Aufteilung) der Macht, zu große Märkte und Nationen.

Wenn wir annehmen, daß meine Diagnose richtig ist, muß eine Lösung für unser Problem in der entgegengesetzten Richtung von dem zu finden sein, was heutzutage versucht wird: nicht im gemeinsamen, sondern in regionalen und örtlichen Märkten, nicht in der schwerfälligen Riesengröße der Vereinten Nationen, sondern in einem Augustinischen System von kleinen Staaten, nicht in Zentralisierung, sondern in Kantonisierung, nicht in Goliaths, sondern in Davids, nicht in Titanics, sondern in Rettungsbooten, einer Art von Noahs kleiner, selbstgenügsamer Arche.

Dadurch nämlich hat der Mensch die Sintflut überlebt und dadurch wird er auch in den Stand gesetzt, die Zerstörung des Atomzeitalters zu überleben: die kleine Gemeinschaft ohne Zwang und Bindung, nicht die integrierte große. Wie André Gide auf seinem Sterbebett sagte: „Ich glaube an kleine Nationen, ich glaube an kleine Zahlen: Die Welt wird von den wenigen gerettet werden."

3

Erlauben Sie mir nun, mich vom Prophetischen dem Konkreten zuzuwenden, vom Philosophischen dem Praktischen, und auf unsere dringlichsten Probleme das anzuwenden, was man als die Geschichtsinterpretation des Größenmaßes bezeichnen könnte. Und da ich schon mit der kubanischen Raketenkrise begonnen habe, so lassen Sie mich die Kriegsursachen untersuchen, welche so viele Historiker den Machenschaften übler Menschen wie Hitler oder Mussolini zugeschrieben haben. Aber Kriege wurden in ziemlich aggressiver Weise auch von braven Ladies geführt, wie Indira Gandhi, Golda Meir und Maggie Thatcher. Kriege wurden Völkern zugeschrieben, die den Ruf der Aggressivität haben, wie die Deutschen und Japaner. Sie sind jedoch auch von friedfertigen Demokraten geführt worden wie den Engländern, Franzosen und Israelis. Kriege sind dem Kapitalismus mit seinem Zwang zur Marktvergrößerung zugeschrieben worden – und doch sind sie auch vom Kommunismus mit all seinen Ansprüchen auf Brüderlichkeit angestiftet worden.

Mit anderen Worten: Keine der herkömmlichen Theorien für die Ursache von Kriegen kann mehr als die Hälfte der Konfliktsituationen erklären. Wenn wir jedoch annehmen, daß ein Krieg ausbricht, wenn irgendeine Gruppe – Deutsche, Engländer, Christen, Hebräer, Moslems, Hindus, Sozialisten, Kapitalisten – eine kritische materielle Übermacht erreicht, dann haben wir eine Theorie, welche nicht nur die Hälfte aller Kriege, sondern jeden Krieg erklärt.

Kritische Übermacht heißt, daß das Volumen der militärischen Macht den Führern einer Nation Grund genug bietet, anzunehmen, daß sich keine andere, sich ihnen entgegenstellende Macht oder Mächtekombination mit ihnen messen kann. Nicht einmal Faschisten wie Franco oder Peron haben einen Krieg vom Zaun gebrochen, wenn sie befürchten mußten, nicht ungeschoren davonzukommen. Und selbst Demokraten, Friedensapostel, Hindus, Päpste und Frauen haben sich auf Kriege eingelassen, wenn sie vom Gegenteil überzeugt waren.

Und das endlich ist der Grund, der uns erklärt, warum ich in der kritischen Zeit der kubanischen Raketenkrise solch friedliche Tage verlebte und warum ich es wagte, der Frau meines Kollegen mit solchem Vertrauen die Versicherung zu geben, daß es auf keinen Fall zu einem Krieg zwischen den atomaren Supermächten kommen würde. Keine von den beiden war in dem Zustand jener kritischen Übermacht im Vergleich zur anderen, auf beiden Seiten hatte man es lediglich mit Spiegelfechterei zu tun. Darüber hinaus sprach ich die Erwartung aus, daß das kommunistische China die Gelegenheit nützen werde, in einer lokalisierten Unternehmung, sechstausend Meilen entfernt, ins sozialistische Indien einzufallen. Solange die zwei Supermächte während der wenigen Tage der direkten Konfrontation in der fernen Karibik die Bewegungsfreiheit der anderen lahmlegten, war sich China dessen bewußt, daß seine bis dahin subkritische (relative) Übermacht angesichts des nicht unterstützten Indiens plötzlich absolut (kritisch) geworden war. Folgerichtig schritt es zum Angriff. In dem Augenblick jedoch, als sich die beiden Supermächte voneinander abwandten und deshalb wieder imstande waren, Indien zu Hilfe zu kommen, verschwand China so schnell von der Bildfläche, wie es aufgetaucht war, und gab vor, nichts weiter als eine Grenzinspektion vorgenommen zu haben. Aber es erhob von da an gegen Chruschtschow die Anklage, sich Kennedy feige unterworfen zu haben – ein Umstand, der China des aggressiven Vergnügens an der kurzlebigen kritischen Übermacht beraubte.

Dieselbe Theorie ermöglichte es mir, die entsprechenden Ereignisse Wochen vor der Suezkrise in einem Brief an die New York Times vom 19. September 1956 vorauszusagen. Es hatte den Anschein, als sei der Krieg durch Präsident Eisenhowers durchaus ernstgemeinte Warnung verhindert worden, daß Amerika ein militärisches Eingreifen durch England, Frankreich oder Israel keinesfalls unterstützen werde. Dadurch war auch die Sowjetunion ausgeschaltet, da jede Unterstützung ihrerseits die Vereinigten Staaten gezwungen hätte (wie die spätere Auseinandersetzung im Jahre 1973 bewiesen hat), sich neuerdings auf seiten Israels einzumischen, ob sie wollten oder nicht. Sobald sowohl die USA als auch die Sowjetunion auf diese Weise ausgeschaltet waren, fanden sich nicht nur England und Frankreich, sondern auch das winzige Israel in der Position der kritischen Übermacht in bezug auf das von den Russen verlassene Ägypten. So hatte Präsident Eisenhowers Warnung vom 11. September 1956, daß Amerika sich nicht einmischen werde, die paradoxe Auswirkung, daß dadurch die Suezkrise nicht verhindert, sondern sogar provoziert wurde. Eines meiner höchstgeschätzten Besitztümer ist ein Brief von Carl Alpert, der damaligen rechten Hand des Präsidenten am israelischen Institute of Technology in Haifa, in dem er sich nach dem Ausbruch der Feindseligkeiten nach jener Geschichtsinterpretation erkundigt, die so viele Wochen vor den eigentlichen Ereignissen eine so präzise Aussage ermöglicht hatten.[1]

Wenn Sie also Frieden haben wollen, versuchen Sie nicht zu predigen, umzuerziehen, zu bewaffnen, zu entwaffnen, zu vereinigen oder Bündnisse abzuschließen. Dadurch wird lediglich die Gefahr vergrößert, daß die kritische Übermacht jenen Punkt erreicht, an dem sie, wie die kritische Masse in einer Atombombe, in der Hand eines jeden, sei er nun gut oder böse, notwendigerweise in die Luft geht. Der verstorbene Professor Simons aus Chicago sagte: „Es ist ein Zeichen von Dummheit, anzunehmen, daß Macht in guten Händen nicht mißbraucht wird. Macht hat nur einen Gebrauch, den Mißbrauch." Die einzige wirksame Möglichkeit, den Frieden zu erhalten, besteht darin, die der Mächtigkeit zugrundeliegende Größe der Nationen unter jenen Punkt zu reduzieren, an dem sie zur kritischen Übermacht wird. Das mag Kriege nicht verhindern. Es wird aber die Kettenreaktionen großer Kriege verhindern, mit der daraus resultierenden Wahrscheinlichkeit, daß kleinere Kriege einigermaßen unter Kontrolle gehalten werden.

4

Wie ich schon in anderen Schriften zu beweisen versucht habe, sind nicht nur Kriege, sondern auch Verkehrsunfälle, Verbrechen, der Verfall der Demokratie, Aufruhr der Jugend, Verstopfung der Großstädte auf jenes übermäßige kritische Größenmaß zurückzuführen, nämlich auf die kritische Größe der Städte, der Universitäten, der autofahrenden Bevölkerung, der Nationen. Auch die Probleme der Wirtschaft sind im wesentlichen auf übertriebene Größe zurückzuführen: auf übergroßes Wachstum der Institutionen, der Firmen, der integrierten Wirtschaft und besonders der nationalen Vereinigungen.

Beginnen wir mit den Problemen der wirtschaftlichen Zyklen: Es wird angenommen, daß sie nur in solchen Systemen möglich sind, welche wie der laissez-faire-Kapitalismus keinerlei wirtschaftlichen Kontrollen unterworfen sind. Das ist selbstverständlich; denn wenn auf ein System Kontrolle ausgeübt wird, wird man das Auftreten von einschneidenden zyklischen Schwankungen einfach nicht zulassen. Aber es gibt zwei Wirtschaftsformen, welche einer Kontrolle einfach nicht zugänglich sind. Eine davon ist, wie ich gerade angeführt habe, die altmodische laissez-faire-Abart des Kapitalismus, welche nicht kontrolliert werden kann, weil sie Kontrolle einfach nicht akzeptiert. Die andere ist eine integrierte Wirtschaft, welche sich über ein derart großes Gebiet erstreckt, daß sie jeglicher Kontrolle gegenüber immun ist, nicht weil sie sie nicht akzeptiert, sondern weil sie sich einfach durch ihr Ausmaß jeglicher menschlichen Kontrolle entzieht. Und da sie jenseits jeglicher Kontrolle ist, kann keine staatliche Einmischung die Stabilität wieder herstellen, ganz gleich ob sie von der ausgleichenden Keynesschen oder der sturen marxistischen Art ist.

Die neuen Zyklen, Auf- und Abbewegungen der Wirtschaft, angesichts derer sich die Regierungen mit all ihren regulierenden Möglichkeiten als so hilflos erweisen wie das Business angesichts der altmodischen Rezessionen und Depressionen, sind aus diesem Grunde nicht mehr wirtschaftliche Zyklen mit Auswirkung auf die kapitalistischen Wirtschaftssysteme. Es sind *size cycles* (größenabhängige Zyklen), die sich auf alle Systeme in übergroßen Ländern oder integrierten Märkten auswirken. Sie kommen im kommunistischen Rußland genauso vor wie im kapitalistischen Amerika.

Die einzige Methode, diese größenbedingten Zyklen unter Kontrolle zu bringen, ist, wie im vorher erwähnten Kriegsfall, nicht darin zu suchen, daß man die Ideologie oder die Gesellschaftsordnung ändert, wonach so viele rufen. Die Kontrolle ist vielmehr durch eine Änderung der physischen Größe zu erreichen. Es handelt sich dabei um dieselbe Methode, durch welche die verheerende Wirkung riesiger Wogen während eines Seesturms verhindert wird. Revolutionäre heutige Kontrollfanatiker ziehen eine direktere Methode vor. Sie tun, was Xerxes getan hat, als er den stürmischen Hellespont bestrafte, indem er ihn solange peitschen ließ, bis er sich soweit beruhigte, daß der Perserkönig eine Brücke darüber bauen konnte. Und es funktionierte sogar, dieses eine Mal. Aber da die Größe der Wellen von der Größe der Wassermassen bestimmt ist, auf denen sie sich bewegen, ist das einzig vernünftige Verfahren, sie zu reduzieren, nicht, daß man sie flach peitscht, sondern daß man die Wassermassen reduziert. Das läßt sich bloß auf eine Weise erreichen: daß man sie durch ein rasterartiges System von Deichen unter Kontrolle bringt. So werden die Wogen, welche sich auf offener See nicht zügeln lassen, auf kleine Wellen reduziert, die man kontrollieren kann.

Ebenso ist es mit wirtschaftlichen Wellenbewegungen. Wenn man riesige Absatzgebiete integriert, wird man lediglich die zerstörerischen Auswirkungen im riesigen Maßstab vergrößern. Selbst wenn man die Macht der Kontrollorgane steigert, wird das nicht mehr bewirken als die nutzlose Peitscherei des Xerxes. Folgerichtig besteht die einzige Lösung in der Konstruktion eines Deichsystems: Eine Einteilung in verhältnismäßig kleine Einheiten, die durch Wälle getrennt, aber doch durch kleine Öffnungen miteinander verbunden sind, wodurch die geschützten Einheiten sowohl untereinander als auch mit dem freien Markt außerhalb verbunden sind. So wie ein Molensystem die Häfen schützt, wird dadurch ein fruchtbarer Austausch begünstigt und zugleich die Entwicklung jener gefürchteten Kettenreaktionen verhindert, die, wie unser endloses internationales Auf und Ab des Währungsmarktes, jegliches vom einen Ende der Welt zum anderen überschwemmen, sobald sie sich auf ihre ungehinderte

Reise begeben. Aber bevor etwas unternommen werden kann, muß man sich dessen bewußt werden, daß größenbedingte Zyklen, welche im Schlepptau der herkömmlichen Wirtschaftsschwankungen aufgetaucht sind, längst zu einer eigenen, von der traditionellen grundverschiedenen Spezies geworden sind. Es handelt sich nicht mehr um wirtschaftliche, sondern um physikalische Phänomene. Darin ist die Ursache dafür zu finden, daß sich die orthodoxen Wirtschaftstheorien als so völlig unfähig erwiesen haben, sie vorherzusehen, sie vorauszusagen oder sie gar zu verhindern.

5

Ein weiteres typisches Größenproblem ist die Erfahrung eines sich verringernden Lebensstandards in den scheinbar fortschrittlichsten Industrienationen. Wenn Gäste in meines Vaters Haus kamen (er war Landarzt in dem kleinen österreichischen Oberndorf bei Salzburg, welches, man erlaube mir die Reklame, der Welt das schönste aller Weihnachtslieder, „Stille Nacht", geschenkt hat), wenn also Gäste kamen, Onkel, Tanten, Vettern, Freunde: alle konnten in den weiträumigen Quartieren untergebracht werden, ohne die Familie selbst räumlich zu beschränken. Im vorigen Jahr hatte mein Bruder, der jetzige Herr des alten Familiensitzes, eine Invasion von sechs halbwüchsigen kanadischen Nichten. Jede hatte ihr eigenes Bett und vier hatten ein eigenes Zimmer. Aber wenn ich im Haus eines anderen Bruders einkehre, Universitätsprofessor im reichen Kanada, dann ist meine Unterkunft im ausgebauten Kellergeschoß. Wenn ich im Haus eines alten Freundes in New Jersey absteige, der Leiter des Instituts für Lateinamerikanische Studien an der State University ist, Regierungsberater und Autor von 26 weitverbreiteten Büchern über Lateinamerika, dann werde ich auf einer Couch im Wohnzimmer untergebracht und jeden Morgen um fünf vom recht lebhaften Familienhund geweckt, der mir auf dem Bauch herumspringt. Nicht daß ich meinem Freund deshalb weniger zugetan wäre. Aber was für ein Unterschied zum Lebensstandard früherer Zeiten, wie es ihn selbst heute noch in kleineren und weniger integrierten Gesellschaften gibt.

Da konnte man zu allen Zeiten jenen weiten Spielraum finden, der praktisch jedem Haushalt die Möglichkeit bot, sich als Reaktion auf die Gegebenheiten oder persönlichen Präferenzen zu vergrößern oder zu verkleinern. Da gab es Keller, Dachböden und Gästezimmer zur Genüge. In Wales wird bis heute jenes Brauchtum der Gastfreundschaft geübt, bei jedem Abendessen ein zusätzliches Gedeck aufzulegen, für den Fall, daß jemand einen unerwarteten Besuch macht. Es ist immer etwas übrig. Nicht anders bei der Konstruktionsweise des menschlichen Körpers, dessen Architekt dafür sorgte, daß für den Fall, daß ein Ohr versagt, ein zweites in Reserve ist, und daß, wenn beide nicht funktionieren, immer noch die Augen da sind.

Was für ein Unterschied zu dem Leben ohne Spielraum, welches zum typischen Kennzeichen der Existenz heutzutage geworden ist. Es gibt keine Dachböden mehr, wo man noch literarische Schätze wie Boswells Schriften entdecken und wo man zum Vergnügen der Kinder altmodische Trachten ausgraben kann. Im Vergleich zu früheren Zeiten haben wir riesige Gehälter und doch nichts übrig. Wir mögen immense Ausgaben für Kleider, Autos, Flugreisen, medizinische Betreuung haben und werden trotzdem das Gefühl nicht los, daß es uns schlechter geht als zu der Zeit, als wir statistisch ärmer waren.

In einem Artikel aus dem Jahr 1956 mit dem Titel „The Aspirin Standard of Living" *(The Business Quarterly)* habe ich darauf hingewiesen, daß jene Marktartikel, die wir besitzen oder konsumieren und auf die wir uns am meisten einbilden, nichts weiter als so etwas wie Aspirintabletten sind. Es sind keine Luxusgüter, sondern therapeutische Marktartikel. Sie beweisen nicht, daß es uns besser geht; daß sie uns in jener Fülle zur Verfügung stehen, bedeutet lediglich, daß wir mehr Kopfschmerzen haben. Wie die Mehrzahl unserer Autos sind sie nicht mehr der Maßstab unseres höheren Lebensstandards, sondern unserer erhöhten Lebenskosten. Ich behauptete deshalb zu jener Zeit, daß ein zutreffenderer Maßstab unseres Lebensstandards aufzeigen würde, daß unser Wohlstand inmitten von Rekordproduktion und Rekordumsätzen in Wirklichkeit ständig auf ein niedrigeres Niveau absinkt. Das ist die Ursache dafür, daß uns jedes Jahr, wenn wir mehr bekommen, die Annehmlichkeiten, wie etwa Gästezimmer, einfallen, die wir aufgeben müssen und uns leisten konnten, als wir weniger hatten. Meine Definition von Armut ist: kein Gästezimmer zu haben.

Man sagt mir oft: „Aber denk doch an die Dienstmädchen in früheren Zeiten. Sie sind jetzt alle Hausfrauen." Meine Antwort darauf war stets: Schaut euch die Hausfrauen an. Sie sind alle ihre eigenen Dienstmädchen geworden, oft auch noch mit einer Anstellung als Draufgabe, um finanziell zurechtzukommen. Sie sind natürlich reicher. Aber ein reiches Dienstmädchen ist immer noch ein Dienstmädchen. Man sagt mir auch, daß wir heutzutage länger leben. Wozu, in Gottes Namen? Das heißt doch nichts weiter, als daß wir länger für unser Leben brauchen. Wir brauchen hundert Jahre, um das zuwege zu bringen, was Mozart in fünfunddreißig vollbrachte. Und weil wir durch diese hundert Jahre mit viermal größerer Geschwindigkeit rasen als frühere Generationen, scheint uns das längere Leben nur ein Viertel so lang zu sein. Die größere Eile macht unser Leben kürzer, nicht etwa länger. Und wie der Lebensweg der Hunnen hinterläßt der unsere keine Spur unserer Existenz.

Wie auch immer wir die Sache betrachten, es kommt heraus, daß sich die Kosten und die Geschwindigkeit unseres Lebens erhöht haben, nicht aber seine Qualität. Und an dieser Stelle taucht wiederum jenes kritische Größenmaß als bestimmende Ursache für die Veränderungen im Geschichtsablauf auf. Denn was ist eigentlich schuld an den steigenden Kosten der menschlichen Existenz? Unsere verfeinerte Bildung? Wir sind primitiver als die Illiteraten des alten Griechenland, die Homer lauschten, der selbst weder lesen noch schreiben konnte. Wir haben, in der Tat, sogar weniger Bildung als unsere Väter. Diese waren noch Universalisten, während wir uns höchstens auf die Tretmühlebene des hoffnungslos abhängigen Spezialisten erheben können.

Nein, nein! Verantwortlich für die ständig zunehmenden Lebenskosten unserer beschleunigten Existenz, in der nichts übrig bleibt für dieses Leben ohne Spielraum, ist der unersättliche Anspruch unserer zu groß gewordenen Industriegesellschaft auf immer größere Abgaben seitens ihrer Mitglieder, die nicht etwa zum Nutzen der Staatsbürger eingetrieben werden, sondern weil sie zum faktischen Überleben eben dieser Gesellschaft nötig sind. Im Jahre 1984 mußte der Durchschnittsamerikaner bis zum 1. Mai arbeiten, bevor er begann, für sich selbst etwas zu verdienen; heute ist es vermutlich der 3. Mai.

Wenn ich von dieser sich ständig erhöhenden Beitragsforderung in diesen Gesellschaften rede, dann meine ich damit nicht nur die sich ständig erhöhenden Steuern, die der Staat einfach dafür eintreibt, daß wir in dieser übervölkerten Gemeinschaft leben dürfen. Diese Steuern verwandeln sich in zahllose Konsumgüter, die nicht etwa unserer überhöhten Lebensqualität dienen, sondern dem immer desperateren Anliegen, unser Leben zu fristen. Autos, Telefon, Luftreisen mögen einmal ein Luxus gewesen sein. Heutzutage sind sie zur Notwendigkeit geworden. Und eine Zunahme dieser Notwendigkeiten kann ebensowenig als erhöhter Lebensstandard bezeichnet werden, wie man einen erhöhten Konsum an Medikamenten mit einer Verbesserung der Gesundheit gleichsetzen kann. Es bedeutet nichts weiter, als daß wir um so ärmer und um so kränker geworden sind. Aus diesem Grund hat sogar ein Mann wie der hochangesehene Paul Samuelsen, der zweite Träger des Nobelpreises für Wirtschaftswissenschaften, es als angemessen empfunden, sich doch an dem Bestreben zu beteiligen, einen zutreffenderen Maßstab für den Lebensstandard zu finden. Er hat dazu in der letzten Ausgabe seines sensationell erfolgreichen Lehrbuchs vorgeschlagen, anstelle des GNP, Gross National Produkt, die NEW (Net Economic Welfare, die Nettosumme des Sozialaufkommens) zum zentralen Anliegen der Wirtschaftswissenschaften zu machen. Aber selbst er hat sein Hauptaugenmerk in die falsche Richtung gelenkt, wenn ihm nicht klar wird, daß man die NEW nicht vergrößern kann, ohne das Übermaß der modernen Gesellschaftsstruktur zu reduzieren. (In meinem Buch „The Breakdown of Nations", 1957, habe ich vorgeschlagen, die Veränderungen des Lebensstandards in LUX (Luxusgütern) zu messen, was auf demselben Konzept wie Samuelsens NEW beruht).

Schon in den frühen fünfziger Jahren habe ich versucht, diesen Zusammenhang aufzudecken, indem ich auf eine Analogie hinwies: Je größer ein Wolkenkratzer, um so geringer ist seine Nutzfläche. Architekten haben berechnet, daß ein Gebäude mit 400 Stockwerken ausschließlich aus Lifts bestehen müßte, welche die Leute transportieren, die dort wohnen würden, wenn die notwendigen Liftanlagen sie nicht des Wohnraums beraubten. Dieser Wolkenkratzer, welcher das GNP darstellt, wäre natürlich höchst beeindruckend. Aber wie in Georg Orwells militaristischer Gesellschaft in „1984" wäre der einzige Posten, den uns eine derartig integrierte Superstruktur anbieten könnte, der des Liftboys. Bei dem heutigen Fortschritt im Luftverkehr könnte man auch auf die Analogie mit dem Superjet kommen: Wenn mehr Passagiere als derzeit transportiert werden sollen, müßte man in Anbetracht der körperlichen Bedürfnisse alle Sitze in Toilettensitze verwandeln. Dadurch mag das GNP außerordentlich vergrößert werden. Was ist aber mit der NEW, dem Wohlbefinden der Passagiere? Sie wäre genauso auf Null reduziert wie der Wohnraum im vierhundertstöckigen Wolkenkratzer. Im Gegensatz zu dem, was viele Wirtschaftler trotz der sich mehrenden Warnungen vor weiterem Wachstum immer noch glauben, müßte das Hauptaugenmerk eher auf eine Vergrößerung der NEW als auf eine des GNP (Luxus anstelle von Sachzwang) gelegt werden. Unter dieser Voraussetzung müßte nicht eine, sondern müßten zwei Bedingungen erfüllt werden: In unterentwickelten Ländern, wo die Produktivität noch nicht hoch genug ist, bleibt die Hauptbedingung immer noch die herkömmliche Erhöhung der Leistungsfähigkeit in der Produktion. Aber in den überentwickelten Ländern, wo weiteres Wachstum im wesentlichen Selbstzweck ist, kommt die zweite Bedingung zum Tragen, wenn die NEW an Stelle des GNP ausschlaggebend wird.

Denn während die Produktivität mit der Größe einer Gesellschaft wächst, nehmen die Kosten der Gesellschaft (oder, wie E. J. Misham sie nennt, die Kosten des Wirtschaftswachstums) nach einer bestimmten Expansion in mehr als einem entsprechenden Verhältnis zu. Daraus folgt, daß ein stetig wachsender Anteil des Bruttosozialprodukts dem Wohlstand der Bürger entzogen werden muß.

Um es anders zu sagen: Sobald eine Gesellschaft über den Punkt hinausgewachsen ist, wo der Lebensstandard niedriger zu werden beginnt, kann man den Zustand nicht etwa dadurch verbessern, daß man Länder fusioniert, die Verwaltung integriert, nukleare Technologie einführt oder gemeinsame Märkte organisiert, sondern dadurch, daß man in bezug auf alle diese Vorgänge den Rückwärtsgang einlegt. Dies würde freilich zu einer Verringerung der Gesamtproduktion führen und zugleich zu einer Reduktion der so trügerischen Maßstabs*ersparnisse,* wodurch die erste der zwei Bedingungen für einen erhöhten Lebensstandard gefährdet erscheint. Aber dadurch, daß man die zweite Bedingung erfüllt, die Reduktion der Maßstabs*kosten,* wird ein verhältnismäßig höherer Prozentsatz des kleiner gewordenen Pro-Kopf-Anteils der Gesamtproduktion so umgeleitet werden, daß er nicht mehr der Regierung, sondern dem Wohl des individuellen Staatsbürgers zugute kommt. Daher kommt der paradoxe Schluß, daß eine Verbesserung der individuellen Lebensqualität an eine Verringerung der Gesamtproduktion einer Gesellschaft gebunden ist. Und darauf kommt es letztlich an: daß der Mensch nämlich mehr vom Leben haben kann als die majestätische Dimension des sozialen Jumbo-Jets, der für jeden Insassen die Toilette als Sitz eingebaut hat.

6

Es gibt eine Menge wirtschaftlicher Probleme, die man anführen könnte, um den allumfassenden Einfluß zu demonstrieren, welchen die übermäßig kritische Größe der integrierten modernen Gesellschaft ausübt. Eines dieser Probleme ist die völlige Unkontrollierbarkeit der Währungsfluktuationen. Sie entziehen sich jeder Einschätzung, jeder Vorhersage und allen Vorsichtsmaßnahmen selbst durch die größten Fachleute und die mächtigsten Regierungen, die die Welt je gesehen hat. Sie verfügen einfach nicht mehr über das Instrumentarium, welches den Verlust jener Durchschaubarkeit wettmachen kann, der den gesellschaftlichen Riesenwuchs automatisch begleitet.

Hat man aber diesen Durchblick verloren, so kann ihn weder der gelehrte Spezialist noch der Computer wiederherstellen. Sie werden die Blindheit nur um so fühlbarer machen.

Ein anderes, mit kritischer übermäßiger Größe zusammenhängendes Problem ist die moderne (im Gegensatz zur früheren) Form der Arbeitslosigkeit. Nur Absatzmärkte mit großen Ausmaß, wie sie den Großmächten zur Verfügung stehen, können sich die Automatisierung leisten. Aber nicht nur, daß sie sie sich leisten können: sie benötigen diese höchst leistungsfähige Technologie, um die gierigen Bedürfnisse ihrer florierenden Gesellschaft befriedigen zu können.

Aber während die Automatisierung die übermäßig gewachsene Gesellschaft mit allem Lebensnotwendigen versorgt, nimmt die Leistungsfähigkeit der Automatisierung der arbeitenden Bevölkerung jene Arbeitsplätze weg, die sie braucht, um die erwähnten Lebensnotwendigkeiten kaufen zu können. In der Folge ergeht der Ruf an die Regierung, diejenigen Arbeitsplätze aus dem Boden zu stampfen, welche die Privatindustrie nicht länger anbieten kann. Das bedeutet nicht nur, daß die Automatisierung Ursache der Arbeitslosigkeit ist; sie führt darüber hinaus zu einer zunehmenden Einmischung des Staates in die Wirtschaft, und zwar auf eine Art und Weise, die sich nicht mit dem Geist der freien Wirtschaft vereinen läßt, welche die ganze Entwicklung überhaupt erst in Bewegung gesetzt hat. Um es in anderen Worten auszudrücken: Die Automatisierung bewirkt nicht nur den Verlust von Arbeitsplätzen, sondern verursacht zugleich die fortschreitende Sozialisierung. Wie Goethe im Zauberlehrling sagt: „Die ich rief, die Geister, werd' ich nun nicht los."

Aber damit ist noch nicht alles abgetan. Denn eine Regierung ist keineswegs besser geeignet als der Privatsektor, Arbeitsplätze aus dem Boden zu stampfen, welche die ersetzen, die durch die Automatisierung im Privatsektor verlorengegangen sind. Was im Sozialsektor angeboten werden kann, ist weder konkurrenzfähig noch produktiv. Um es ganz genau zu sagen: Die öffentliche Hand kann eo ipso lediglich Beschäftigungen anbieten, die absolute Verschwendung bedeuten und nur einen Zweck erfüllen, nämlich den, die Unanstellbaren anzustellen. Und noch ein wenig genauer: Was eine Regierung heute als Arbeitsbeschaffung anbietet, ist nichts weiter als scheinheilig versteckte Arbeitslosigkeit. Es gibt für eine Regierung eine ganze Reihe von Möglichkeiten, die Arbeitslosigkeit im Privatsektor dadurch zu verstecken, daß man sie nach außen hin als Arbeitsbeschaffung durch die öffentliche Hand verkleidet. Aber keine dieser Möglichkeiten ist bemerkenswerter als die Bürokratie, und insbesondere die Armee, wie Northcote Parkinson so bissig aufgezeigt hat. Was die Armee betrifft, so finden wir, wenn wir in die Geschichte zurückblicken, daß von frühesten Zeiten an einer Vergrößerung der permanenten Heere und der damit zusammenhängenden Verlängerung des Militärdienstes ein entsprechender Fortschritt der Leistungsfähigkeit der Produktionsmethoden vorausgegangen ist. Denn es war natürlich die Zunahme der Produktivität, welche das nötige Menschenmaterial von den Äckern und Fabriken für die Kasernen freistellte.

Im Widerspruch zu Marx ist der Aufstieg nicht nur des Sozialismus, sondern auch des Militarismus nicht so sehr eine Folge des Kapitalismus, sondern eine Folge der durch den Fortschritt freigemachten Arbeitskräfte. Und da die Auswirkungen der arbeitssparenden Technologie in größeren Ländern bedeutender sind als in kleinen Ländern, müssen wir uns von der fortschrittlichsten eher der mittleren Technologie zuwenden, wenn wir den Militarismus abbauen und zugleich die in zunehmendem Maße erstickende Rolle der bürokratischen Regierung als Arbeitgeber der Staatsbürger verringern wollen. Bei dieser Mittleren Technologie handelt es sich um eine Technologie, die alles, was wir uns denken können, in der erwünschten Menge herstellt, außer die Atomenergie. Durch die verringerte Leistungsfähigkeit wird sie dazu nur imstande sein, wenn alle Menschen damit beschäftigt sind.

Da jedoch diese Mittlere Technologie nur in Gesellschaftsformen von beschränkter Größe wirtschaftlich ist (wie ein kleiner Dampfer nur auf einem Gewässer von beschränkter Größe wirtschaftlich ist), kommen wir auf meinen ursprünglichen Vorschlag zurück, daß nämlich die Arbeitslosigkeit wie alle anderen Probleme des Gigantismus nur auf eine Art gelöst werden kann: durch die Reduktion der zu groß gewordenen Nationen auf Dimensionen, die wieder der Kontrolle des Menschen unterliegen und nicht der des Computers.

7

Man könnte ein Wirtschaftsproblem nach dem anderen untersuchen und wird immer wieder auf dieselbe Ursache stoßen: gesellschaftlicher Riesenwuchs. Ich will mich jedoch in diesem abschließenden Teil auf eine bestimmte Konsequenz des Riesenwuchses beschränken. Wie in bezug auf die Automatisierung beschäftigte ich mich auch hier wieder mit der zunehmenden Sozialisierung unserer Existenz als Individuum. Aber das Problem wird aus einem neuen Blickwinkel betrachtet.

Viele fürchten in den Demokratien des Westens, daß sich der Kommunismus aufgrund der unermüdlichen Unterminierung der marxistischen Propaganda ausbreiten werde. Deshalb sind sie für eine Politik der Abgrenzung: den Kommunismus fernhalten, auf Kuba oder China beschränken, das wird ihn hindern, sich überallhin zu verbreiten.

Aber das funktioniert nicht. Denn der Sozialismus ist, wie ich bereits erwähnt habe, eine Reaktion auf innere Entwicklung und nicht abhängig von äußeren Einflüssen. Sogar Marx selbst sagte das, wenn er den Aufstieg des Sozialismus auf den Abstieg des durch innere Widersprüchlichkeiten geschwächten Kapitalismus zurückführte.

Ich glaube jedoch, daß die Marxsche Theorie nicht richtig ist, oder zumindest nicht völlig richtig. Der Sozialismus entwickelt sich mit dem zunehmenden Verfall und dem Überalterungsprozeß des Privatunternehmersystems. Aber nicht jede Privatwirtschaft fällt notwendigerweise der Überalterung zum Opfer. Was sich abnutzt, ist nicht das wirtschaftliche System, sondern die Substanz der Gesellschaft. Sobald ein Staat mit freier Wirtschaft über gewisse Grenzen hinauswächst, beginnt er zu altern. Daraufhin wird die Regierung als Arzt beigezogen; sie hält aber nicht den Prozeß des Älterwerdens auf, sondern lindert lediglich die damit zusammenhängenden Schmerzen. Der unwiderrufliche Verfall wird nicht aufgehalten. Als Resultat wird der Körper schließlich so riesig und fett, daß selbst die Kontrollen des Sozialismus nicht ausreichen, mit jenem Zustand fertig zu werden, welcher der Kontrolle entwachsen ist.

Sozialismus ist folglich weniger das Gegenteil des Kapitalismus, sondern jene Staatsform, die der Kapitalismus in hohem Alter annimmt. Es ist seine letzte Phase (wie es auch seine erste ist, in der die politische Struktur nicht auf eigenen Füßen stehen kann, nicht etwa, weil sie zu alt, sondern weil sie noch zu jung ist). Das ist es auch, worauf ich meine Studenten hinweise – mit Übertreibungen, um zu überzeugen –, daß nämlich Wirtschaftssysteme nicht ideologischer, sondern in erster Linie historischer Natur seien, und daß etwa die Vereinigten Staaten weit davon entfernt sind, das kapitalistische Gegenstück von China oder der Sowjetunion zu sein. Bei Regierungskontrollen von solch enormem Ausmaß, daß sie sogar ein republikanischer Präsident nicht ungestraft beeinträchtigen kann, kann man ohne weiteres sagen, daß die USA tatsächlich die drittkommunistischste Gesellschaft der Welt geworden sind![2]

Denn die Richtungen, in die sich allüberall die Regierungskontrollen entwickeln, sind mit denen in Rußland und China identisch. Wenn man also das Gegenteil erleben will, dann muß man sich der Schweiz und nicht den Vereinigten Staaten zuwenden.

Was ich damit verständlich machen will, ist, daß diejenigen, welche das Wachstum des Kommunismus in Schranken halten wollen, mit ideologischer Gegenpropaganda nichts erreichen werden. Ebensowenig werden sie etwas erreichen, wenn sie versuchen, ihn auf seine jetzige Einflußsphäre zu beschränken. Die einzige Möglichkeit, den Kommunismus aufzuhalten, ist darin zu finden, daß man nicht etwa sein Wachstum aufhält, sondern daß man die Gesellschaft auf Größenordnungen reduziert, welche von Anfang an keine mächtige Regierungsintervention benötigen. Denn in dem Augenblick, in dem man die Gesellschaft über diese Größenordnung hinauswachsen läßt, funktioniert nur mehr der Sozialismus und – wie Medikamente in der Endphase einer Krebserkrankung – auch er nur für eine kleine Weile, da man in Betracht ziehen muß, daß der Sozialismus an sich so wenig geeignet ist, das Krebsgeschwür des Riesenwuchses aufzuhalten wie irgendein anderes System.

Ich bin jedoch mit Marx der Meinung, daß mit dem Fortschritt des Kapitalismus der zunehmende Wettbewerb zum Ende jeglicher Konkurrenz führt. In Wirklichkeit brauchen wir Marx überhaupt nicht zu lesen, um uns darüber klar zu werden, daß all das rund um uns schon stattfindet. Überall in den großen Ländern wird der Konkurrenzkapitalismus zum Monopolkapitalismus, der dadurch, daß er wie überall Geschäftsleute zu Beamten macht, überhaupt kein Kapitalismus im eigentlichen Sinn mehr ist. In der Realität erfährt diese kapitalistische Transformation eine derartige Beschleunigung, daß, Computerberechnungen zufolge, die Welt in fünfzig Jahren von nicht mehr als einem Dutzend multinationaler Korporationen regiert werden wird, die mit dem Kapitalismus so viel zu tun haben wie eine einbalsamierte Leiche mit einem lebendigen Leib.

Durchaus nicht einer Meinung bin ich mit Marx in bezug auf seine Vorstellung, daß diese Entwicklung etwas mit dem Kapitalismus zu tun habe. Sie hängt ausschließlich vom Größenwachstum der Gesellschaft ab, welche in einem kapitalistischen System lebt. Diese Entwicklung kann gar nicht erst eintreten, wenn das Wachstum verhindert wird, wie das in kleinen Gesellschaften der Fall war, deren kleine Absatzmärkte und geringe politische Einflußsphäre sich automatisch beschränkend auf das Wachstum miteinander konkurrierender Firmen über ein gewisses optimales Maß hinaus auswirkten. Es ist natürlich nicht so, daß eine kleine Gesellschaft ein solches, über das optimale Maß hinausgehendes Wachstum *verhindert,* da der internationale Handel sich immer über nationale Schranken hinwegsetzt. Aber sie haben die Tendenz, eine solche Entwicklung zu *entmutigen* oder sie zumindest so zu verlangsamen, daß bei allem Wachstum die Kontrolle nicht verlorengeht.

Das hat die Schweiz bis vor kurzem gezeigt, bevor sie in das zunehmende Gravitationsfeld des Gemeinsamen Marktes geriet. Wenn sich auch einige ihrer Unternehmen weltweit entwickelt haben, so haben doch viele ihre Lebensfähigkeit gerade dadurch bewahrt, daß sie auf die leichte Überschaubarkeit ihres nationalen oder gar nur kantonalen Marktes eingestellt blieben. Wie Professor Jöhr, St. Gallen, in seiner 1960 in Austin Robinsons „Economic Consequences of the Size of Nations" erschienenen Studie aufzeigte, hatte damals die größte Schweizer Firma 12.000 Angestellte, die zweitgrößte 9.000, während 80% der Wirtschaftstreibenden immer noch weniger als 50 Mitarbeiter hatten. Ein ganz anderes Bild bieten die riesigen Territorialstaaten wie die USA, welche sich von Anfang an unter der Voraussetzung eines einheitlichen kontinentalen Absatzmarkts entwickelten. In dem Maße, wie die von den geographischen Entfernungen gesetzten Grenzen nach und nach von der technischen Entwicklung des Verkehrs und der Kommunikation überschritten werden konnten, traten an die Stelle der ursprünglichen, kleinen, miteinander konkurrierenden Unternehmen zunächst florierende mittelgroße Unternehmen – eine Phase, die in Deutschland als „Hochkapitalismus" bezeichnet wird. Dann vollzog sich die Entwicklung zu jener fusionsfreundlichen, krebsanfälligen, monopoldominierten letzten Phase der Großfirmen, dem „Spätkapitalismus". Es gibt natürlich in den Vereinigten Staaten und den anderen Großmächten immer noch zahllose kleine und mittlere Betriebe. Aber sie sind, was die Voralpen im Verhältnis zu den Alpen sind: sie beherrschen nicht die Szenerie. Was ihre gegenwärtige Entwicklungsstufe charakterisiert, ist die Todeskrankheit des übermäßigen Wachstums, welches bei zunehmender Hilflosigkeit zu dem immer lauter werdenden Ruf nach der Rückkehr des Staates auf die wirtschaftliche Szene führt, von der ihn die beinharten, jugendlichen, früheren Phasen des laissez-faire-Kapitalismus einmal so wirkungsvoll vertrieben hatten.

Es sind also nicht die Marxisten, die den Krieg auf seiten der staatlichen Einmischung anführen. Sie sind lediglich die Nachhut. An der Hauptkampflinie stehen die landwirtschaftlichen und industriellen Großunternehmen, die um die verschiedensten Freundschaftsdienste, Verträge und Subventionen seitens der allbeherrschenden Regierung betteln, welche der Hauptabnehmer, der Hauptarbeitgeber, Hauptversorger und zugleich die wirtschaftliche Hauptmacht im ganzen Land geworden ist. Deshalb ist auch der Hauptvertreter der Wirtschaft nicht mehr der Landwirt, der Geschäfts- oder Handelsmann, der Bankier oder der Industrielle. Es ist der Lobbyist, der Mann mit der Verbindung zur Regierung. Und das ist die wirkliche Ursache für die Verbreitung des Sozialismus. Es ist nicht die Ideologie, nicht der Maoismus, nicht die Indoktrination durch den Kreml. Es ist das Übermaß an Wachstum und Integration der modernen politischen und wirtschaftlichen Gesellschaftsformen und, mit ihnen, das Wachstum ihrer Geschäftsunternehmen.

Wenn man sich also den Dr. Sozialismus vom Leibe halten will, dann darf man sich von der einzigen tödlichen Krankheit unserer Zeit nicht anstecken lassen. Es ist die Krankheit des wirtschaftlichen Riesenwuchses, sowohl was die Größe der Unternehmen betrifft, als auch die der Absatzmärkte, von denen die Unternehmen leben. Und das beste Mittel gegen diese Krankheit ist, daß man sich nicht zusammenschließt, sondern daß man, um es noch einmal zu sagen, die übergroßen Gesellschaften und Absatzmärkte unserer Zeit auf ein kleines augustäisches System kleiner Staaten aufteilt. Das hat die Schweiz erreicht, indem sie, umgeben von Wachstums- und Fusionswahn, beharrlich bei ihrem kantonalen System blieb, welches ihre Bürger freier gemacht hat und ihre Lebenserwartung höher als in allen anderen modernen Gesellschaften. Ich hoffe, daß man mir glaubt, wenn ich sage, daß es sich dabei nicht um die Feststellungen eines Politikers handelt. Ich bewerbe mich nicht um ein Amt in der Republik Wallis. Es handelt sich um meine grundlegende philosophische Überzeugung. Und damit möchte ich schließen. Ich habe eine Reihe von Beispielen angeboten und den Hinweis, daß die meisten unserer gesellschaftlichen Probleme Probleme des Größenmaßes sind und daß es nicht die Kleinen sind, die nicht auf eigenen Füßen stehen können, sondern die Großen. Ich hätte noch eine ganze Reihe weiterer Beispiele geben können. Tatsächlich gibt es so viele Beispiele, daß ich mich in den dreißig Jahren, in denen ich über dieses selbe Thema geschrieben habe, noch niemals habe wiederholen müssen, wenn man von ebendiesen abschließenden Bemerkungen absieht, in denen ich die Aufmerksamkeit auf die *eine* Ursache für alle unsere gesellschaftlichen Probleme lenke. Niemand hat dies schöner zum Ausdruck gebracht als der griechische Philosoph Protagoras, dessen Werk uns verloren ist, mit Ausnahme eines einleitenden Wortes zu einem seiner Bücher. Aber dieses Wort sichert ihm Unsterblichkeit: „Der Mensch ist das Maß aller Dinge."

Lange Zeit war mir die Bedeutung nicht klar, bis mir endlich bewußt wurde, daß der Akzent auf „Mensch" ruht. *Der Mensch* ist das Maß aller Dinge. Nicht die Polis, nicht die Nation, nicht das Volk, nicht die Menschheit, nicht der Absatzmarkt, nicht die Maschine, nicht das Geschäft, nicht die Arbeiterklasse, nicht der Computer, nicht unsere Institutionen: Es ist *der Mensch*. Alles und jegliches muß an ihm gemessen werden – wie der heilige Augustin in seinem Wunsch nach kleineren Staaten anstelle einer großen Macht klar gemacht hat –, und es handelt sich um einen sehr kleinen Maßstab. Eben darauf beruht der Erfolg der Schweizer

Kantone: Sie haben immer noch ein Verhältnis zu dem kleinen Maßstab Mensch, während die aufgeblasenen moribunden Großen mit den Worten beschrieben werden können, die der heilige Philosoph dem Römischen Reich zudachte: „Es ist wie Glas, hell und spröde und in ewiger Furcht vor dem Zerbrechen." Gloria!

Unsere Alternativen zur Lösung der Probleme unserer Tage finden sich nicht zwischen der kapitalistischen und der sozialistischen Gesellschaft. Sie sind als Alternativen nicht sinnvoller als die linke oder die rechte Seite eines Schiffes. Es geht um das Schiff mit seiner ins Unermeßliche wachsenden Riesengröße, nicht um Backbord oder Steuerbord. Wollten wir den kapitalistischen Kapitän durch einen sozialistischen ersetzen, so wäre das nicht sinnvoller, als einer Leiche einen neuen Kopf aufzupflanzen und davon ihre Wiederbelebung zu erwarten. Was ersetzt werden muß, ist das Schiff. Die wahre Entscheidung für unsere Zeit ist nicht die zwischen rechts und links, zwischen der öffentlichen und der privaten Hand, zwischen Kapitalismus und Sozialismus. Das sind Gegensätze des vergangenen Jahrhunderts. Die wirkliche Entscheidung liegt zwischen Rettungsboot und Titanic, zwischen kleinem und großem Business, zwischen der kleinen Gemeinschaft und der großen.

Deutsch von Helmut Famira

1 *Text des Briefes:* Sehr geehrter Herr! Heute, fast eine Woche, nachdem die britische und französische Operation am Suezkanal begann, stoße ich auf Ihren Brief, der am 19. September in der internationalen Ausgabe der New York Times erschienen ist. Ich kann mich nicht daran erinnern, je eine zutreffendere und genauere Propheceiung gelesen zu haben, welche sich auf ein Verständnis geschichtlicher Ereignisse stützt. Ich dachte mir, es würde Ihnen Freude bereiten zu erfahren, daß hier drüben jemand Ihren Brief gelesen und seinen wahren Wert erkannt hat...
2 Anatol Murad bezeichnet diese Art von „Kommunismus" als „Welfare-Warfare"-Kapitalismus (Welfare – die Sozialleistungen, Warfare – die Kriegführung), in dem der mächtigste Einzelmensch nicht mehr der Großgrundbesitzer, der Industrielle oder der Finanzmann ist, sondern der Lobbyist, eine Person, die zur Regierung Zutritt hat.

Kritische Größe, in: Scheidewege 16 (1986/87), 146–147.

ANGEPASSTE TECHNOLOGIE UND DAS PROBLEM DER GRÖSSE

Im Jahre 1943 wurde ich in einem amerikanischen Stipendienwettbewerb von einer Prüfungskommission gefragt, was mein Lieblingsthema sei, und ersucht, es in konzentrierter Form in zehn Minuten vorzutragen. Das gelang mir, weil mir nichts anderes übrig blieb. Daraufhin wurde ich ersucht, das gleiche in drei Minuten zu sagen, was mir auch gelang, weil mir nichts anderes übrig blieb. Dreißig Jahre später, 1973, hat mein Freund Fritz Schumacher im Titel seines Buches, dessen letzte Zeilen er sechs Monate vor seiner Veröffentlichung in meinem Haus in Puerto Rico fertig schrieb, das Ganze in drei Worte zusammengefaßt: *Small is beautiful*.

Fritz Schumacher wurde einmal gefragt, ob er wegen dieser Idee nicht oft für einen Spinner gehalten werde. „Natürlich", antwortete er, „aber das hat mir nie etwas ausgemacht. Denn was ist ein Spinner? Sein Werkzeug, das Spinnrad, ist billig, klein, wirtschaftlich, leistungsfähig und", fügte er mit erhobener Stimme hinzu, „es macht Revolutionen!"

Ähnlich bin auch ich oft für einen Spinner gehalten worden und für einen Romantiker obendrein – was jedenfalls stimmt. Denn wenn man bedenkt, daß man aus dem Nichts kommt und im Nichts endet und dazwischen noch eine Menge Auslagen hat, so hat das Leben wirtschaftlich gesehen überhaupt keinen Sinn. Für einen Rationalisten ist es ein Verlustgeschäft. Nur der Romantiker sieht etwas in der Herrlichkeit des Regenbogens, der diese zwei „Nullgrößen" verbindet.

Wenn ich über Schumacher und sein Spinnrad spreche, bin ich damit auch schon beim Thema meines Beitrages. Denn sein Name ist eng verknüpft mit der Mittleren Technologie, einem Begriff, der nahelegt, daß die „passenden" Hilfsmittel für den menschlichen Fortschritt am ehesten von einer weniger fortgeschrittenen, einfacheren und vor allem billigeren Technologie geboten werden können, als sie heute verwendet wird. Da ich jedoch kein Techniker bin, möchte ich mich eher mit den philosophischen Grundlagen der „passenden" Technologie, vor allem jedoch der passenden „lebensrichtigen" Größe beschäftigen.

Was bedeutet „angepaßt"?

Der Begriff „passend" schließt bereits das Vorhandensein von Begrenzungen mit ein. Ist etwas unpassend, so ist es entweder zu groß oder zu klein, zu früh oder zu spät, zu langsam oder zu schnell, zu reich oder zu arm. Genauso, wie Paracelsus Gift als „zu viel" definierte, können wir das „unpassende" ganz einfach „zu viel" nennen – zu viel in jeder Richtung. Der Begriff „angepaßt" muß daher relativ betrachtet werden, ähnlich wie in der griechischen Auffassung von Harmonie: keine Unmäßigkeit, was immer es auch sei.

Angepaßt woran?

Der Begriff ist also relativ und wird an seinem Anwendungszweck gemessen, und das führt uns zu der ersten Frage, die wir beantworten müssen: angepaßt woran?

In bezug auf Technologie sind sich die meisten Menschen darin einig, daß sie sich auf hohe Produktivität bezieht. Je höher diese ist, desto angepaßter muß die erforderliche Technologie sein, um das menschliche Dasein zu verbessern. Aus diesem Grund versucht die unterentwickelte Welt mit der Industrialisierung der entwickelten Welt Schritt zu halten, während diese wiederum einen immer höheren Standard automatisierter Effizienz anstrebt. Bis jetzt hat man noch nicht völlig verstanden, daß es so etwas wie Überentwicklung gibt; daß der technologische Fortschritt über bestimmte Grenzen hinaus nicht nur aufhört, eine Lösung im Kampf für sozialen Fortschritt zu sein, sondern sogar zu einer Belastung werden kann.

Welche Größe ist notwendig?

Das wirft gleich die zweite Frage auf: Ist der Begriff „passend" durch Grenzen definiert, unter welchen zu bleiben nicht genug und über welchen zu liegen zu viel ist? Was legt diese Grenzen fest? Die Antwort ist nicht allzu schwierig. Sie sind durch die Größe und Form eines Dinges bestimmt und diese wiederum sind von seiner Funktion abhängig. Die passende Größe eines Zahnes hängt zum Beispiel von seiner Funktion ab, die Nahrung durch Zerkleinern leichter verdaulich zu machen, ohne dabei den Mund, in den dieser Zahn eingebettet ist, zu verletzen. Ein größerer Zahn würde das Problem nicht lösen. Und was in bezug auf die Größe eines Zahnes oder des menschlichen Körpers gilt, gilt auch, wenn wir den Begriff „passend" auf die Größe einer Gemeinschaft, einer Gesellschaft oder eines Staates beziehen und genauso für die Technik, die wir geschaffen haben, um diese Organisationen bei der Ausübung ihrer Funktionen zu unterstützen.

Die Funktion der Gesellschaft

Bevor wir uns der Frage nach der Technologie zuwenden, müssen wir erst eine dritte Frage beantworten: Was ist die Funktion einer Gesellschaft, der eine bestimmte Technologie dienen soll? Was sind die Vorteile eines Daseins innerhalb einer Gemeinschaft, die den Menschen dazu bewogen haben, die Freiheit, die er durch das Alleinleben genießen könnte, zu opfern? Ist es das Streben nach Gerechtigkeit und Frieden? Wäre das die Funktion der Gesellschaft, täte man besser daran, sie zu meiden, als sich ihr anzuschließen. Ist es ihre Funktion, die Menschheit in einem Turm von Babel zu vereinen, der in unseren Großstädten heute seine zweite Verkörperung erlebt?

Keine dieser Errungenschaften scheint es wert zu sein, dafür unsere individuelle Unabhängigkeit aufzugeben. Wenn wir uns aber trotzdem für die Restriktionen, die ein gemeinsames Leben mit sich bringt, entschieden haben, so nur aus dem einen Grund: Wir streben nach einem Leben, das in spiritueller und materieller Hinsicht besser ist als das, welches uns die Einsamkeit bieten könnte. Und genau das bestimmt die Antwort auf die Frage, nach einer „angepaßten" Technologie: Wichtig ist nicht die materielle Produktivität an sich, sondern die Möglichkeit, uns die kulturellen, politischen, wirtschaftlichen und gesellschaftlichen Voraussetzungen zu erarbeiten, die uns das bestmögliche Leben erlauben.

Das Problem der Größe

An dieser Stelle tritt die Frage nach der Größe auf. Egal, ob groß oder klein, die Funktion jeder Gesellschaft liegt darin, den Bürgern dieses Leben zu ermöglichen. Nicht jede Gesellschaft kann das im gleichen Ausmaß tun. Denn so, wie die Schnecke die Last ihres Hauses zu tragen hat, muß auch der Bürger die Last des Staates auf seine Schultern nehmen, wenn er von dessen Vorteilen profitieren will. Diese Last nimmt normalerweise proportional zur Größe des Staates zu, und so kommt es dazu, daß sich diese Last ab einem bestimmten Punkt schneller vergrößert als die intellektuellen und materiellen Fähigkeiten, die der Mensch braucht, um sie bewältigen zu können. Bis zu diesem Punkt können wir die immer höheren „Mitgliedsbeiträge" einer wachsenden Gesellschaft aufbringen, indem wir die Technologie auf einen Produktionsstand bringen, der die vermehrten Probleme, die eine größere Gesellschaft mit sich bringt, ausgleicht. Ist dieser Punkt jedoch überschritten, wird die soziale Belastung so groß, daß immer mehr vom persönlichen zum sozialen Nutzen abgezweigt werden muß – mehr jedenfalls, als eine weitere technologische Verbesserung für das allgemeine Wohl leisten könnte.

Als Folge davon müssen die Bedingungen für das gute Leben, das in kleineren Gesellschaften sehr wohl möglich ist, nach und nach eingeschränkt werden.

Als erstes leidet unser kulturelles Leben darunter. Darum finden wir auch bei größeren Völkern, deren Gesellschaft in einem einzigen Staat organisiert ist, weniger Opernhäuser als in kleinen, weniger kostspieligen Gemeinschaften, wie zum Beispiel den Stadtstaaten der Renaissance.

Der nächste Punkt ist die persönliche Sicherheit. Niemand riskiert mehr in den riesigen Städten des größengeplagten Amerika einen gemütlichen Abendspaziergang, es sei denn, er ist ein Terrorist, stockbetrunken oder der „Sohn von Sam".

Das dritte Opfer ist unsere materielle Lebensqualität. Anstatt nämlich unseren Lebensstandard zu erhöhen, drückt ihn die hocheffiziente, vollautomatisierte Technologie nur nach unten, oft versteckt unter dem Mantel eines scheinbaren Überflusses. Diese Technologie ist jedoch die einzige, die den unersättlichen Anforderungen, die eine übergroße Gemeinschaft in bezug auf Kommunikation, Transport, Integration und Überleben im allgemeinen stellt, gerecht werden kann. Wir bekommen nämlich nicht immer mehr Butter aufs Brot, sondern, wie wir am Beispiel der Europäischen Gemeinschaft sehen können, mehr Butter auf Butter – so lange, bis der Berg dermaßen groß ist, daß er weder abgebaut, noch verteilt werden kann. Der Überfluß schafft selbst ein Problem, anstatt eines zu lösen. Und das gleiche gilt für die meisten Güter, mit denen uns der Fortschritt überschüttet hat: von der medizinischen Versorgung bis hin zu Autos, Kühlschränken, Häusern und sogar der Freizeit. All dies hat nichts mehr mit Luxus zu tun, sondern es handelt sich dabei nur mehr um Hilfsmittel, die wir brauchen, um die hinzugekommenen Schwierigkeiten zu bewältigen. Der große Verbrauch von Aspirintabletten ist zum Beispiel kein Beweis für eine Steigerung des Niveaus unserer Gesundheitsversorgung, sondern für die Zunahme der Kopfschmerzen, die nicht so häufig auftraten, als der Mensch noch in weniger nervenbelastenden kleineren Gemeinschaften lebte.

Der letzte Vorzug, der schließlich dem unbegrenzten Wachstum zum Opfer fällt, ist der allerwichtigste: jener, der den Menschen ursprünglich dazu bewogen hat, das Leben in der Gemeinschaft zu suchen. Es ist die Gemeinsamkeit, die unsere menschliche Natur anstrebt und die uns nur die Gesellschaft bieten kann. Zusammen mit den anderen Voraussetzungen für das gute Leben beginnt die Funktion der Gemeinschaftlichkeit in der Gesellschaft zu schrumpfen, sobald sich die Bevölkerungsgröße über ihre organischen Grenzen hinaus vergrößert. Durch Sprengung anstatt durch Festigung der Lebensform wird der natürlich lebende Mensch zur „Organisation Mensch", die gemeinsam lebende Menge zur „Einsamen Menge", wie die Titel von zwei bekannten Büchern andeuten.

Die passende politische Größe

Es ist also nicht die größtmögliche Gesellschaft, die ihre Funktion, alle ihre Mitglieder mit den Voraussetzungen für das gute Leben

(Wohlstand, Sicherheit, Kultur, Gemeinschaftlichkeit etc.) zu versorgen, am besten erfüllt, so wie es sich die heutigen „Babylonier" in ihren Visionen vom ideologischen, ökonomischen, kontinentalen und mondialen Staat vorstellen; es ist vielmehr die Gesellschaft mit der kleinsten Anzahl von Menschen.

Das ist allerdings nicht das gleiche wie die kleinste Gesellschaft. Es bedeutet eine Gesellschaft von begrenzter Größe, die ihr Ausmaß nicht durch das enorme Potential der Technologie bestimmen läßt, sondern durch das, was der einzelne Mensch verkraften kann. Die Stadtstaaten der Antike mit einer Bevölkerung von zwanzig- bis dreißigtausend Menschen haben sich oft genug als die bis jetzt am besten funktionierende Gesellschaftsform erwiesen. Heutzutage läßt sich diese optimale Bevölkerungsgröße dank der Verbesserungen im Transport- und Kommunikationswesen auf vielleicht 12 bis 15 Millionen ausdehnen. Jenseits dieser Grenze jedoch kann eine weitere technische Verbesserung der wachsenden Probleme nicht mehr Herr werden, sondern zerstört alles, was bis dahin durch die Skalenerträge gewonnen werden konnte. Ein klares Beispiel dafür ist nicht nur die wackelige Position der Großmächte, sondern auch die der größengeplagten Länder der unterentwickelten Welt.

Die passende Technologie

Da wir jetzt eine gewisse Vorstellung von dem funktionsbedingten Begriff der „passenden" politischen Größe haben, können wir also zu dem abgeleiteten Begriff der „angepaßten" Technologie zurückkehren. Sobald wir erkennen, daß der höchste Lebensstandard nicht nur auch, sondern ausschließlich in einer Gesellschaft von begrenzter Größe erreicht werden kann, können wir auch verstehen, warum eine „angepaßte" Technologie wesentlich einfacher, billiger, weniger fortgeschritten und sogar weniger effizient sein kann als die Technologie einer „Wachstumsgesellschaft".

Genauso, wie die Schwierigkeiten des Zusammenlebens proportional zu jeder Vergrößerung unserer sozialen Struktur anwachsen, so verringern sie sich auch proportional zu jeder Reduzierung dieser Struktur. Oft genügt zum Beispiel der Wechsel von einer großen in eine kleinere Gemeinde, um den Lebensstandard ohne Einkommenssteigerung zu verbessern.

Als ich in der Umgebung von San Juan, der riesigen Hauptstadt Puerto Ricos lebte, mußte ich täglich 60 Meilen zurücklegen, um ins Büro, nach Hause, zu Freunden, in Geschäfte, Theater, Erholungseinrichtungen etc. zu gelangen. Um alle Orte meiner täglichen Aktivitäten zu erreichen, war ich auf ein nerven-, platz- und benzinverbrauchendes, hochtechnisiertes Auto angewiesen. In Cambridge, wo ich später lebte, betrug die tägliche Wegstrecke für die gleichen Aktivitäten weniger als drei Meilen, die ich mit dem Fahrrad zurücklegte. Jetzt, da ich in Aberystwyth lebe, ist die Distanz zwischen meinen täglichen Beschäftigungen sogar auf weniger als eine halbe Meile zusammengeschrumpft, die ich zu Fuß bewältige, und zwar nicht nur mit der gleichen, sondern mit einer weitaus höheren Effizienz, als ich sie jemals mit einem Auto erreichen könnte. Die Antwort auf die Probleme unserer Zeit liegt also nicht darin, die Technologie immer weiter zu verbessern, um sie an die Überlebensbedingungen einer Welt von Riesengesellschaften anzupassen. Sie liegt vielmehr in der Reduzierung der Riesengesellschaften auf eine Dimension, in welcher die „passendsten" Hilfsmittel für den menschlichen Fortschritt von einer weniger fortgeschrittenen, einfacheren und billigen „mittleren" Technologie geboten werden können. Es ist in der Tat der Begriff der Mittleren Technologie, den wir mit dem Namen unseres lieben Freundes E. F. Schumacher in Verbindung bringen.

Die beiden Begriffe – „Mittlere" und „Angepaßte" Technologie – stehen nicht im Widerspruch zueinander. Tatsache ist nur, daß die passende Technologie für kleinere Gesellschaften eine sehr viel kostensparendere, mittlere Technologie ist. Damit ist es möglich, einen gleich hohen und sogar noch höheren Lebensstandard zu schaffen, als es in größeren Gesellschaften, trotz deren vielleicht weiter fortgeschrittener Technologie möglich wäre.

Darüber hinaus ist die Mittlere Technologie, gerade weil sie vom mechanischen Standpunkt her weniger effektiv ist, im humanen Sinn wesentlich wirkungsvoller, da in unserer Zeit der großen Arbeitslosigkeit der höchste Lebensstandard nur durch allgemeine Vollbeschäftigung zu erreichen ist. Genau hierin liegt auch der zweite Punkt zur Definition des Begriffes „Angepaßte Technologie": sie ermöglicht es nicht nur jedem Mitglied der Gesellschaft, die gesamten Vorzüge des Zusammenlebens zu genießen, sie bietet auch jedem das dazu unerläßliche Recht auf Arbeit.

Mittlere Technologie ist jedoch nicht nur die passende Technologie, um einen hohen Lebensstandard in kleinen Ländern zu erhalten. Sie ist auch bestens dafür geeignet, den Fortschritt in unterentwickelten Ländern zu beschleunigen, wo hocheffiziente Anlagen nur zu oft große Arbeitslosigkeit zur Folge haben. Eine unpassende fortgeschrittene Technik führt so nicht nur zu höchster Abhängigkeit von ausländischer Unterstützung, sondern auch zu einem Verlust der nationalen Identität eines Volkes. Lediglich geringere Effizienz und Kosten einer mittleren Technologie können diese hemmenden Nebeneffekte des Fortschrittes verhindern. Da aber eine mittlere Technologie nur auf der reduzierten Ebene von kleineren Gemeinschaften zufriedenstellende Resultate erzielen kann, wird sie ihrer Funktion nur dann entsprechen, wenn sich die heutigen unterentwickelten Riesenstaaten zuerst in weitgehend autonome Bezirke aufteilen. Erst dann wird die Anwendung von geringerem Kapital meßbare Ergebnisse erzielen können; und erst dann wird der Wohlstand steigen, und zwar nicht wegen der hohen Produktivität, sondern wegen der niedrigen Betriebskosten einer nur mäßig großen Gesellschaft.

Kleinere Einheiten

Es bedarf also für diese Lösung keiner technologischen, ökonomischen oder sozialen Reform, sondern einer strukturellen Änderung unserer Lebensbedingungen. Diese kann man in drei Forderungen zusammenfassen. Die Vorstädte urbanisieren. Die Städte föderalisieren. Die Staaten „kantonalisieren". Nur im Rahmen dieser Reform kann eine billigere mittlere Technologie eine Lösung für unsere Krise bieten, ohne entweder unsere Mittel zu überfordern oder unseren Lebensstandard ungünstig zu beeinflussen.

Viele lehnen jedoch diesen Vorschlag ab, weil sie meinen, er würde uns zu einem einfacheren Leben zurückführen. Schumacher drückte das gerne so aus: „Die Menschen halten es für den Sinn des Fortschrittes, die Dinge komplizierter zu machen. Das kann doch jeder Narr. Aber es braucht schon ein Genie dazu, die Dinge einfacher zu machen." Seit undenkbaren Zeiten ist es die technologische Vereinfachung, nicht die Verkomplizierung, die unsere Energien auf das Streben nach höheren Werten gelenkt hat, nach Musik, Poesie, Architektur, Philosophie, Kunst etc.

Andere halten dem entgegen: „All das ist sehr romantisch, aber in unserer Zeit ist es nicht sinnvoll umzukehren." Darauf pflegte ein anderer meiner Freunde, Alwyn Rees von der University of Wales, zu antworten: „Wenn man einmal am Rande eines Abgrundes angelangt ist, ist das einzig Sinnvolle, zurückzutreten."

Klein sein oder nicht sein

Nichts ist ein so alles durchdringendes großes Thema wie das Kleine. Man kann Hütten und Burgen daraus machen und es in Millionen von Variationen präsentieren, ohne sich jemals wiederholen zu müssen. Seine unabsehbare Vielfalt erinnert an Konfuzius, der einem Schüler, der ihn wegen seines großen Wissens bewunderte, zur Antwort gab: „Ich weiß nur eines, aber das durchdringt alles."

Was sein „Eines" war, weiß ich nicht, da ich leider kein Konfuzius bin. Für mich ist es jedenfalls die Kleinheitsstruktur, auf der alles aufgebaut ist; vom kleinen Atom als Basis des Gleichgewichtes, wie Erwin Schrödinger aufgezeigt hat (und das paradoxerweise Schumachers Schwager, Werner Heisenberg, in noch kleinere Teile spaltete und dadurch die größte Kraftquelle des Universums erschloß), zur kleinen Zelle als Basis der Gesundheit des Körpers; zur kleinen Wirtschaftseinheit als Fundament des Wohlstandes; zum kleinen Menschen als Grundlage der Demokratie; bis zur diözesan-kantonalen kleinen Gesellschaftseinheit als Fundament des gesunden Staatswesens.

So umfassend ist das Thema, daß ich seit meinem ersten Artikel darüber, der im September 1941, also vor einem halben Jahrhundert, in der amerikanischen Zeitschrift Commonwealth unter dem

Titel „Disunion now" erschien, über fast nichts anderes mehr geschrieben habe, nicht einmal in meinen jährlichen heimwehmütigen Weihnachtsgeschichten über „Stille Nacht" (welches 1818 in meinem kleinen Geburtsort Oberndorf bei Salzburg entstanden ist).

Bekehrung zur Idee der Kleinheit

An dieser Stelle möchte ich etwas weiter ausholen und einige Episoden aus der Geschichte meiner Beschäftigung mit der Kleinheit erzählen.

Als ich 1938 ohne Geld, oder sagen wir, mit $ 75 in der Tasche in New York ankam, hatte ich einen großen Vorteil gegenüber meinen hauptsächlich aus Wien stammenden neuen Freunden – Martin Fuchs, Irene Harand, Harry Freud (Sigmunds Neffe), Hans Heller (Zuckerl-Heller), Professor von Heine Geldern (Heinrichs Großneffe), Ernst Hoor, den unvergeßlichen Heurigensängern Leopoldi und Milskaia und vielen anderen Persönlichkeiten der „vertriebenen Vernunft". Ich selber war nichts, was mir den Anfang in Amerika sehr erleichterte, wo jeder von unten anfangen muß, auch wenn er von oben kommt. Ich mußte aber auch kein Prestige wahren und konnte daher jeden Job annehmen, ohne mich wie ein Versager zu fühlen: vom Geschirrwäscher in einem New Yorker Beisl und Nachtportier der YMCA in Pasadena (was mir erlaubte, mich bei der mitternächtlichen Inspektion der Küche an Würsteln satt zu essen) bis zum Schwerstarbeiter in dem entlegenen kanadischen Goldbergwerk von Madsen, Ontario.

Als ich von dieser letzten Arbeitsstelle zurückkehrte, wollte es der Zufall, daß ich gleich nach meiner Ankunft von einem mir unbekannten Professor George M. Wrong zum Tee eingeladen wurde. Die Einladung galt zwar nur dem Tee, ich blieb aber gleich drei Jahre als Gast und Sekretär des ehrwürdigen Professors, der, wie ich entdeckte, als Vater der kanadischen Geschichte berühmt war.

Gerade um diese Zeit kam der Bestseller des amerikanischen Journalisten Clarence Streit heraus, dessen großzügig skizzierter ewiger Friedensplan darin bestand, zuerst einmal die bereits alliierten atlantischen Staaten zu vereinigen, bei Kriegsende Europa anzuschließen und schließlich die ganze Welt unter ein einziges Dach zu bringen. Aber mit den atlantischen Staaten müsse man gleich beginnen: „Union now".

Das war der Titel seines Buches, und das war es, worüber wir eines Morgens beim Frühstück ins Gespräch kamen. Einigkeit war natürlich immer schon der große Traum der zersplitterten Menschheit, vom Turm von Babel zum Weltreich der Römer (viribus unitis), den Vereinigten Staaten, dem Vereinigten Königreich von Großbritannien, Großdeutschland, Panslavien, Paneuropa. Aber als wir so nachdachten, fiel uns doch auf, daß nicht nur Gott selber den Einigungsversuch von Babel als schöpfungs- und lebenswidrig verflucht hatte, sondern daß auch alle anderen Verschmelzungen von kleineren zu größeren Staatseinheiten nicht durch Beten und Wallfahrten, sondern durch immer grausamere Kriege erzielt worden waren – wenn ich lokalpatriotisch von Österreich absehe, dessen romantisch-urbaner Leitsatz unter den Habsburgern es war, Einigkeit durchs Heiraten zu erzielen: Bella gerant alii, tu felix Austria nube. In Anbetracht dieser geschichtlichen Zusammenhänge zwischen Einigungsbestrebungen und Krieg schlug ich Professor Wrong vor, den gegenteiligen Weg zu propagieren: Frieden nicht in Einigung, sondern in Aufteilung zu suchen, nicht im Großen, sondern im Kleinen. Denn wenn man sich so in der Welt umsieht, entdeckt man bald, daß das Problem unserer Zeit nicht der Krieg ist, nicht die Armut, nicht die Arbeitslosigkeit, nicht die Wirtschaftskrisen, nicht religiöser Fundamentalismus. Das Problem, das die Welt bedrängt, ist das Ausmaß dieser Übel. Es ist nicht ideologisch, sondern dimensional; es ist der Gigantismus. Die Antwort liegt daher nicht darin, die Staatseinheiten, die den sozialen Übeln ihr Ausmaß geben, zu vergrößern, sondern sie zu verkleinern.

Es ist das gleiche wie bei einem Bergsteiger, dem Herz, Lunge, Augen und Ohren versagen, aber dem kein Ohren-, Augen-, Lungen- und Herzspezialist helfen kann, weil keines dieser Organe krank ist. Das, woran er leidet, ist die Höhenkrankheit, und was man tun muß, ist nicht, ihm Spezialisten zu schicken, sondern ihn tiefer ins Tal zu bringen, wo sein Leiden von selbst enden wird. Und so ist es bei der Größenkrankheit unserer Zeit. Die Lösung liegt nicht in Vereinigten Nationen oder genialen Staatslenkern, sondern in der Rückkehr zu einem augustinischen Kleinstaatensystem, in dem alles (wie auch Aristoteles von der idealen Staatsgröße gesagt hat) mit einem einzigen Blick überschaut werden kann. Jedenfalls führte das spielerisch begonnene Frühstücksgespräch im Hause Professor Wrongs 1941 zur ersten Bekehrung zur Idee von „small is beautiful" – nämlich meiner selbst. Und wie gesagt, habe ich das Thema seither in all seine Zweige verfolgt – philosophisch, politisch, wirtschaftlich, ästhetisch, moralisch, pädagogisch und sogar theologisch – ohne allerdings behaupten zu können, daß ich viele andere dazu bekehrt hätte, trotz Schumachers Bestseller von 1973. Die Welt geht weiter den Weg des Gigantismus.

Das Befriedigendste ist das Halbbekehren, was in meinem Fall zu einigen Episoden geführt hat, an die ich mich noch immer gerne erinnere. Als ich 1943 in Los Angeles einen mit schönen Landkarten illustrierten Vortrag gehalten hatte, kam am Ende ein englischer Journalist zum Podium mit der Bitte, noch einen Blick auf die Landkarte werfen zu dürfen, die meine Version eines regionalen Kleinstaatensystems in Europa zeigte. Er fand alles akzeptabel – nur müsse es zwei Irlands geben. Ich nahm meinen Bleistift heraus und vollzog die Korrektur auf der Stelle. Denn man kann einen Staat immer noch kleiner machen. Heute würde ich Irland nicht halbieren, sondern wie die Kirche in Bistümer aufteilen – „diözesanisieren".

Einige Monate später, in Washington, meldete sich am Schluß meines Vortrages ein französischer Zuhörer zu Wort und sagte begeistert: „Wunderbar! Deutschland aufteilen, Rußland, Italien, Großbritannien, Amerika zerstückeln – glänzend." „Aber", fügte er mit seinem melodischen Akzent hinzu, „Sie dürfen nicht Frankreich aufteilen. Das muß bestehen bleiben!" Diesen Wunsch konnte ich auf meiner Landkarte leider nicht erfüllen.

Aber der verständnisvollsten Reaktion begegnete ich im gastlichen Haus von Paolo Vivanti, in der Nähe von Siena. Nachdem ich während des Abendessens bei Wein und Kerzenlicht wie so oft schon die Größe der Kleinstaatenwelt skizziert hatte, was in Italien, umgeben von der Pracht der Fürstentümer der Renaissance nicht schwer fällt, rief Frau Vivanti, die die Kriegsjahre nach der Flucht vor Mussolini mit ihrem Gatten in England verbracht hatte, aus: „Ach, wie herrlich! Wieder eine Welt kleiner Staaten zu haben! Stellen Sie sich vor: man müßte nur eine Distanz von zwanzig Kilometern weit fliehen, um in einem anderen Staat bereits Sicherheit vor einem Tyrannen zu finden." Sie war entzückt von der Idee, daß, wenn sie von der Regierung in Siena bedroht würde, ihr Leben bereits im benachbarten Arezzo außer Gefahr wäre.

Das Experiment Anguilla

Ein persönliches Erlebnis, an das ich mich in diesem Zusammenhang besonders gern erinnere, betrifft die kleine karibische Insel Anguilla in der Nähe von Puerto Rico, wo ich fast zwanzig Jahre lang Nationalökonomie lehrte.

Eine der Grundtheorien meines Lehrens war – und ist noch immer –, daß sich im Großen nichts und im Kleinen fast alles lösen läßt. Aber meine puertorikanischen Studenten waren doch nicht allzu überzeugt von der Richtigkeit meines Lehrsatzes. Mit Bernard Shaw dachten sie, daß ein Lehrer lehrt, weil er nichts Besseres zu tun imstande ist. In ihren Augen lehrte ich Entwicklungswirtschaft, weil ich keine Ahnung hatte, was man mit so etwas praktisch tun könnte, trotz eines Buches, das ich unter dem Titel „Entwicklung ohne Hilfe" (Developement without Aid) geschrieben hatte. Und sie hatten natürlich recht – bis zu einem gewissen Punkt. Und dieser Punkt war gerade erreicht, als ich eines Tages am ewig sonnigen Meeresstrand, 15 Minuten von meinem Büro in der Universität von Puerto Rico, im San Juan Star die winzige Notiz las, daß Anguilla – im Stich gelassen von den vier großen „U" (United Kingdom, United States, United Nations, UdSSR) – beschlossen habe, sein Schicksal in die eigenen Hände zu nehmen. Es wollte sich von Nevis und St. Kitts (mit denen es Großbritannien in der Überzeugung zusammengeschlossen hatte, daß die drei Inseln jeweils für eine unabhängige Existenz zu klein seien) abtrennen und sich unter der Führung Peter Adams (auch eines Lehrers) zu einem selbständigen Staat erklären, trotz einer Bevölkerungszahl von kaum mehr als 5.000 Einwohnern.

Das war vor mehr als 20 Jahren, im Mai 1967. Was mich an Anguilla bezauberte, war, daß der neue Staat ein so kleines und menschlich überschaubares Ausmaß hatte. Nur in kleinen Gemeinschaften weiß nicht nur der Staatsmann, sondern auch jeder unscheinbare Bürger, was er zu tun hat. Und das war es, was mich veranlaßte, zwei Tage nach Erscheinen der kleinen Notiz im San Juan Star nach Anguilla zu fliegen und dem neuernannten Präsidenten Peter Adams meine Dienste anzubieten. Das heißt, als richtiger Lehrer konnte ich ja selber nicht viel tun. Aber ich hatte einige Freunde, die helfen konnten, und das war genug.

Anguilla war zu dieser Zeit nicht nur völlig unterentwickelt; die Regierung in St. Kitts hatte auch so gewirtschaftet, daß es kein Geld mehr hatte. Das war Problem Nr. 1. Außerdem hatte es keine Elektrizität, kein Telefon, kein Öl, keine Straßen, keine höheren Schulen, um junge Leute für die Übernahme der Staatsgeschäfte auszubilden und, wie gesagt, kein Geld. Aber es hatte, und hat es auch heute noch, das blaueste, sauberste Meer, die reinsten goldenen Strände und die besten Hummer der Welt, was die Idee aufkommen ließ, alle Entwicklungsprobleme durch den Bau eines Superhotels zu lösen. Das würde zwar Geld einbringen, gab ich zu, aber die Gefahr heraufbeschwören, aus einer kleinen Insel wie Anguilla eine Republik der Kellner zu machen. Denn wer außer Anguillanern sollte die erhofften Touristen bedienen? Und was die Straßen anlangte, die könnten nur mit Händen gebaut werden, von denen Anguilla genug habe, und nicht mit Geld. Aber bevor die Unterstützung meiner Freunde mobilisiert werden könne, müsse Anguilla durch eine Volksabstimmung klar machen, daß es auch wirklich unabhängig sein wolle.

Die Volksabstimmung fand am 11. Juli 1967 statt. Einen Tag später war die ganze anguillanische Regierung in Puerto Rico im Haus eines Freundes, des aus Köln stammenden Tropenarchitekten Henry Klumb versammelt, um mit den anderen Freunden zusammenzutreffen, die ich an dem Selbstentwicklungsprojekt interessiert hatte: Dr. Edgar Berman, Leibarzt und Ratgeber des damaligen amerikanischen Vizepräsidenten Hubert Humphrey, der Interesse daran hatte, herauszufinden, wie Amerika unterentwickelten Ländern helfen könne, ohne dabei selbst bankrott zu gehen; Howard Gossage aus San Franzisco, Enthusiast des Kleinen, dessen dreizehnköpfiges Werbeinstitut das angesehendste der Vereinigten Staaten war; Dr. Gerald Feigen, Chairman der links-katholischen Zeitschrift Ramparts Magazine; Scott Newhall, Chefredakteur des San Francisco Chronicle und Amateurmünzer, und mein früherer Student Frank Ricciardi, damals Präsident der Walter Kide Corporation, die einige Monate zuvor in einem dramatischen Weihnachtscoup die größte Schiffahrtsgesellschaft der Welt, die United States Lines, übernommen hatte.

So imposant diese Liste aussehen mag, keiner von den Genannten war eine „Verbindung" zum Packeln, Profitieren oder Ausnützen. Sie alle waren Freunde, die nicht als Nutznießer einer Gesellschaft mit beschränkter Haftung nach Puerto Rico kamen, sondern als Amateure im wahrsten Sinne des Wortes, als Liebhaber einer Idee, als Enthusiasten: um zu beweisen, wie leicht die Probleme, an denen die Großen scheitern, von den Kleinen gelöst werden können.

Im größeren Maßstab hätte eine konstituierende Staatsversammlung, wie diese es war, Monate zur Vorbereitung gebraucht, Wochen, um ein Programm aufzustellen, Tage, um herumzukonferenzieren, Stunden, um die Position eines Beistriches festzulegen, um schließlich wie die Vereinigten Nationen mit einer Menschenrechtsdeklaration herauszukommen, die dem Bürger alles einräumt, außer das Recht, sich der Tyrannei und Unterdrückung zu widersetzen.

Anguillas Gründungskonferenz im Hause Henry Klumb fand innerhalb von 24 Stunden nach der Volksabstimmung statt, dauerte 5 Stunden, beschloß nach liechtensteinischem Muster die Herausgabe von Briefmarken zur Finanzierung der Staatskosten, das Münzen des Anguilla Liberty Dollars, der bereits Wochen später im Wert von $ 10 im Umlauf war (und heute mehr als $ 500 kostet), den Entwurf einer Nationalflagge und den Text eines ganzseitigen Werbeinserates aus der meisterhaften Hand von Howard Gossage, das am 14. August 1967 unter dem Titel „Is it silly that Anguilla does not want to become a Nation of Bus Boys?" (Ist es lächerlich, daß Anguilla keine Kellnernation werden will?) in der New York Times erschien und das Interesse der ganzen Welt weckte.

Die Kosten dieser staatsgründenden Versammlung beliefen sich auf $ 200, die der Hausherr Henry Klumb absorbierte. Der Grund, warum ich ihn um seine Gastfreundschaft gebeten hatte, war, der Regierung von Anguilla vor Augen zu führen, daß auch der höchste Lebensstandard mit Mitteln erworben werden kann, die auch der ärmsten Gesellschaft zur Verfügung stehen, falls sie sich die Mühe nimmt, sie vom Schutthaufen ihrer eigenen Unterentwicklung aufzuklauben, anstatt sie für teures Geld von auswärts zu importieren. Henry Klumb hatte das herrlichste Haus, das man irgendwo in der üppigen Inselwelt der tropischen Karibik hätte finden können – luftgekühlt von Brisen, die durch Palmen, Schatten- und Fruchtbäume flüsterten, umgeben von einer holzgedeckten Terrasse mit weiten Ecken für Cocktailgespräche, für Musik, für Kleinkonferenzen, für Mahlzeiten und Ruhepausen, ohne beengende Außenmauern und nur mit einem inneren Kern für Bade-, Schlaf- und Gästezimmer. Aber er erklärte seinen Besuchern aus dem reichen Washington und San Franzisco und dem armseligen Anguilla mit Nachdruck: „In meinem Haus finden sie keine Unze Material, aus dem nicht auch die ärmste Slumhütte gebaut ist. Alles was man dazu braucht, sind Hände, die man nicht einführen muß, weil jeder damit geboren wird, Geschmack, der nichts kostet, und das Material, das unbenützt in jeder Nachbarschaft herumliegt." Das war die Botschaft, die es Anguilla ermöglichen sollte, sich aus eigenen Kräften zu entwickeln (Developement without aid), abgesehen von der Geburtshilfe und einigen Tauf-, Firm- und Hochzeitsgeschenken, die den Anfang erleichtern sollten, und wozu die kleine Konferenz eben einberufen worden war.

So einfach sind die maßreduzierten Probleme der Kleinen, und so wenig Talent ist zu ihrer Lösung notwendig, daß sogar ich einiges beitragen konnte – nicht nur durch Reden wie im Klassenzimmer, sondern auch durch Tun, ohne daß ich meine Lehrtätigkeit an der Universität von Puerto Rico auch nur einen einzigen Tag lang hätte unterbrechen müssen. Als mich Ronald Webster, der energische Geschäftsmann und Nachfolger des Lehrers Peter Adams als Präsident, ersuchte, zwanzig Stipendien für die Ausbildung anguillanischer Verwaltungsbeamter zu besorgen, fragte ich meinen Kollegen Rafael Corrade, den ich im puertorikanischen Unterrichtsministerium in San Juan zufällig in die Arme lief, ob er mir diesbezüglich einen Rat geben könne. „Ich weiß nicht, was Du meinst", antwortete er mir. Als ich ihm die Sache mit den zwanzig Stipendien noch einmal vortrug, sagte er: „Ja." „Was – Ja?" fragte ich, „jetzt weiß ich nicht, was Du meinst." „Ja", wiederholte er, „o.k., genehmigt." Die Stipendien zu bekommen, hat genausoviel Zeit in Anspruch genommen, wie Sie brauchen, diese Zeilen zu lesen. Was ich nicht gewußt hatte, war, daß mein Freund damals der Vizeunterrichtsminister von Puerto Rico war.

Daraufhin bat mich Präsident Webster, einen Jahresvorrat Öl zu besorgen, da die mächtigen Mitglieder des internationalen Petroleumkartells nicht in der Lage waren, den abtrünnigen und noch nicht anerkannten Inselstaat zu beliefern. Alles was ich tun konnte, war, mich an einen anderen Zufallsfreund zu wenden, Teodoro Moscoso, Kennedys erstem Präsidenten der Alliance for Progress und damals Chairman der größten puertorikanischen Ölfirma Commonwealth Oil, der mir sagte, er könne auch nichts tun. Seine Hände seien gebunden. Die Chefs der anderen Gesellschaften – Gulf, Esso, Shell –, an die er mich empfahl, gaben mir dieselbe Antwort. All diese Giganten schmachteten in den Fesseln ihres eigenen Kartells. So besann ich mich letzten Endes auf meine eigenen Lehrsätze, fragte ohne Mittelsperson im Hafen von San Juan den Kapitän eines kleinen Frachtschiffes, das zufällig aus Anguilla war, ob er Öl für seine Regierung mitnehmen könne, ging (als er sich bereiterklärt hatte, es in zwei Ladungen zu transportieren) zur nächsten Tankstelle fünf Gehminuten entfernt, kaufte das Öl aus meinem eigenen, geringen Universitätslehrergehalt (später rückvergütet von der neugegründeten Republik), überwachte die Sofortverladung auf einen Lastwagen und einige Minuten später die Umladung der Hälfte des Jahresbedarfs auf das Schiff und die Aufbewahrung des Restes unter einer Schutzdecke am Pier zur nächsten Überfahrt eine Woche später.

Was die Ölgiganten mit all ihrer Organisation, Erfahrung und Macht nicht zustandegebracht hatten, schaffte der Lehrer ohne Erfahrung, Geld oder arabische Beziehungen in einer Operation, die weniger als eine halbe Stunde in Anspruch nahm und einen Staat ein ganzes Jahr lang von seinem Ölproblem befreite, ohne daß es der Regierung einen Groschen Zins oder Kommission gekostet hätte. Freilich handelte es sich dabei nur um neun Fässer. Ganze neun Fässer. Was bedeutet, daß Anguilla im Notfall auch ohne Öl hätte auskommen können. Aber gerade das ist die Größe der Kleinen: daß sie auch heute noch im Notfall alles mit ihren Händen bewältigen können – ohne Öl, ohne Casinos, ohne Zuschüsse vom Internationalen Währungsfonds und ohne Ratschläge von Wirtschaftskoryphäen und Konsulenten (die Howard Gossage als Leute definiert hat, „die sich von Dir die Uhr ausleihen, um Dir zu sagen, wie spät es ist, und dafür noch ein Honorar verlangen").

Was Anguilla beweisen sollte, war, daß die Antwort auf die Probleme der Großen die Rückkehr zu kleineren, überschaubaren Dimensionen ist, wie der Untertitel meines Buches über die überentwickelten Nationen unterstreichen soll: The Translucent Society (Die überschaubare Gesellschaft).

Und Anguilla hat diesen Kleinheitsbeweis auch erbracht, obwohl es nach zwei Jahren, im Jahre 1969, nach einer vielbeachteten Fallschirminvasion seitens Großbritanniens, seine Unabhängigkeit wieder aufgeben mußte. Das geschah nicht, weil es wirtschaftlich versagt hätte. Im Gegenteil, man wollte das verletzte Eitelkeitsgefühl von St. Kitts befriedigen. An St. Kitts zurückgegliedert wurde es allerdings doch nicht mehr, sodaß der Hauptzweck seiner ursprünglichen Sezession erfüllt war.

Heute ist Anguilla wieder eine Kolonie Großbritanniens, jedoch mit einem großen Ausmaß an Autonomie und einer Entwicklung, die allerdings nicht ganz zu der Autarkie und Selbstversorgungsfähigkeit führte, die ich erhofft hatte. Voltaire sagte einst von England, es habe hundert Religionen, aber nur eine Sauce. Und ähnlich kann man heute, 20 Jahre nach seinem Abfall von St. Kitts, von Anguilla sagen: es hat zweitausend Autos, aber nur eine Verkehrsampel. Tatsächlich hat es den höchsten Versorgungsgrad der Welt: Jeder, der ein Auto fahren kann, hat eines, auch wenn die größte Distanz, die man auf der 60 km² kleinen Insel zurücklegen kann, nur 20 km ist.

Und außerdem hat es auch ein Luxushotel, das im Gegensatz zu den Autos ganz meiner Entwicklungsidee entspricht, trotz meines Entwicklungsleitsatzes: „Gasthäuser für Gäste, nicht Hotels für

Touristen." Aber eine Ausnahme kann immer verkraftet werden, wie es eben bei dem Hotel in Anguilla der Fall ist. Es hat alles an fast unübertreffbarem Geschmack, Architektur, Cuisine, Bedienung und eine Umgebung von goldenen Stränden und tiefblauem, noch immer unverschmutztem Meer. Und vor allem ist es klein im Verhältnis zu dem Luxus, den es seinen Gästen bietet. Der ist so groß, daß die Nacht pro Kopf $ 1000 kostet, was mich bei meinem letzten Besuch im Jahr 1986 doch etwas außer Fassung brachte. Denn meine puertorikanische Dollarpension hätte mir kaum gestattet, auch nur ein Zehntel einer Nacht dort zu verbringen.

Aber trotzdem war ich sofort bekehrt, als mir der gegenwärtige Regierungschef Emile Gumbs auf meine Frage nach dem Grund für diese horrenden Preise in meinem eigenen Sinn zur Antwort gab: „To keep the tourists away" – um die Touristen fernzuhalten. Denn der Leitsatz von Theophrastus Paracelsus gilt auch hier. „Alles ist Gift. Ausschlaggebend ist nur die Menge." Das definierte Element der ersten Klasse ist nicht: gepolsterte Sitze, sondern weniger Passagiere. Das Kennzeichen des Paradieses ist nicht freie Kost, sondern weniger Menschen. Und so liegt der Grund für den immer noch paradiesischen Zustand der Strände von Anguilla, seiner frischen Luft, seines blauen Meeres, seiner herrlichen Hummer, seiner freundlichen Manieren, der erstklassigen Bedienung nicht in ununterbrochenem Aufräumen, Belehren und Ordnung halten, sondern in der geringen Anzahl der Touristen, die durch die unerschwinglichen Preise seines einzigen Luxushotels unter der paracelsischen Mengengrenze gehalten werden.

Größe als geschichtsprägender Umstand

Was ich mit all dem nochmals unterstreichen will, ist, daß das Problem, das die Welt in diesem Zeitalter des Gigantismus lösen muß, nichts mit Kriegsgefahr, Armut, Terrorismus, Analphabetismus, Wirtschaftskrisen, Arbeitslosigkeit oder irgendeinem anderen Übel zu tun hat.

Das wahre Problem unserer Zeit ist das Ausmaß, das diese Übel angenommen haben. Es ist dimensional, nicht ideologisch. Und da das Ausmaß der sozialen Übel von der Größe des Staates bestimmt ist, dem sie anhaften, ergibt sich, daß das einzige, was wir tun können, ist, die Größe der Staaten zu verkleinern. Das wird die Übel nicht abschaffen. Aber es wird sie auf ein Maß verkleinern, in dem der kleine Mensch sie verkraften kann. Und das ist das Beste, das wir erreichen können. Aber ein Problem wird durch eine Rückkehr zu einem augustinischen, locker verbundenen System kleiner Staaten vollkommen gelöst werden – das Zentralproblem unserer Zeit: der politische Gigantismus.

Worum es sich bei meiner Kleinheitstheorie handelt, ist daher, um es noch einmal zu sagen, nicht eine romantische Spinnerei, für die sie noch immer gehalten wird, obwohl heutzutage jeder vor dem Schlagwort „small is beautiful" den Hut zieht. *Worum es sich handelt, ist eine Geschichtsauslegung, die die primäre Ursache des geschichtlichen Wandels in einer anderen Kraft sieht als üblich.*

Viele sehen diese primäre Ursache im Auftreten starker Führerpersönlichkeiten wie Caesar, Napoleon, Hitler, Stalin, Khomeini. Andere sehen diese Kraft in Religionen wie Christentum, Buddhismus, Islam; in Ideologien wie Individualismus und Kollektivismus; in Wirtschaftssystemen wie Kapitalismus und Sozialismus; in der topographischen Umwelt, im Zufall, in der Rasse oder in der Produktionsweise (wie z. B. Karl Marx).

Alle diese Interpretationen erklären etwas und manche sehr viel. Aber sie alle haben Lücken, die sie nicht füllen können, sogar die von Karl Marx, die sämtliche Manifestationen des Daseins von der jeweiligen Produktionsweise ableitet und bestechend darauf hinweist, daß, wenn diese sich ändert, auch alle unsere Einstellungen Änderungen ausgesetzt sind. Das einzige, was sie nicht erklärt, ist, warum sich diese „primäre" Ursache allen Wandels selber zeitweilig ändert.

Offenkundig muß es eine Ursache geben, die noch primärer als die Produktionsweise ist. Warum soll der Mensch die paradiesische Fruchtsammelmethode aufgegeben und plötzlich angefangen haben, sich mit Ackerbau und Viehzucht seinen Lebensunterhalt im Schweiße seines Angesichts zu erarbeiten? Warum soll er das würdevolle Handwerk der degradierenden Massenproduktion geopfert haben (die von Charlie Chaplin in seinem Film „Modern Times" so vernichtend geschildert wurde)? Warum soll er von Muskel-, Wind- und Wasserkraft als Energiequelle zur Verschmutzung durch Kohle, Öl und Kernkraft übergegangen sein?

Der Grund dazu liegt darin, daß die wirklich primäre Ursache allen geschichtlichen Wandels nicht im Wandel der Produktionsweise, sondern in der zeitweiligen Veränderung der Größe der menschlichen Gesellschaft liegt, die uns zwingt, von leichteren zu härteren, von langsameren zu schnelleren, von gemächlichen zu leistungsfähigeren Produktionsweisen überzugehen.

Wenn nun der primäre geschichtsändernde Umstand in der periodischen und explosiven Vergrößerung der menschlichen Gesellschaft liegt, so müssen wir die logische Schlußfolgerung ziehen, daß die Lösung unserer sozialen Probleme nicht in noch größeren Zusammenschlüssen wie z. B. Wirtschaftsgemeinschaften und Vereinigten Nationen zu suchen ist; das führt nur zu noch größeren Problemen. Was getan werden muß, ist, wie der heilige Augustinus dem römischen Weltreich vorgeschlagen hat, zu einem, dem kleinen menschlichen Maß angepaßten System kleiner Staaten zurückzukehren, die, wie die Arche Noah, allein imstande ist, das Zeitalter der Giganten zu überdauern. Freilich hat man Noah einen Narren genannt, vor allem die damaligen Experten. Aber er ist der Narr, von dem wir abstammen. Denn die Experten sind alle ertrunken.

Vortrag beim Symposium „Angepaßte Technologie – ein neuer Umgang mit Technik in Industrie- und Entwicklungsländern", am 18.–22. 1. 1988 an der Technischen Universität, Wien.

Angepaßte Technologie und das Problem der Größe, in: Günther Witzany, Hg., Verraten und verkauft. Das EG-Lesebuch, 1993, 93–110.

WO IMMER ETWAS FALSCH IST, IST ES ZU GROSS

Führen expandierende großindustrielle Strukturen das Ende der Freien Marktwirtschaft herauf?

Einer der historischen Vorteile kleinerer Staaten lag bisher darin, daß sie die übermäßige Großentwicklung ihrer Betriebe erschwert haben. Der Grund hierfür war nicht die faktische oder gesetzliche Schwierigkeit dieser Betriebe, ihr Betätigungsfeld weit über die Staatsgrenzen ausdehnen zu können. Vielmehr erkannte man die mit einer solchen Ausdehnung verbundene Gefahr, den für die zielbewußte Ausnutzung eines vergrößerten Absatzgebietes nötigen Überblick zu verlieren. Daraus entstand bei einer Mehrzahl der Firmen in kleineren, nicht durch Zollunionen vergrößerten Staaten die Tendenz, ihre Produktion in erster Linie den Begrenzungen des nationalen Marktes anzupassen und, trotz der Verlockungen von internationaler Handelsfreiheit und Handelsbegünstigungen, ihr Exportgeschäft in der Regel nur bis zu einem relativ unbedeutenden Grad auszudehnen.

Der Fall liegt aber anders, wenn exportbedingte, übermäßig angewachsene Großbetriebe die Vorherrschaft antreten. Denn in einer Krise könnten sie nicht nur sich selbst, sondern die ganze auf sie eingerichtete Volkswirtschaft aus dem Gleichgewicht werfen.

Einer der bisherigen Hauptvorteile eines durch die begrenzteren Marktmöglichkeiten kleinerer Staatsgebilde begünstigten Klein- und Mittelbetriebs-Systems besteht somit in der größeren Widerstandskraft, mit der dieses System die in ausländischen Großräumen entstandenen und im Verhältnis zur Größe dieser Räume hochgetriebenen Konjunkturschwankungen überstehen kann. Es spürt die Schwankungen, aber in entsprechend abgedämpfter Form. Man kann den Vergleich mit einem Schiff wagen, das auf der beschränkten Wasserfläche eines sicheren Hafens das harmlose Nachspiel der sich im Großraum des Ozeans auftürmenden Wogen empfindet. Was immer ein Kleinwirtschaftssystem an verringerten Gewinnmöglichkeiten bedeuten mag, seine übersichtliche Hafenstruktur ist eine automatische Versicherung gegen die Verluste übermäßiger Konjunkturstörungen.

Den Grund der geringeren Widerstandskraft von Großbetriebs-Systemen gegenüber Konjunkturschwankungen kann man damit erklären, daß mit Steigerung der Betriebsgröße die entsprechenden Operationen von Umständen abhängig werden, die außerhalb der Machtbereiche von Betriebsleitern liegen. Da ausländische Märkte um so unzuverlässiger sind, je größer sie werden, müssen die Großbetriebe einen ständig steigenden Anteil ihrer Einkommen in defensive, statt in konstruktive Kanäle leiten, um zu erwartende unvorhersehbare Krisen überstehen zu können. Wenn so eine Krise dann tatsächlich eintritt, kann der Großbetrieb natürlich unter die Matratze greifen und die unfruchtbar gehaltenen Fettanlagen aufzuzehren beginnen. Dies gibt den Anschein, daß Großbetriebe Wirtschaftsschwankungen tatsächlich leichter überdauern können als Kleinbetriebe. Das ergibt wiederum ein starkes Argument nicht gegen, sondern für Großwirtschafts-Systeme. Doch vergißt man dabei, daß gerade das unnatürliche Überleben von Großbetrieben die in Mitleidenschaft gezogene nationale Gesamtwirtschaft starken Belastungen aussetzt und die Konjunkturschwankungen dadurch ein noch peinlicheres Ausmaß annehmen. Denn ein Großbetrieb kann bei Krisen natürlich nur durch weitere massive Einsparungen und Arbeiterentlassungen seine Existenz erhalten. Mit anderen Worten, er überlebt kleinere Betriebe auf Kosten eines die Krise noch verschärfenden weiteren Zusammenschrumpfens des Nationaleinkommens. Schließlich bleibt nichts mehr übrig, und man bringt den Staat als Retter aus der Not in die Wirtschaft zurück, aus der der Kapitalismus ihn verstoßen zu haben glaubte.

Steht das nicht im Widerspruch zu anderen und wichtigeren Wirtschaftszielen? Einer der Hauptzwecke jeder Volkswirtschaft ist es doch, sie ohne Rücksicht auf Störungen durch erhöhte Produktivität auf neue Gipfel zu bringen. Selbst um *das* zu bewerkstelligen, muß man notgedrungen das genaue Gegenteil des soeben geschilderten Idealzustandes anstreben. Man benötigt größere Spezialisierung. Größere Spezialisierung bedarf größerer Absatzgebiete. Doch die wirtschaftlichste Ausnutzung der durch Groß-Staaten und Zollunionen zur Verfügung gestellten vergrößerten Absatzgebiete sowie auch der auf den Höhepunkt der Leistungsfähigkeit gebrachten Spezialisierung bedarf nicht des Klein- oder Mittelbetriebes, sondern der Großindustrie. Während also Kleinbetriebssysteme eine größere Konjunktur-Sicherheit gewähren, ist dem Wirken der Großindustrien und Großbetriebs-Systeme die größte Wirtschaftlichkeit, das größte Nationalprodukt, der größte Volksreichtum zu verdanken.

Auf dem Papier sieht das alles sehr bestechend aus. Aber wie schon Wilhelm Busch sagte, kommt es erstens oft anders, und zweitens als man denkt. Es besteht kein Zweifel, daß die Betriebsexpansion es ermöglicht, Produktionsfaktoren wirtschaftlicher auszunutzen, Kosten zu verringern, Preise zu erniedrigen, Arbeitskräfte einzusparen und Löhne zu erhöhen, was natürlich alles bis zu einem gewissen Grade äußerst begrüßenswert ist. Aber es hört auf, begrüßenswert zu sein, wenn Betriebe infolge der Verlockung übermäßig ausgedehnter National- und anderer Märkte so groß werden, daß sie das Letzte an Leistungsfähigkeit erringen und sich vollautomatisieren können. Dann nehmen die Einsparungsmöglichkeiten derartige Dimensionen an, daß die Mehrzahl der plötzlich überflüssig gewordenen Arbeiter vom Rest der Wirtschaft nicht mehr absorbiert werden kann. Im Fall von nur einigen Großbetrieben würde das kein Problem darstellen. Aber bei einem Großbetriebs-System ist die ständig ansteigende Massenarbeitslosigkeit unter den technischen Bedingungen der Gegenwart eine unvermeidliche Begleiterscheinung, da ja die Automatisierungsgrenze nicht nur vereinzelt, sondern von der Mehrzahl der Großbetriebe gleichzeitig erreicht wird. Vom Standpunkt der wirtschaftlichen Produktivität aus gesehen, mag die infolge übermäßiger Expansionsmöglichkeiten vollzogene Umstellung eines Kleinwirtschaftssystems auf jene der Großwirtschaft die Erreichung des Millenniums bedeuten. Aber vom sozialen Gesichtspunkt aus betrachtet, ist es eine Katastrophe, wie sie derzeit in den Vereinigten Staaten immer mehr zu Tage tritt.

Einer Katastrophe muß natürlich abgeholfen werden. Aber wie? Privatwirtschaftlich ist das unmöglich, da es ja gerade der privatwirtschaftliche Expansionsdrang ist, der diesen Zustand herbeizuführen droht. Somit bleibt als einzige Abhilfe der Staat übrig, auf den die wirtschaftlich eingesparten Arbeiter nicht als nutzlos gewordene Produktionsfaktoren, sondern als stimmberechtigte Bürger Einfluß nehmen können. Doch in der Konjunkturkrise kann auch der Staat keine wirtschaftlich nutzvollen Arbeitsgelegenheiten mehr schaffen. Denn solange es überhaupt noch eine wirtschaftliche Anstellungsmöglichkeit gibt, wird sie in einem freien Wirtschaftssystem letzten Endes automatisch von der Privatwirtschaft in Anspruch genommen. Die einzige, dem Staat übrigbleibende Gelegenheit, das Problem zu lösen, besteht daher darin, die infolge der extremen Wirtschaftlichkeit der Großbetriebe arbeitslos gewordenen Massen unwirtschaftlich anzustellen. Ihnen wird damit wenigstens das Gefühl gesellschaftlicher Nützlichkeit zurückgegeben, ohne das der Mensch seit der Austreibung aus dem Paradies leider nicht mehr existieren kann. Nun, die wenigen dem Staat dauernd zur Verfügung stehenden Arbeitsgebiete, bei denen Wirtschaftlichkeit keine Rolle spielt und die nach Bedarf unbeschränkt erweitert werden können, sind die Armee und die Bürokratie.

Um jedoch die ihm zugefallene und ständig anwachsende Rolle des Subsidiararbeitgebers richtig meistern zu können, muß der Staat eine ihm ursprünglich nicht zugedachte, immer bedeutender und teurer werdende Machtstellung in der Gesamtwirtschaft übernehmen. Das hat wiederum zur Folge, daß der freiwirtschaftliche Abschnitt der Volkswirtschaft immer kleiner und das Überhandnehmen staatlicher Kontrollen immer größer werden muß. Denn der als Hauptversorger und Hauptarbeitgeber übrigbleibende Staat wird letzten Endes naturgemäß auch zum Hauptverbraucher des Nationalproduktes und zum Hauptauftraggeber der Produktionsmaschine. Das heißt, daß der wirkliche Totengräber des kapitalistischen Freiwirtschaftssystems nicht Breschnew, sondern das durch die Expansionsmöglichkeiten des Freihandels über das Maß der Vernunft hinausgewachsene Großindustriesystem ist. Freihandel ist daher im Zeitalter der Technokratie nicht mehr dieselbe Medizin für die Freiwirtschaft, die er noch zur Zeit Adams Smiths war, als der industrielle Expansionsdrang weniger durch Staatsgrenzen, als durch rein technische Beschränkungen davon abgehalten wurde, das mit der Gesamtprivatwirtschaft im Einklang stehende Maß zu überschreiten. Zusammenfassend muß gesagt werden, daß die durch die historische Behinderungswirkung von Staatsgrenzen heute immer weniger aufzuhaltende Betriebsexpansion die Gesamt-Privatwirtschaft als solche durch drei unvermeidliche Begleiterscheinungen immer mehr zu gefährden scheint, obwohl Produktions- und Profitvorteile für einzelne Unternehmer bestehen. Die erste ist die gesteigerte Konjunkturempfindlichkeit von Großbetriebs-Systemen. Die zweite ist eine nur in Großbetrieben mögliche Erzielung derartiger Einsparung an Arbeitskräften, daß die dadurch aufs Äußerste getriebene Wirtschaftlichkeit der Privatwirtschaft im Einzelnen paradoxerweise die soziale Unwirtschaftlichkeit der Volkswirtschaft im Ganzen nach sich zieht. Und schließlich die dritte ist der Sozialisierungseffekt der zwei andern, demzufolge der Staat als Retter in der Not in dieselbe Wirtschaft zurückgeholt werden muß, aus der bescheidenere Betriebssysteme ihn bisher auszuschalten imstande waren.

Wo immer etwas falsch ist, ist es zu groß, in: Eternit-Magazin, 5 (1982), H. 13, 3 f.

DIE HAUPTKRANKHEIT DER MENSCHHEIT

Das wirkliche Problem unserer Zeit ist nicht ideologisch, wirtschaftlich oder politisch, sondern dimensional. Es ist nicht Armut, Arbeitslosigkeit, Terrorismus, Energiequellenerschöpfung oder Korruption, woran die Welt leidet. Es ist das Ausmaß dieser Übel, die alle durch ihr Ausmaß überhaupt erst zum Übel werden. Denn was Theophrastus Paracelsus, der erste Wissenschaftler unter den modernen Ärzten, von modernen Medikamenten gesagt hat, gilt auch hier: „Alles ist Gift, ausschlaggebend ist nur die Menge." Es ist die weltumspannende Weite der Armut, die ozeanischen Wogen der Wirtschaftskrise, die nie mehr zurückgehende Zahl der Arbeitslosigkeit, die Dimensionen der Korruption, die Größe des modernen Krieges, die uns von der Wiege bis zum Grabe mit Schrecken erfüllt, von der uns auch der fortgeschrittenste Wohlfahrtsstaat nicht mehr kurieren kann.

Und dasselbe gilt von der heutigen Jugend, die nicht an kapitalistischer Ausbeutung, Umweltverschmutzung, elterlichem Unverständnis, amerikanischem Imperialismus, Afghanistan oder Kernkraftausstrahlung leidet, sondern an ihrer eigenen, sich unaufhaltsam vergrößernden Masse, die sie ihrer Individualität beraubt und alle ihre persönlichen Wertgefühle vernichtet. Und das ist es, wogegen sie ihre Proteste richtet, ohne sich dessen klar zu sein: ihre Vernichtung durch den gleichschaltenden physischen Druck ihrer durch sie selbst verursachten zunehmend vermaßten Umwelt. Und „Druck" ist natürlich genau dasselbe, was man medizinisch unter dem Fremdwort „Streß" versteht. Wie Kafka nicht zu Unrecht sagte: „Die Fesseln der Menschheit bestehen aus Kanzleipapier."

Daß die Hauptkrankheit, unter der die Menschheit heute leidet, eine Umfangs- oder Größenkrankheit ist, wird kaum mehr bezweifelt. Das besagt schon der Welterfolg des Slogans „Small is beautiful". Das hindert aber leider fast niemand, das so herrlich von Beethoven zu Musik gesetzte Lied „Seid umschlungen, Millionen" mit so viel Inbrunst zu singen, daß die meisten vergessen, daß gerade dadurch der Krebszustand der menschlichen Vermassung noch ärger wird. Da jedes Übel – vom jugendlichen Identitätsverlust bis zum Krieg – seine Größe von dem Umfang der Gesellschaft herleitet, der es anhaftet, ergibt sich, daß wir keiner noch größeren nationalen oder internationalen Zusammenarbeit, Schicksalsverbrüderung oder Millionenumschlungenheit bedürfen, was wir brauchen, um die Supermachtsängste und den Permastreß loszuwerden, ist das Gegenteil: eine Auflösung der Großgemeinschaften in ein System überschaubarer kleiner Staaten, die, wie in früheren Zeiten, wieder dem Maß des Menschen angepaßt sind, nicht einer zur Dimension einer neuen Sintflut angeschwollenen Menschheit.

Und auf wirtschaftlichem, politischem und sozialem Gebiet braucht eine gesunde Gesellschaft nicht weniger Arbeit durch eine fortgeschrittene Technologie, sondern mehr Arbeit durch mittlere Technologie, die, anstatt die Arbeitszeit auf ein menschlich nicht mehr erträgliches Drogensucht und Aufstand brütendes Maß abzukürzen, sie zwar wieder verlängert, aber durch erhöhtes Rückfallen auf Muskelkraft, Handwerk und Eigeninitiative wieder so interessant gestaltet, daß nur wenige das Verdienstgefühl der Müdigkeit, der Langweile, der Teil- oder Ganzarbeitslosigkeit vorziehen würden.

Um allerdings den höchsten Lebensstandard durch mittlere Technologie zu erreichen, ist es nicht nur notwendig, daß alle Hände wieder vollbeschäftigt sind, sondern, daß die Gesellschaft, der sie dient, relativ klein ist. Denn eine Großgesellschaft kann sich nur durch die modernste, Arbeitslosigkeit schaffende, umweltverschmutzende Fließband- und Kernkrafttechnologie am Leben erhalten.

Die Hauptkrankheit der Menschheit, in: Kurier, 6. September 1984, 5.

WARUM DENN IN DIE FERNE SCHWEIFEN

Als Pfarrer Josef Mohr am 23. Dezember 1818 entdeckte, daß er für die Mitternachtsmesse am 24. Dezember gerne ein neues Weihnachtslied haben wollte, schrieb er nicht nach Salzburg um einen Text. Noch las er nach, wie es in Bethlehem um diese Jahreszeit aussehen würde. Er setzte sich einfach an seinen Schreibtisch im Pfarrhof beim alten Wasserturm in dem kleinen Ort Oberndorf und schrieb die Verse selber. Was er brauchte, um von der weihnachtlichen Stimmung beseelt zu werden, war nicht ein Lokalaugenschein im fernen Bethlehem, sondern einen Blick aus einem Fenster in die unendliche und fast heilige Stille einer eingeschneiten Winternacht vor seiner Haustür. Und die Melodie bestellte er sich nicht von Herrn Schubert in Wien, sondern von seinem Organisten Franz Gruber vom Nachbardorf Arnsdorf, der sie bereits einen halben Tag später zum ersten Mal sang. Natürlich läßt sich die Melodie nicht mit einer der herrlichen Kompositionen eines Schubert oder Bach vergleichen, was aber nichts ausmacht. Denn dieses unscheinbare Lokalprodukt einer kleinen Landgemeinde wurde das unvergleichbar herrlichste Weihnachtslied der Welt. Für die Oberndorfer hat es immer die Richtigkeit des Spruchwortes bewiesen: „Warum denn in die Ferne schweifen, wenn das Gute liegt so nah."

Aber das gilt natürlich nicht nur für Oberndorf und „Stille Nacht". Es ist dasselbe bei allen anderen Erzeugnissen in Nachbarschaftsregionen. Das Beste ist immer das Nächste. Man braucht keine großräumige Wirtschaftsgemeinschaft, um das Leben schon in der unmittelbaren Nachbarschaft in Hülle und Fülle genießen zu können. Die schönsten Augen findet man in den Familienmitgliedern und Freunden, mit denen man zu Hause am selben Tisch sitzt, nicht im fernen Hollywood. Die beste Küche ist die der Mutter, nicht des Chefs des Hotel Ritz in Paris, und die besten Speisen kommen aus der nächsten Umgebung, nicht von Randgebieten eines riesigen Gemeinschafts- oder Weltmarktes. Diese machen das Leben nur teurer, nicht luxuriöser. Eine prachtvoll getäfelte Holzdecke in einem Privathaus auf der Hungerburg bei Innsbruck, wo ich vor kurzem einen Vortrag gab, wurde nicht aus Schweden oder Finnland importiert, sondern kam von einem Zillertaler Berghof, für den sie vor zweihundert Jahren vom Dorftischler angefertigt worden war, mit nichts als dem Holz, das im nahen Wald herumstand. Der damalige Preis: die Kost für eine bäuerliche Arbeitswoche. Der heutige Preis: zwei Millionen Schilling.

Ein vegetarisches Freundespaar in Liechtenstein lebt neun Monate lang in jedem Jahr in kulinarischem Luxus von den zwanzig Gemüsesorten aus ihrem Minigärtlein, das halb so groß ist wie das Frühstückszimmer, in dem sie diese Zeilen lesen. Die 17jährige Tochter eines Freundes aus Tamsweg gewann vor kurzem für sich und ihre Mutter eine Reise zu einem internationalen Wettbewerb für die besten Latinisten der Welt mit dem Latein, das sie nicht in Paris, Wien oder Salzburg gelernt hatte, sondern zehn Minuten von ihrem Wohnhaus entfernt in Tamsweg.

An all das soll man denken, wenn man einen Beitritt zur EG in der Hoffnung in Erwägung zieht, dadurch einen größeren Wohlstand zu erreichen. Was sich bei jeder Aktions- und Gebietserweiterung vergrößert, sind die Kosten und Sorgen, nicht die Vorteile und Annehmlichkeiten. Der Grund des Riesenaufschwunges Amerikas im 19. Jahrhundert zur reichsten Macht der Welt war der Austritt aus der damaligen britischen Wirtschaftsgemeinschaft. Denn wie der amerikanische Nationalökonom Henry Charles Carey richtig argumentierte, müssen Hammer und Pflug (Landwirtschaft und Industrie) nebeneinanderstehen, um die erdrückende Last der riesigen Transportkosten loszuwerden, die Marktvereinigungen nach sich ziehen und die größte „Steuer" für Bürger, Bauern und Arbeiter darstellen. Aber man braucht nicht ins ferne Amerika schweifen, um derselben Philosophie zu begegnen. Der große österreichische Merkantilist Philip von Hornick hat schon vorher denselben Gedanken in seiner damals bahnbrechenden Schrift „Österreich über alles – wenn es nur will" ausgesprochen.

Leider leuchtet das den Staatsmännern heutzutage nicht ein. Denn wie mein vor langem verstorbener, verehrter Freund, Egon Wertheimer, der letzte Schloßherr von Ranshofen, in seinem Buch „Victory is not Enough" (Siegen ist nicht genug) sagte: „It pays to be wrong when everyone else is wrong" – Es zahlt sich aus zu irren, wenn jeder andere auch irrt.

Nur zu Weihnachten kommt man ab und zu zur Erkenntnis, daß das Glück nicht in der Weite, sondern in der Nähe liegt: wenn man nicht nach Straßburg, Brüssel oder Genf fährt, um eine babylonische Einigkeit zu predigen, sondern im engsten Familien- und Freundeskreis zu Hause bleibt, *Stille Nacht* singt und nach einem Jahr, in dem die Riesenreiche überall zu krachen anfingen, mit Josef Weinheber vielleicht endlich zu dem Entschluß kommt, alles abzuschaffen:

> Verstehst, wann i was z' reden hätt
> I schoffat olles o.
> Wos braucht ma denn dös olles, nöt?
> Is eh gnua do.

Warum denn in die Ferne schweifen, in: Pongauer Nachrichten, 21. Dezember 1989, 1.

II GESELLSCHAFTSANALYSEN

ANNÄHERUNG AN DEN FRIEDEN IN GLEICHNISSEN UND PARABELN

Als König Kadmos in der grauen Vorzeit einen Drachen erschlug, säte er die Zähne des Monsters in einem Feld, aus dem gleich darauf voll bewaffnete, geharnischte Männer herauswuchsen, die sofort begannen, sich gegenseitig zu erschlagen, bis nur mehr fünf von ihnen übrig waren. Die besannen sich auf etwas besseres und gründeten zusammen mit dem König die glorreiche Stadt Theben. Das ist so ziemlich die Geschichte der Menschen im allgemeinen. Die bringen sich ebenfalls solange um, bis nur mehr so wenige übrigbleiben, daß ihnen etwas besseres einfällt. Was ich damit sagen will, ist, daß die Hauptursache jeden Krieges und jeden anderen Unheils, dem die Gesellschaft ausgesetzt ist, weniger der Mensch als seine Masse ist. Unter einer gewissen Anballungsgrenze ist er konstruktiv und baut Städte wie Theben; über sie hinaus ist er destruktiv und zerstört wieder, was er aufgebaut hat. Er selber ändert sich nie. Was ihn vom Engel zum Teufel macht, ist nicht der Teufel, sondern die quantitative Umweltveränderung seiner engelhaften Mitmenschen, die, wie die zierlichen Heuschrecken der Bibel, bei einer gewissen Anzahl zur Plage werden. Das ist nicht Theorie, sondern Naturgesetz, das auch überall sonst Geltung hat.

Wir müssen uns bloß eine Hühnerfarm anschauen, dessen größtes Problem, wie beim Menschen, der Kannibalismus ist. Wann immer ein Huhn das Blut eines verletzten Artgenossen sieht, beginnt es, ihn zu pecken, bis er tot ist, was natürlich zum weiteren Blutverspritzen und Töten führt, bis schließlich, wie auf dem Drachenfeld des König Kadmos, zu wenig übrigbleiben, um die Abschlachterei fortsetzen zu können. Dann konzentrieren sie sich wieder auf das Fressen ihres Futters, anstatt ihrer Stammesgefährten. Dieser Umstand brachte den amerikanischen Geflügelfarmer Lou Harwood in den frühen fünfziger Jahren auf den Gedanken, die Zahl seiner Hühner gleich vom Anfang her so klein zu halten, daß, auch wenn sie sich ab und zu verletzten, der Anblick des Blutes nicht mehr zum Massenkannibalismus führen konnte. Damit hätte er aber zusammen mit seinem Problem auch sein Geschäft verloren, da man mit einigen Dutzend Hühnern keine Familie erhalten konnte. Sein Ausweg daher, seine Hühnerschaft nicht physisch, sondern psychisch zu verkleinern, d. h., jedem Huhn die Überzeugung zu geben, daß es in Wirklichkeit nur Mitglied eines kleinen Völkchens sei. Das erzielte er dadurch, daß er Kontaktlinsen auf die Augen jedes seiner Hühner setzte, die den Gesichtskreis derart beengten, daß es nur mehr ein kleines Häuflein seiner Stammesgenossen sehen konnte. Das änderte nicht das gelegentliche Blutvergießen, aber es verhinderte die explosivartige Ausdehnung der Kettenreaktion des Hühnerkannibalismus über das ganze Gebiet seiner Großfarm. Das veranlaßte schließlich Lou Harwood, sich von der Geflügelzucht auf die Produktion von den Sehkreis verengenden Kontaktlinsen umzustellen und zum Millionär zu werden. Leider eignet sich diese friedensstiftende Erfindung des Geflügelfarmers nicht für die Lösung der menschlichen Kannibalen- und Kriegsprobleme, da in unserem eigenen Bereich alle unsere optischen und akustischen Erfindungen – von Augengläsern bis zu Teleskopen und Fernsehapparaten, von Gehörinstrumenten bis zu Lautsprechern, Radio und Telefon – dem Zweck dienen, unseren physischen und intellektuellen Gesichtskreis nicht einzuengen, sondern so zu erweitern, daß jeder Schuß in Teheran sofort auch in Tokio, Wien und Washington gehört wird, und jeder Tropfen Blut, der in El Salvator oder Grenada vergossen wird, die ganze Welt zu ihren Waffen greifen läßt, obwohl sie damit nicht das Geringste zu tun hat.

Der Erfolg dieser Weltverschmelzung, die der moderne, gesichtskreis-erweiternde, technologische und verwaltungstechnische Fortschritt möglich gemacht hat, ist daher nicht, daß nun jeder jedem anderen bei der Lösung seiner Probleme helfen kann. Wie es bei dem großen Vereinheitlichungsprozeß der Fall ist, den wir Krebs nennen, ist die Folge, daß jeder von der Krankheit jeder anderen Zelle angesteckt wird, bis, zusammen mit der Triebzelle, auch das ganze System, dem sie angehört, verseucht ist und zugrunde geht. Politisch-medizinisch ist es daher kein Zufall, daß, wie Margaret Thatcher am 14. Juli 1982 im britischen Parlament erklärte, es seit

„Ende" des angeblich „letzten" Krieges im Jahre 1945 und der Errichtung der weltumfassenden Friedensorganisation der Vereinigten Nationen, zu mehr Kriegen, kleiner wie auch größeren, gekommen ist, als zu irgend einer anderen ähnlich kurzen Zeitspanne der Geschichte. Im ganzen genommen waren es 141, abgesehen von den tausend blutigen kleineren Konflikten, die wir geistig nicht mehr aufnehmen können, weil ihre Zahl einfach zu groß geworden ist. Deshalb hat Bernhard Shaw in seinem Theaterstück „Geneva" den Völkerbund, den Vorgänger der Vereinigten Nationen, nicht eine Friedens-, sondern eine Kriegsorganisation genannt, als er dessen Generalsekretär sagen ließ, daß die einzige Methode, Frieden zwischen Raufern aufrechtzuerhalten, darin liege, sie zu trennen und *auseinander*zuhalten, nicht sie an einem Konferenztisch oder auf einem Friedensfeld *zusammen*zubringen. Wie im Falle der großen Hühnerfarmen muß man daher auch die großen Menschenfarmen, die Großmächte, aufteilen, wenn man ihren Kannibalismus abschaffen will, nicht die Kleinen einigen oder die Großen durch Demonstrieren zur Vernunft zu bringen versuchen. Denn bei einer gewissen Größe stiften auch Friedensdemonstrationen nicht Harmonie, sondern Konflikt, Prügeleien und Messerstechereien.

Das widerspricht allerdings unserer seit altersher eingetrichterten Vorstellung, daß alles menschliche Unheil durch die von bösen Führern, Ideologien, Wirtschafts- und Verwaltungssystemen geförderte Uneinigkeit verursacht wird und daher nur durch Zusammenarbeit und Einigung kuriert werden kann. *Viribus unitis,* wie es so schön auf lateinisch heißt: mit vereinten Kräften können wir alles schaffen, aber wie Präsident Eisenhower die Amerikaner ermahnte: „Wenn wir einig sind, können wir die ganze Welt schlagen" („if we are united we can beat the entire world"). Was natürlich stimmt. Aber warum man Einigkeit suchen soll, nur um die Welt verprügeln zu können, ist eine andere Frage.

Uneinigkeit kann daher kaum als die Hauptursache des Krieges angesehen werden, besonders wenn man bedenkt, daß nichts soviel Kriege verursacht hat als gerade das Streben des Menschen, größere gesellschaftliche, wirtschaftliche und staatliche Einheiten zu schaffen, als notwendig sind, unseren irdischen Zweck zu erfüllen. Was für Frieden und Harmonie notwendig ist, ist Gleichgewicht, nicht Einigkeit; und Gleichgewicht erfordert gerade das, was die Einiger abschaffen wollen. Es beruht auf einem Feld von sich balancierenden Gegenteilen, Gegensätzen, Gegengewichten, Aktion und Reaktion, oben und unten, links und rechts. Das sind alles Kräfte, für die der Friede nicht *Ziel* ist, das durch Arbeit, Opfer, Beten, Integrieren, Demonstrieren, Intrigieren, Vernunft, Diktat, guten Willen, Aufklärung, Erziehung, Aufrüstung oder Abrüstung erzwungen werden kann; bei einem *guten* Gleichgewicht ist der Friede *Resultat,* das sich spontan realisiert, sobald nicht die moralischen, sondern die rein physischen Voraussetzungen gegeben sind, die die Mannigfaltigkeit aller Kräfte und Gegenkräfte auf ihrem zugewiesenen Platz festhalten.

Was wir somit untersuchen müssen, wenn wir Frieden haben wollen, ist die Natur des guten Gleichgewichtes, nicht das ethische Friedensbedürfnis der streitsüchtigen menschlichen Natur, deren angeborene Gegensätzlichkeit und Oppositionslust gerade die Elemente sind, die ein dynamisches, lebendiges, bewegliches, sprühendes und fortwährend sich änderndes System braucht, um nicht auf eine Seite umzukippen und dabei in Brüche zu gehen. Was ist nun die Voraussetzung eines *guten* dynamischen Gleichgewichtes? Denn die Aufgabe unserer Zeit ist nicht ein machiavellisches Gleichgewichtsspiel durch die starren Einheitstürme von Babel und Manhatten abzulösen, sondern ein schlechtes Gleichgewicht in ein gutes umzuändern. Und ein gutes Gleichgewicht in einem *dynamischen* System, das dadurch charakterisiert ist, daß alle Teile ununterbrochen ihren Standort wechseln, besteht, wie der österreichische Nobelpreisträger in Physik, Erwin Schrödinger, in einem reizenden Büchlein über Biologie, *What is Life,* am Beispiel der Atome aufgezeigt hat, darin, daß alle seine Bestandteile sowohl klein als auch zahlreich sein müssen. Denn wenn sie nicht zahlreich wären, könnten sie nicht im Mosaik eines geordneten kosmischen Systems zusammengefaßt werden; und wenn sie nicht klein wären, würden die vermeintlichen ununterbrochenen Zusammenstöße, denen sie auf ihren ungelenk freien Bahnen ausgesetzt sind, anstatt zur Buntheit neuer Formen und Schöpfungen zur Vernichtung der existierenden Ordnung führen. Es ist wie auf einem Tanzboden, auf dem die Pärchen mit geschlossenen Augen herumflattern und zusammenstoßen können, ohne ihr Vergnügen zu beeinträchtigen, weil bei ihrem leichten Gewicht jede Störung des Gleichgewichtes im Einzelfall von selbst die Kräfte auslöst, die immer wieder zu einer neuen Ordnung führen. Wegen ihrer Anzahl und Leichtigkeit brauchen sie daher keinen Tanzmeister, der sie davon abhält, aneinanderzuprallen, nicht weil das im kleinen Rahmen nicht vorkommt, sondern weil es nichts ausmacht. Wenn aber anstatt von Normalgewichtlern lauter Fünfhundertpfündige oder auch nur einige Fünfhundertpfündige unter einem Rest von Leichtgewichtlern herumtanzen würden, müßte nicht nur ein regulierendes Aufsichtsorgan, sondern auch eine Ambulanz in Bereitschaft gehalten werden, da jeder Zusammenstoß, der im Kleinen zu einer harmonischen Unordnung führt, im Großen das ganze System aus den Angeln heben würde.

Und das gilt von Wirtschaftsgemeinschaften und Staaten genauso wie von Tanzböden, Sternen und Atomen. Zusammenstöße, Konflikt, Zwietracht, Uneinigkeit sind keine von der Natur an sich gebannte Übel.

Im Gegenteil! Sie sind das Instrument, mit dem sie immer wieder neue Formen, Energien, Systeme und Welten schafft. Nur müssen sie im Rahmen gehalten werden, sie müssen klein bleiben. Denn was destruktiv im Großen ist, ist konstruktiv im Kleinen, oder wie Theophrastus Paracelsus gesagt hat: „Alles ist Gift, ausschlaggebend ist nur die Menge." Das heißt: in kleinen Mengen und Umfängen wird alles zur Medizin, sogar das Gift.

Was wäre schließlich die Welt ohne Konflikt? Olympia ohne die Spiele? Die Wirtschaft ohne Wettbewerb? Eine Regierung ohne Opposition, eine Konferenz ohne Debatte, ein Fußballspiel ohne Gegner, ein Wirtshaus ohne Rauferei, eine Ehe ohne Streit, ein Volk ohne Kampf, ein Mensch ohne Sünde? Und was wäre das Meer ohne Wogen, wie das Goethe in seinem Gedicht *Meeresstille* so lyrisch geschildert hat, nur um in den letzten zwei Zeilen mit Grauen auszurufen: „Fürchterlich! In der ungeheuren Weite reget keine Welle sich."

Was wir suchen müssen, ist daher nicht das Vollkommene, das Lebens*widrige*, sondern, wie das mein alter Salzburger Schulfreund Josef Haid in seinem Buch „Lebensrichtig in Freude leben" ausgedrückt hat, das mit unseren Mitteln Erreichbare, das Lebens-

richtige – ein Ausdruck, der den großen Physiker Heisenberg veranlaßte, ihn in sein philosophisches Vokabular einzubauen. Das Ziel, das sich unsere Staatsmänner setzen müssen, wenn sie das menschliche Los verbessern wollen, ist daher nicht, den Krieg *abzuschaffen* und einen Totalfrieden herbeizuführen – „Fürchterlich!" Das Ziel, das sie sich setzen müssen, ist, einer friedlichen Welt dadurch etwas näher zu kommen, daß sie das schreckenerregende *Ausmaß* des modernen Krieges *verkleinern*. Und da das Ausmaß eines jeden Sozialübels der Größe der Gesellschaft entspricht, dem es anhaftet, ergibt sich, daß die einzige Möglichkeit, die Konsequenzen kriegerischer Verwicklungen abzuschwächen, darin liegt, daß man die Größe der Staaten wie bei den Hühnerfarmen durch Aufteilung und Zersplitterung derart verkleinert, daß auch, wenn einer zu picken anfängt und zu Waffen greift, er mit seinem Lokaldisput nicht mehr eine Kettenreaktion auslösen kann, die die ganze Welt in den Abgrund zieht. Aufteilen anstatt einigen erzielt ein ähnliches Resultat wie der mittelalterliche Gottesfriede, der von Papst Urban II. im Jahre 1095 auf dem Konzil von Clermont promulgiert und mehr oder weniger eingehalten wurde, weil sich die Krieger nur an Wochentagen austoben durften, aber nie an Sonn- und Feiertagen; und in Wirtshäusern und auf unfruchtbaren Boden kämpfen konnten, aber nie in Kirchen, Friedhöfen oder auf Feldern während der Erntezeit. Es war immer ein Ventil offen. Erst als der idealistische Kaiser Maximilian (1493–1519) den Krieg in seinem großkonzipierten, unteilbaren *Ewigen* Landfrieden überall und für immer untersagte, kümmerte sich niemand mehr, seine Begrenzungen auch nur teilweise einzuhalten, daß es anstatt der Kleinkriege in jedem der folgenden Jahrhunderte zu zwei Riesenkriegen kam, in denen die aufgestaute Streitenergie hemmungslos jedesmal alle Schranken des Erträglichen durchbrach.

Unter den gegenwärtigen nationalen Größenverhältnissen besteht leider keine Möglichkeit mehr, Kriegsaktionen wie im mittelalterlichen Gottesfrieden durch zeitliche, örtliche und persönliche Beschränkungen aufzuteilen und zu verkleinern. Das einzige Mittel, das noch übrig ist, ist die Aufteilung und Verkleinerung der *Mächte,* die allein imstande sind, dem Krieg die Dimension zu geben, die jedesmal die ganze brüderlich vereinigte Weltgenossenschaft zu ihren Waffen greifen läßt, und in Konflikte hineinzuziehen droht, die sie nichts angehen, aber denen sie sich nicht entziehen kann, weil sie durch den modernen technologischen und verwaltungstechnischen Fortschritt mit jedem entferntesten Winkel so bewußtseinsverbunden ist, daß alles, was irgendwo auf der Erde geschieht, von jedem mitgelitten werden muß. Bevor man aber zur Aufteilung anstatt der noch immer ersehnten Einigung der Großstaaten schreiten kann, ist es notwendig, daß unsere Schicksalslenker endlich die Idee akzeptieren, daß dieselben Gesetze, die die physische Welt regieren, auch in der gesellschaftlichen Welt Geltung haben, wie bereits die Gründer der modernen Nationalökonomie, die *Physiokraten,* erkannt haben. Denn genauso wie die von Natur aus unstabilen schweren Atome wie Uranium bei Erlangung einer kritischen Masse spontan explodieren, so explodieren auch die unstabilen Schwergewichtler unter den Staaten, die Großmächte, wenn sie eine kritische Größe erreichen in spontaner Zerstörungswut, auch wenn sie nicht von Militärfürsten wie Stalin oder Hitler geleitet werden. Der einzige Unterschied ist, daß die Definition der kritischen Größe bei Staaten etwas elastischer ist als die einer kritischen Uraniummasse. Politisch kann man sie als jene Größe definieren, bei der die Leiter eines Staates berechtigter- oder unberechtigterweise zur Überzeugung kommen, daß sie von keiner Gegenmacht oder Konstellation von Gegenmächten mehr übertroffen werden können. Historisch war das die einzige Kriegsursache, die es jemals gegeben hat: Denn auch der gerechteste Grund würde nie zum Krieg führen, wenn der Verletzte die Überzeugung hätte, daß er keine Aussicht auf Erfolg habe. Anderseits, wo diese Aussicht besteht, braucht niemand eine Rechtfertigung, um mit gutem Gewissen über seine Nachbarn herzufallen. Das einzige, das den Frieden sichern kann, ist daher die am Rand der kritischen Größe schwebenden Mächte so weit in subkritische Grenzen zurückpressen, bis die gesunde Grundlage eines dynamischen Gleichgewichtes wieder hergestellt ist, das heißt eines Gleichgewichtes, das infolge der Kleinheit seiner politischen Bestandteile entweder durch eine lockere übergeordnete Weltorganisation ohne erdrückende Mittel aufrechterhalten werden kann, oder, was noch besser ist, so eine Organisation überhaupt nicht mehr notwendig ist. Das würde natürlich nicht das Vorkommen von Kleinkriegen verhindern, denn ein momentan kritisches Übergewicht kann sich auch bei Kleinstaaten einstellen. Deswegen hat es ja auch während der Zeit des Gottesfriedens eine Menge Kriege gegeben. Aber die waren immer durch die Schwäche der sie führenden Staaten auf ihre Nachbarschaft beschränkt, sodaß das kontinentale Gesamtbild nicht das eines Krieges, sondern das eines hie und dort unterbrochenen Friedens war, genauso wie ein Körper Gesundheit ausstrahlen kann, auch wenn einige seiner Zellen von Wespen gestochen wurden. Es sind die Großkriege, die nur Großmächte führen können, die gebannt werden müssen, weil die innere physische Unstabilität alles dessen, was zu groß geworden ist, jedesmal die ganze Welt bis zum atomischen Ruin zu destabilisieren droht.

Wie ich bereits sagte: das ist nicht graue Theorie, sondern Naturgesetz. Es gilt bei Atomen, bei Hühnern, bei Menschen, bei Sternen. Was immer zu groß wird, zerplatzt. Was den Frieden sichert, ist daher nicht Einigung, Zusammenarbeit, moralisches Leben, intelligente Staatsführung, predigen oder gute Absicht, von der Oscar Wilde gesagt hat, daß sie ein Scheck ist, den man auf eine Bank ausgestellt hat, bei der man kein Konto hat. Was den Frieden sichert, um nochmals das Wort meines Schulfreundes Josef Haid zu gebrauchen, ist, natur- und lebensrichtig zu handeln. Das heißt: die Welt nicht als einen krebsartig überwachsenen Tumor, sondern als ein Diözesansystem von Kleinzellen zu organisieren, wie das die katholische Kirche so erfolgreich gemacht hat. Das allein entspricht dem Gesundheitsprinzip der Schöpfung. Deswegen hat bereits der heilige Augustinus die größenorientierten römischen Weltreichler warnend gefragt: Was ist schon die Glorie, die Ihr in Eurem Imperium seht: glitzernd und zerbrechlich wie Glas und in ständiger Angst vor der Gefahr, unter seinem eigenen Gewicht zusammenzubrechen.

Und dieselbe Gefahr, heraufbeschworen durch das unstabile Gleichgewicht zwischen dem Großimperien Rußlands und Amerikas, besteht auch heute noch: Nicht, daß diese zwei Finalisten ihre Bomben aufeinander abwerfen würden. Davor haben sie selber zuviel Angst. Die Gefahr liegt darin, daß sie vor lauter Angst ununterbrochen zittern, daß die Bomben letzten Endes ungewollt ihren Händen entschlüpfen werden. Und die einzige Möglichkeit, die an Gigantismus erkrankten Riesen von ihren welterschütternden

Großmachtszittern zu heilen, besteht eben darin, sie in ein feingesponnenes Diözesan-Netz von Kleinstaaten aufzulösen. Die würden zwar auch ihre Probleme haben, aber Furcht und Zittern ist keines davon. Wovor sollten sie den schon Angst haben? Wie mir der ehemalige Regierungschef Dr. Alexander Frick von Lichtenstein einmal mit aristotelisch-augustinischem Selbstvertrauen auf die elementare Stärke seines kleinen Landes sagte: „Wenn eine Großmacht von einer Katastrophe erfährt, sind wir in Lichtenstein schon halb damit fertig, ihren Schaden behoben zu haben." Dazu sagt man allerdings, daß es zu spät sei, die Krebszellen der Großmächte wieder zu verkleinern. Tatsächlich wäre nichts leichter. Denn auch sie bestehen heute noch aus einer Unzahl kleiner Regionen, Provinzen, Gauen und Bezirken, denen man nur größere Autonomie geben müßte, um ihre Funktion wiederaufleben zu lassen. Wenn Hühnerfarmen verkleinert werden können, ohne den organischen Gesamtumfang ihrer Völkerscharen zu verringern, kann das auch bei unseren orwellischen Menschenfarmen getan werden. Denn wenn es nicht getan wird, bleibt der Natur als einziger Ausweg, es der streitsüchtigen Drachenbrut des König Kadmos in dem Spektakel eines atomischen Finalaktes zu ermöglichen, sich so lange gegenseitig die Köpfe einzuschlagen, bis nur mehr ein so kleines Häuflein übrigbleibt, daß es wieder in Frieden leben und Städte bauen kann.

Auf Grund des heutigen Standes der Dinge, ist leider die letztere Alternative die wahrscheinlichere. Was wir daher tun sollen, ist: dem Beispiel Noahs zu folgen und schon jetzt damit beginnen, die kleinen Staatsarchen zu bauen, in denen wir unabhängig weiterleben können, wenn die Titanics der Riesenmächte untergehen. Denn wie André Gide auf seinem Sterbebett gesagt hat: „Ich glaube an die Größe der kleinen Nationen. Ich glaube an den Wert kleiner Zahlen. Die Rettung der Erde liegt in den Händen der Wenigen." Der Mensch hat daher noch immer eine Zukunft, auch wenn sie anders ausschaut, als es sich die krebsorientierten babylonisch-megalomanischen Weltvereiniger unserer Zeit vorstellen.

Annäherung an den Frieden in Gleichnissen und Parabeln, in: Veröffentlichung der Salzburger Internationalen Pädagogischen Werktagungen: Tagungsbericht der 32. Werktagung 1983, Band XXXVIII, Salzburg 1984, 72–78.

DAS DRAMA DES MENSCHEN (I)

Es ist üblich, sich am Beginn eines Vortrags für die Einladung zu bedanken, diesmal aber, darf ich Ihnen sagen, ist es mir ein besonderes Bedürfnis, und ich freue mich sehr. Nachdem ich nämlich eingeladen wurde, habe ich mich erinnert, daß ich selber auch eine Bahá'í-Vergangenheit habe. Und je mehr ich da bin, könnte ich vielleicht sagen, was man vom Franz Werfel gesagt hat: er sagte, er sei ein Christ „extra muros" (außerhalb der Mauern). Ich bin vielleicht ein Bahá'í extra muros, der also bloß außerhalb der Mauern steht.

Als ich 1938 nach Amerika auswanderte, mußte man eine Einladung haben. Mein Bruder war schon drüben, der von den Bahá'í eingeladen worden war, die damals ein Preisausschreiben hatten mit dem Thema, wie man den Frieden der Welt sichern könnte. Er hatte daraufhin ein Statement darüber geschrieben, wie unmöglich das sei, und die Dame und der Herr, die in Amerika dieses Preisausschreiben organisiert hatten, schrieben ihm: „Leider, das ist eine zu pessimistische Interpretation – wir können Ihnen leider keinen Preis geben; falls aber eintreten sollte, was Sie befürchten, sind wir gerne bereit, Ihnen zu helfen." Ein paar Monate später marschierte Hitler in Österreich ein als Vorbereitung für den nächsten Krieg, und mein Bruder schrieb nach Amerika: „Haben Sie das wirklich so gemeint, wie sie es mir angeboten haben für den Fall, daß ich recht hätte?", und sie schrieben zurück: „Natürlich." und schrieben ihm eine Unterstützungserklärung. Als er hinüberkam, erfuhr er, daß es Bahá'í waren. Da war ein wunderbares Wohnhaus und sein Besitzer ein begeisterter Anhänger der Idee: Louis Stuyvesant-Chandler, einer aus den ganz alten amerikanischen Familien, die noch vor den Engländern dort waren, noch vor den „pilgrims", nämlich Holländer. (Man sagt, als die Pilgrims an Land gingen, waren die Holländisch-Amerikaner am Hafen und begrüßten sie.) Die sind Bahá'í geworden, durch einen „Berner" (hier muß ich eine meiner Fehlleistungen erklären, die von meiner Schwerhörigkeit kommen: Als gestern der Herr Vorsitzende sagte, woher er kommt, verstand ich, er kommt aus Bern, und habe ihm gleich eine kleine Geschichte von meiner Verbundenheit mit Bern erzählt. Letzten

Endes – so sind meine Fehlleistungen – mußte ich erfahren, daß er aus Persien kommt. Vor kurzem beklagte ich mich vor einem Vortrag bei einem Diner-Nachbarn, daß ich nichts mehr finde, und der fragte mich: „Haben Sie eine erotische Veranlagung?", und ich dachte mir: „Was um Gottes Willen hat das damit zu tun?" Was er aber sagte, war: „Haben Sie eine chaotische Veranlagung?" Bei einer anderen Gelegenheit hat mir ein amerikanischer Freund, Professor Atkins, irgend etwas von einem „think tank" erzählt, also von einer kleinen Gruppe, die die Führenden der Welt um sich haben und die nachdenken. Ich konnte das Wort nicht verstehen, ich verstand „stink tanks" – und das ist es auch meistens!). Durch meinen Bruder, der also schon dort war, habe ich dann auch eine Einladung bekommen und habe die Bewegung kennengelernt und das wunderbare Privathaus von Stuyvesant-Chandler, das dieser zur Verfügung gestellt hatte, mitten in Manhattan, in einer der schönsten Gegenden. Die Versammlungshalle an der Park Avenue war den österreichischen Emigranten zur Verfügung gestellt, die damals sehr zahlreich und interessant waren. Alle waren ja froh, daß sie eine Möglichkeit hatten, sich auszurasten – „Gast der Rast" zu sein, wie Rilke es sagt. „…Einmal sich alles geschehen lassen und wissen: was geschieht, ist gut!": Das haben wir alle dort empfunden. Die Freuds, d. h. die Familie von Sigmund Freud, Baron Heine-Geldern, Großneffe von Heinrich Heine, Anton Kuh, Hermann Leopoldi, der berühmte Heurigensänger – das alles hat sich dort getroffen und die Tiefe und Wärme der Bahá'í kennengelernt. Das wollte ich Ihnen sagen. Überall sonst wird man sagen: „Ich freue mich besonders, daß ich hier bin", aber in meinem Fall werdet ihr mir glauben, daß ich mich ganz besonders freue und geehrt fühle, wieder an meine heimliche Bahá'í-Vergangenheit erinnert zu werden. Der „Apostel", der dort war, war Mirzá Ahmad Sohrab, einer der engsten Gefährten von Abdu'l-Bahá, dem Sohn von Bahá'u'lláh. Als man mich neulich in England fragte, wieso ich alle diese Namen so genau kenne, habe ich mich selber gewundert, wie alles wieder zurückgekommen ist.

Und jetzt zu meinem Thema – zu Ihrem Thema „Religion und Wissenschaft":

Am Tempel des Apollo in Delphi (glaube ich, oder irgendwo in Griechenland) gibt es die Überschrift „MEDEN AGAN" (nothing too much – nichts zu viel). Das war vor 2500 Jahren, wo alles schon ersonnen, alles schon erlebt worden war, was wir heute erleben. Damals war die Menschheit noch näher der Realität des Lebens. Religion und Philosophie, Kunst und Wissenschaft gehörten noch zusammen. Alles gab es damals schon. Theophrastus Paracelsus, der [1541, Anm. d. Red.] in Salzburg gestorben ist, der erste moderne Arzt, der die Medizin von der Quacksalberei zur Wissenschaft erhoben hat und ebenso das Klassifizieren der Heilpflanzen, hat den Ausdruck geprägt „Alles ist Gift, ausschlaggebend ist nur die Menge". Das ist genau das, was auf dem Tempel von Apollo steht. Die Guten sind manchmal der Ansicht, besser werden zu müssen; aber ab einem bestimmten Punkt wird alles schlechter. Die Tugend, die da ist, um das Laster einzudämmen, wird selber zum Laster. Das Laster ist nicht, zu sündigen, sondern, zu viel zu sündigen. Ein bißchen sündigen, das macht doch erst das Leben schön, sonst wäre der Mensch ausgestorben. Das „Zu viel", das Übertreiben, schadet; das gilt für alles. Durch die Wissenschaft haben wir einen Verlust an Religion erlebt. Die Wissenschaft hat zuerst eine sehr wertvolle Funktion erfüllt, in der heutigen Zeit ist man aber zu weit gegangen. Jetzt kommt man auf die Religion zurück, wobei natürlich die Gefahr besteht, daß in gewissen Zeiten die Religiosität zu weit führt. Dann wird die Religion zum Fundamentalismus, die Wissenschaft hingegen zum Satanismus, der alles organisiert. Eine Geschichte, die ich oft erzähle (aus einem Tagblatt), handelt von einem Professor für Statistik, der in den Himmel kommt. Er sagt zum Herrgott: „Lieber Herrgott, die Welt ist schlecht organisiert. Wir stehen auf, verbringen 10 Minuten im Badezimmer, dann 20 Minuten in der Küche, eine halbe Stunde auf dem Weg ins Büro, arbeiten dann 4 Stunden, dann eine halbe Stunde zurück nach Hause, eine halbe Stunde Schlafen, eine halbe Stunde ins Büro. Ja, ich habe ausgerechnet, daß der Mensch 5 Jahre krank ist, 20 Jahre arbeitet, 18 Jahre schläft und sechs Monate seinen romantischen Gefühlen ergeben ist. Warum nicht mit der Krankheit beginnen und mit dem Romantischen, dem Schönen, in massiven sechs Monaten zu enden?" Der Herr läßt ihn das tun, es stellt sich aber als kolossaler Fehler heraus, und so wird er vom Himmel ausgeschlossen, er kann nie mehr zurück. Er kommt in die Hölle. Und dort, als er dem Satan vorgeführt wird, breitet er gleich seine statistischen Tabellen aus und sagt: „Satan, die Hölle ist schlecht organisiert; ich habe einen Plan, sie besser zu organisieren." Da lacht der Satan: „Die Hölle organisieren? Herr Professor, Organisation ist die Hölle!" Da hat es die Wissenschaft zu weit getrieben.

Heute ist der Punkt der Umkehr erreicht. Wir sind am Gipfel. Der Impuls war so groß, daß wir übers Ziel hinausgeschossen haben, über die natürlichen und vernünftigen Grenzen. Die Weisheit des Menschen besteht darin, die Grenzen zu sehen. Und hier zeigt sich der innere Zusammenhang zwischen Religion und Wissenschaft. Religion und Wissenschaft sind nicht Gegensätze – es sind Teile der selben Gleichgewichtsmaschinerie; eines durchfließt das andere.

Ich erinnere mich an eine Geschichte, die von Leonardo da Vinci erzählt wird. Einmal stand er abends vor einem Weizenfeld, und eine Brise wehte über das Feld (heute steht ja dort kein Weizen mehr). Eine Welle der Bewegung ging durch den Weizen. Leonardo fiel auf, daß sich die Welle bewegte, der Weizen aber stehenblieb. Und plötzlich kam ihm zu Bewußtsein: Das ist dasselbe wie am Meer – das Wasser bewegt sich nicht – die Welle bewegt sich! (Ich hab' das selber zu meinem Erstaunen gesehen, als ich in Puerto Rico an einem kleinen Pier gestanden bin und auf die starke Brandung hinausgesehen habe, in der ein Schwimmer mit Schnorchel tief unter Wasser schwamm, und obwohl die Wellen hoch gingen, bewegte er sich nicht; er war vollkommen sicher und ist keinen Zentimeter näher gekommen.) Leonardo ist im selben Moment aufgegangen, daß es sich beim Schall ebenso verhält – und ebenso beim Licht! Und er begann, Gott zu preisen: „Herr, großer Meister, du Allmächtiger, Allwissender, es gibt nur ein Prinzip, von dem alles abhängt!" Im Augenblick der Entdeckung dieser größten Erkenntnis in der Mechanik, die es jemals gegeben hat, in der Erkenntnis der Wellentheorie, fand dieser große Wissenschaftler und Künstler in einer Verherrlichung Gottes zur Einheit von Wissenschaft und Religion, die einander nicht ausschließen, sondern Emanationen von derselben Quelle sind.

Dieses Bild habe ich versucht, etwas zu erweitern, um zu erklären, warum es heutzutage in unseren riesigen Wirtschaftsgemeinschaften diese Wirtschaftskrisen gibt, die wie ungeheure Wogen von einem Ende der Welt zum anderen Ende durchgehen. Vor zwei Jahren gab es den „schwarzen Montag", den großen Börsenkrach, der in New York um 4.00 Uhr nachmittags angefangen hat; am 2. Tag früh war er in Tokio und pflanzte sich fort – es war eine Wirtschaftskatastrophe. Die Wellenphilosophie ist die Antwort. Unser Problem ist das Gigantische dessen, was im kleinen vollkommen harmlos ist. Wasser bewegt sich überall. Vor einer Welle im Badezimmer fürchtet sich aber niemand, während im Ozean die Wellen zerstörend sind. Was tut der Mensch, um dem Problem Herr zu werden? Eine Möglichkeit wäre natürlich, den Ozean auszupumpen, ihn trockenzulegen. Die andere Möglichkeit ist, den Ozean zu verlassen und Plätze der Geborgenheit für Schiffe zu schaffen: Häfen, kleine Häfen. Dieselben Wellen, dasselbe Wasser, das den Ozean beherrscht, beherrscht auch den Hafen, aber die Wellen, die im großen alles zerstören, sind, je kleiner sie sind, überhaupt kein Problem. Das ganze Problem unserer Zeit besteht hauptsächlich im Gigantismus, und die einzige Möglichkeit den Gigantismus zu bewältigen, ist wie bei Krankheitserscheinungen: die Lösung ist nicht, die Krankheit abzuschaffen, sondern die Gesellschaft zu verkleinern, durch die sie zieht. Eine Welle nimmt die Dimension des Körpers an, durch den sie zieht. Die einzige Möglichkeit besteht nicht darin, die Welt abzuschaffen, sondern die gigantische Vereinheitlichung der Masse aufzuhalten, die Größenordnungen zu verkleinern. Das können wir tun, vorausgesetzt, daß wir Zusammenhänge einsehen, die wir bis jetzt nicht eingesehen haben. Alles ist im Wachsen, Größerwerden, muß um jeden Preis größer werden – daß das problematisch ist, hat uns auf einmal der Club of Rome in seinem Report „Die Grenzen des Wachstums" aufgezeigt. Ohne die Leistungen des Club of Rome im geringsten schmälern zu wollen, muß ich sagen, daß ich schon 1950, also lange Zeit vorher, bei einer nationalökonomischen Jahresversammlung in Boston, auf der alles auf das Wachstum zugeschnitten war, gesagt habe, daß man nicht das Wachstum fördern sollte (man hat sich überall gefragt, wie man weiter wachsen kann, in Amerika, in Deutschland, in Japan, Europa, ob durch einen Zusammenschluß von Staaten – man will eine EG, einen EWR – und hat Angst vor einem Ende des Wachstums), sondern überlegen sollte, wie man das Wachstum zum Aufhören bringt, stoppt, Grenzen setzt. Hier schlägt die Wissenschaft über die Stränge, während Religion und Philosophie uns Hinweise geben, wie man die Grenzen aufrechterhalten kann.

Wir sind im letzten Akt des „Dramas des Menschen". Das Drama des Menschen hat drei Akte: Antike (das Altertum), Mittelalter und Neuzeit. Eigentlich ist die Reihenfolge genau umgekehrt: Was wir Altertum nennen, das war die neue Zeit, die Frische, die Jugend der Menschheit, wo alles noch neu war, wo Dinge erdacht wurden, von denen wir heute leben – 90% unserer Kultur sind die Kultur der griechischen Kleinstaaten!; die waren rationalistisch, die haben die Wissenschaft mit ihren Disziplinen begründet; das Drama, alle die technischen Ausdrücke, stammen vom kleinen Griechenland; Aristoteles war der große Katalysator; alles war durchsichtig, weil alles klein war, und im Kleinen hat man alles erlebt; infolgedessen gab es noch Universalisten – es gab noch nicht die Betriebe, in denen man sich in Berufsgruppen teilt, wo man niemand mehr außer den Berufskollegen sieht, wovon er etwas lernen kann; Aristoteles kannte in gleicher Weise Sklaven wie Generäle und Politiker, er hat sich mit allem vertraut gemacht. Das Kleine ist die Mutter des Universalismus; als ich in Puerto Rico gelehrt habe, war dort eine riesige Universität mit 60.000 Studenten und einem eigenen Department of Economics mit 30 Nationalökonomen – man hat den ganzen Tag nichts anderes gesehen als wieder andere Nationalökonomen, von denen man selber überhaupt nichts mehr lernen konnte, während im kleinen Oxford wie auch Cambridge sich jeder begegnen muß – ein Dramatiker, ein Physiker usw., und das stimuliert. Die Weisheit war die Größe eines österreichischen Kaffeehauses (wie einmal jemand gesagt hat: „Was nicht in einem Kaffeehaus passiert, passiert überhaupt nicht.") – alles trifft sich da. Als während des Ersten Weltkrieges der österreichische Außenminister von der Möglichkeit einer Revolution in Rußland informiert wurde, zuckte er verächtlich mit den Schultern: „Wer wird in Rußland schon Revolution machen – etwa der Herr Trotzky vom Café

Central?!" Der Herr Trotzky vom Café *hat* aber die Revolution gemacht. Alles, was ich weiß, kommt von meinem kleinen Oberndorf, wo ich alles erfahren habe, alle Dimensionen.

Das Altertum also war die Jugendzeit; das Mittelalter war eben das Mittelalter; und die Moderne Zeit oder auch Postmoderne Zeit ist das eigentliche Altertum, das Greisenalter der Menschheit. Wir leben heutzutage wie im Spital, in einer Intensivstation, umgeben von unseren Erfindungen, und glauben, das ist Fortschritt. Die Gesundheit eines Menschen besteht ja nicht darin, daß ein Spital alle Dinge hat, sondern daß man *kein* Spital braucht! So ist es auch bei den Staaten. Die Gesundheit eines Staates besteht nicht darin, von einem Genie geleitet zu werden. Wenn ein Staat zu seiner wirtschaftlichen Lenkung ein Genie braucht, so heißt das praktisch, daß auch ein Genie das nicht mehr zu leisten imstande ist, wie wir heute sehen. Man eilt von Kongreß zu Kongreß, weil man keine Lösung findet. Die Lösung liegt im „Zurück", im Verkleinern. Die Umwelt muß wieder an die Kleinheit des Menschen angepaßt werden. In der Religion haben wir das Beispiel vom Turmbau zu Babel. Gott hat diesen Baumeistern nicht ein Doktorat für Architektur verliehen, sondern gesagt: „Ihr verletzt den Willen Gottes. Einzeln habe ich euch geschaffen als mein Ebenbild, und nicht einen Ameisenhaufen." [sic] Und das ist der erste Akt des Dramas des Menschen.

Ich lasse den ersten Akt immer mit den Thermopylen beginnen [Schlacht bei den Thermopylen gegen die Perser, 480 v. Chr.; Anm. d. Red.]. Die Thermopylen sind ein sehr symbolisches Datum. (Übrigens haben die Spartaner in Leonidas einen sehr guten Public-Relations-Mann gehabt – man spricht immer von Leonidas und seinen 300 Spartanern, daß damals aber tausende andere Griechen mit ihnen gefallen sind, weiß man heute nicht mehr). Der persische General sandte damals eine Botschaft an die Spartaner: „Ergebt euch. Wir sind so zahlreich, daß unsere Pfeile die Sonne verdunkeln.", worauf die Antwort kam: „Umso besser – dann werden wir im Schatten kämpfen." Alle Spartaner fielen, aber in der unmittelbar darauffolgenden zweiten Schlacht [die griechische Flotte gegen die persische; Anm. d. Red.] gingen die Perser unter. Das Kleine hatte über das Große gesiegt – oder, wie man besser sagen sollte: das Kind über die Mutter. Das Große war der Mutterleib in der Geschichte der Entwicklung und in dieser Funktion unbedingt notwendig. Aber nach der Zeit der Schwangerschaft kam die Zeit des nun geborenen Kindes. Die Mutterleibsfunktion der Menschheit, in der Persien, Babylonien, Ägypten, Assyrien Großartiges geleistet hatten, war nun zu Ende gekommen, und der Einzelmensch, das Individuum, war geboren. Die Masse war zurückgegangen. Und das ermöglicht uns heute, die Antike zu verstehen, denn bis vor kurzen hat noch der Einzelmensch die Fähigkeit gehabt, seine Umgebung zu bestimmen; heute ist das hoffnungslos. Der Held, der Einzelmensch, war für uns immer verständlich. Auch im zweiten und dritten Akt war das noch so, wenngleich er älter geworden war. Deswegen sind wir gleichermaßen vertraut mit einem Herkules oder Friedrich dem Großen, sie sind gewissermaßen unsere Zeitgenossen. Zu Ende ging das Drama des Menschen mit der Unterzeichnung der Kriegserklärung durch Kaiser Franz Joseph im Jahre 1914. Wenn wir nun meinen, was danach kam, war der 4. Akt desselben Dramas, haben wir nichts verstanden.

Was danach kam, war der erste Akt eines neuen Dramas: Das Drama der *Masse,* nicht mehr des Menschen. Wir sind immer noch gefangen in den Ideen dieses menschlichen Dramas, in dem unsere Umwelt der kleinen Statur des Menschen angepaßt war, und deswegen glauben wir, wir könnten alles bewältigen. Aber es ist hoffnungslos. Das einzige Glück ist, daß das Drama nur einen einzigen Akt haben wird. Tatsächlich kommt es schon zum Ende – überall kracht es. Was wir bemerken, ist der Verlust der Ganzheit. Trotz Fernsehen und Computer durchschaut der einzelne nicht mehr, was vor sich geht. Wir sehen ein Trümmerfeld, und das ist schon die zweite Phase. Der Pluralismus als Bild dieses Trümmerfeldes von unorganischen Gebilden ist schon ein Schritt der Umkehr. Das dritte Stadium nun ist die Suche nach einer neuen Ganzheit, aber nach einer, die durchsichtig ist. Was durchsichtig ist, sind aber kleine Gebilde; es reorganisieren sich wieder kleinere Staats- und Nachbarschaftsgebilde, in denen die Masse keine Rolle mehr spielt, sondern der Mensch wieder sein Schicksal bestimmen kann.

Oft ist gesagt worden, in dieser Welt des Fortschrittes, da macht es doch keinen Sinn, zurückzukehren und umzudrehen! Ein Walisischer Freund hat immer gesagt, wenn man den Rand des Abgrundes erreicht hat, ist das einzige, was Sinn hat, umzukehren. Dann sagt man wieder, das sei romantisch. Natürlich ist es romantisch; das Leben ist romantisch! Für einen Rationalisten hat das Leben überhaupt keinen Sinn. Für einen Wissenschaftler kommen wir aus nichts und wir enden im Nichts, und dazwischen haben wir eine Menge Auslagen – das Leben ist also für einen Rationalisten ein Verlustgeschäft. Nur der Romantiker sieht die Herrlichkeit des Regenbogens, der diese zwei Lichtkreuzungen verbindet. Aber es ist nicht nur romantisch, es ist auch naturgemäß, es ist wissenschaftlich! Nicht nur Dichter und griechische Philosophen stehen dahinter, sondern eben auch Wissenschaftler, die es verstanden haben, Religion und Wissenschaft bzw. Naturbeschreibung und Parabel zusammenzuführen. (Religion ist eine Parabel der Wissenschaft. Jesus hat immer versucht, sich durch seine berühmten Parabeln verständlich zu machen.) Um diese Wissenschaftler einmal anzuführen: da war einmal der erste Philosoph des menschlichen Maßes: Protagoras. Der einzige Satz, der von ihm überliefert ist, ist: *der Mensch ist das Maß aller Dinge* – ein Satz, den ich lange nicht verstanden habe (vor allem, warum Protagoras sich da so ereifert hat). Nicht die Gemeinschaft, nicht der Staat, nicht die Nation, nicht der Kontinent, nicht die Menschheit, nicht das Universum – der Mensch ist das Maß aller Dinge. Und wie groß ist der Mensch? Und wie das Hemd auf uns zugeschnitten werden muß (wir brauchen kein dreimal so großes Hemd, auch wenn es in dieser Größe billiger ist, wir brauchen ja kein Leichentuch, sondern eben ein Hemd, das uns paßt), muß alles auf uns kleine Menschen zugeschnitten werden. Der Mensch ist klein, und das allein bestimmt alles, was um den Menschen herum geschieht, einschließlich des Staates! Das ist der philosophische Sinn des Kleinstaates. Vor sechzig Jahren hörte ich an einem nebligen Abend in England plötzlich aus dem Radio die Stimme eines Wiener Heurigensängers: „Mir san de Liliputaner, net größer und net klaaner, wie sonst irgendaaner ...". Dieser Sänger von Grinzing hat uns also gesagt, wie groß wir sind: wie Liliputaner, net größer, net klaaner. Erwin Schrödinger, der große Nobelpreisträger für Physik (der die österreichische Tausendschilling-Note ziert) hat uns erklärt, warum alles um uns herum so klein sein muß: Die Atome sind so zahlreich und beweglich, daß sie ununterbrochen zusammenstoßen; wären sie zu groß, wäre jeder Zusammenstoß das Ende; aber ihre Kleinheit schützt sie nicht nur vor Zerstörung, sondern ist auch verantwortlich für die unvorstellbar vielen Formen, die das Leben angenommen hat. Newton hat uns durch sein Gesetz der Schwerkraft gezeigt, wie die Natur es anstellt, alles klein zu halten: die Anziehungskraft jedes Dinges vermindert sich mit dem Quadrat des Abstandes. Auf den Staat übertragen ist das genau, was wir sehen: der Machtbereich von Zentralregierungen schwindet mit der Entfernung. Deswegen gibt es im Burgenland etwa 10% der Bevölkerung, die mehr Autonomie für das Burgenland haben wollen, in Oberösterreich 15%, in Salzburg 35%, in Tirol vielleicht 40%, in Vorarlberg aber 65%, weil sich die Kraft, etwas zu durchschauen, (für die Regierung) mit dem Quadrat der Distanz vermindert. Aristoteles sagte, die ideale Staatsgröße sei die, die man mit bloßem Auge überschauen könne. Liechtenstein ist so klein, daß Regierung, Parlament, Justizbehörde, Polizei und Gefangenenhaus zusammen in einem Gebäude untergebracht sind. Als eines Abends (es war nach dem Krieg, und ich weilte gerade zu Besuch) der Ministerpräsident Dr. h.c. Alexander Frick bis spät gearbeitet hatte, fand er das Regierungsgebäude verschlossen; und als er rief, ob ihn denn jemand hinauslassen könne, kam ein alter Mann in Schlafrock und Pantoffeln daher und fragte, was er für ihn tun könne. Als dieser schließlich einen Schlüsselbund holte und dem Ministerpräsidenten öffnete, fragte ihn der beim Hinausgehen, was er eigentlich hier mache, worauf der Mann antwortete: „Ich bin der Sträfling." Das sind ideale Größen!

Der große Beitrag der österreichischen Nationalökonomie war das sogenannte Grenznutzgesetz. Es besagt, daß jedes Wachstum, wo immer man hinsieht, seine ökonomischen Grenzen hat; ist diese Grenze erreicht, kostet jedes weitere Wachstum mehr, als es Nutzen bringt. Dieses Gesetz hält Betriebe klein, wird aber in unserer Zeit natürlich überall durchbrochen. Das ist unsere Misere. Es sind die großen, immer wachsenden, die zusammenbrechen, und ihre Manager werden eingesperrt, nachdem sie zuerst bejubelt worden sind. Es gibt keine Ausnahme von dieser Naturregel, die mein

Freund Josef Haid in einem Büchlein mit dem Titel „Das Lebensrichtige" beschrieben hat. Wenn wir falsch leben und unglücklich sind, müssen wir uns überlegen, wo das Lebensrecht liegt. Heisenberg, der große Atomphysiker, hat diesen Ausdruck „lebensrichtig" übernommen.

Würde der „Hamlet" heute geschrieben, so würde sein berühmter Monolog nicht mehr anfangen „Sein oder Nichtsein – das ist hier die Frage", sondern „Klein-Sein oder Nichtsein – das ist hier die Frage". Die Größe hat keine Chance zum Überleben.

Diskussion

F.: Frage
A.: Antwort
Z.: Zusatzbemerkung

F. (Publ.): Wie soll man Ihre Ideen heute angesichts einer derartigen Bevölkerungsexplosion verwirklichen?

A. (Kohr): Zunächst geht es erst um die Grundeinsicht, daß unsere Probleme nicht ideologisch und nicht wirtschaftlich sind, sondern dimensional. Die einstige Umstellung auf den Sozialismus und heute erneute Umstellung auf den Kapitalismus kann nichts ändern. Alles, was eine bestimmte Größe überschreitet, zerfällt, ja explodiert. Sehen Sie im Kosmos z. B. das herrliche Schauspiel einer Supernova-Explosion, wenn ein Stern zu groß wird. Überwachsene Großreiche sind stets zerfallen. Sehen Sie bloß nach Rußland!

Meinen ersten Vortrag über dieses Prinzip hielt ich 1945 an der Queen's University in Kingston am Lake Ontario, noch bevor ich das Buch „The breakdown of Nations" (ins Deutsche sehr schön mit „Das Ende der Großen" übersetzt) schrieb. Es war damals schon so wie heute: am Anfang lachen meine Zuhörer immer und glauben, ich bin ein Narr; in der Mitte beginnen sie über das zu lachen, was sie immer für unantastbar gehalten haben, und am Ende beginnen sie, mir beizustimmen. Damals fragte mich ein Professor: „Was Sie sagen, hat Sinn, aber glauben Sie, daß sich das verwirklichen läßt?", und ich sagte darauf: „Nein." Das war auch ursprünglich das letzte Kapitel meines Buches – das kürzeste Kapitel, das jemals geschrieben wurde. Wenn etwas Sinn hat, war das noch nie ein Grund für die Menschheit, es auch durchzuführen. So ist es leider, und ich erinnere mich, als einmal am Ende einer meiner Vorträge ein Herr zu mir gekommen ist, der sich als Colonel Rothschild vorgestellt hat, Leiter des Imperial Staff College (in Kingston) des britischen Weltreiches; er lud mich für den nächsten Tag zu einem Vortrag vor höheren Offizieren der ganzen Welt und sagte: „Bitte, sagen Sie genau dasselbe, was Sie heute gesagt haben, nur eines nicht" – und ich dachte mir schon: aha, Militärzensur! und sagte: „Bitte, was?" – „Enden Sie nicht damit, daß Sie selbst nicht an die Verwirklichung glauben!"

Oft werde ich das gefragt, und das einzige, was ich sagen kann, ist, daß ich mich gewissermaßen wie ein Moses fühle, der sein Volk 40 Jahre lang durch die Wüste geführt (heute eine 12-Stunden-Autofahrt von Kairo durch den Sinai) und ihm die 10 Gebote gegeben hat, selbst aber nicht in das Gelobte Land durfte. Wahrscheinlich hat man ihn gefragt: „Moses, was sollen wir jetzt tun?", und seine Antwort war wahrscheinlich: „Ich habe keine Ahnung. Ich bin ein Wüstenführer, ich verstehe nichts von Ackerbau und Viehzucht, nichts von Architektur und nichts von Stadtplanung. Ich muß euch allein lassen." Ich bin also ein Wüstenführer; ich zeige, daß die heutige Welt eine Wüste von gigantischen Staaten und Gesellschaften ist, in denen der Mensch zu einer Null-Größe geworden ist, wie Ortega y Gasset in seinem berühmten Buch „Der Aufbruch der Massen" gesagt hat – der Mensch ist für die Geschichte das geworden, was die Meereshöhe, das Null-Niveau, für die Geographie ist.

F. (Publ.): Ist es nicht eine Resignation, wenn wir die Rückkehr anstreben? Zweifellos besteht ein Mißverhältnis zwischen dem Menschen mit seinem kleinen Maß und den Geschehnissen in der heutigen Welt, was Vergrößerung und Wachstum betrifft. Aber ist das nicht eher eine Herausforderung an den Menschen, seine latenten Fähigkeiten zu entwickeln, um diese Erweiterungen und Neuerungen besser erfassen zu können?

A. (Kohr): Was mir immer entgegengehalten wird, ist: „You can't turn back the clock!" (Man kann die Uhr nicht zurückstellen).

Meine Antwort darauf war gewöhnlich, daß ich meine Uhr abgezogen, die Schraube herausgezogen, die Zeiger zurückgestellt und gesagt habe: „Nichts leichter als das!" Die Idee, daß man nicht zurückgehen kann, ist genauso idiotisch wie, daß ich meine Uhr nicht zurückdrehen kann. Wenn man zu weit gegangen ist, muß man umkehren. Die Natur kommt von selber zurück, sie hat einen Tages- und Jahreszyklus. Goethe sagte, alles ist eine Ellipse – alles kommt wieder zurück, aber in einer leicht höheren Ebene.

Wir gehen in eine falsche Richtung, und die Zustände verschlimmern sich: Korruption, Kriminalität und vieles mehr – es ist furchtbar. Meine Antwort ist immer die gleiche: Es ist zu viel. Ich bin auch nicht gegen Korruption, nur gegen *zu viel* Korruption. Als ich einmal in Linz einen Vortrag hielt, lief in der Zeitung gerade eine Kampagne gegen die Privilegienwirtschaft. Alle waren natürlich gegen die Freunderlwirtschaft und haben sich moralisch erhöht gefühlt. Da schlug ich vor, zuerst allen jenen, die das Volksbegehren unterzeichnet haben, ihre Privilegien zu nehmen. Wir haben doch alle Privilegien, Individuenprivilegien, und ich habe z. B. Privilegien des Alters. Manche sagen, die Welt hat nur Sinn durch Begünstigung, durch nette Gesten. Über den Nepotismus, die Freunderlwirtschaft, beklagen sich diejenigen, die keine Freunde haben, und die verdienen nicht, daß man sie berücksichtigt. Man wird immer bestochen – ich weiß das als Prüfer in der Lehre an der Universität –: durch Schönheit, durch hübsche Augen, durch Unschuld wird man gerührt – Geld ist das wenigste, wodurch man bestochen wird. Ohne Korruption könnte man überhaupt nichts tun; wogegen ich nur bin, ist *zuviel* Korruption. 10% Korruption in jeder Gesellschaft, das ist die menschliche Dimension; 100% sind natürlich eine Katastrophe. Gott ist überhaupt der am leichtesten zu korrumpierende; jedes Gebet, jede Kerze besticht den Herrgott. Wenn man nur wettert gegen alle Sünden, bekommt man sie nicht los.

Es kommt darauf an, Freundschaften zu schaffen, nicht Gesetze. In England, wo die Kriminalität auch steigt – man hat bei mir schon viermal eingebrochen und hätte mich einmal fast erschlagen, wenn ich nicht durch meine Schwerhörigkeit den Einbruch überhört hätte –, hat man die Poll-Tax eingeführt. Das erste, was man sich aber von einer Gemeinschaftssteuer erwarten sollte, ist, daß man dazusieht, daß man kein Leichnam wird, denn ein Leichnam kann keine Steuern zahlen. Ich habe mich geweigert, die Poll-Tax zu zahlen. In Gloucester, meinem Wohnort, habe ich gesagt, ich werde die Steuer nur zahlen, wenn die Regierung meinen Vorschlag annimmt, Nachbarschaftsautonomien zu schaffen, wo man einander kennt und alles durchsichtig wird, denn das würde eher Verbrechen verhindern. Wenn die Regierung das annimmt, also Kleinheit schafft, bekommt sie die Steuer; wenn nicht, ist das letzte, was sie von mir bekommt, eine Steuer. Ich habe mich übrigens auch gegen eine Steuernummer gewehrt, und tatsächlich vermerkte unter dieser Rubrik im letzten Bescheid der letztlich doch humorvolle Steuerbeamte – wir haben nach zähem Ringen Freundschaft geschlossen –: „David gegen Goliath".

Abschiedsworte von Prof. Kohr an das Publikum

Ich bin gestern angekommen und habe meinen Vortrag begonnen mit „Mister Chairman, Ladies and Gentlemen!" Heute nach 24 Stunden mache ich es einfacher und sage: „Meine lieben Freunde!" So wie Cäsar seinen ganzen Gallischen Krieg summiert hat mit den Worten „Veni, vidi, vici" (ich kam, sah und siegte), so kann ich etwas ähnliches sagen: „Ich kam, sah und wurde sofort vollkommen besiegt!"

Es war ein großes Erlebnis für mich, nach diesen vielen Jahren wieder eine Bahá'í-Beziehung zu bekommen und zu sehen, warum ich mich eigentlich immer verwandt gefühlt habe. Alles, was vorgetragen wird, ist verwandt. Der letzte Vortrag über die Ausdehnung der Idee der Evolution auf Geschichte – die Evolution durchdringt alles – entspricht wieder einer letzten Ambition von mir: ich möchte gerne eine kosmologische Theologie schreiben und mich durchtasten zur Idee, daß auch der Gottesbegriff der Evolution unterliegt. Gott ist Hoffnung, Hoffnung ist Zukunft. Er ist noch nicht da. Er ist, wie ich oft zu sagen pflege, im sechsten Monat! Wir leben ja lebenswidrig, und wenn etwas nicht stimmt, wenn wir also lebenswidrig leben, müssen wir uns einfach fragen: was ist es, worin wir dem Naturgesetz der Evolution widersprechen? Das herauszufinden und zu korrigieren, darum geht es; dann wird sich alles geben.

Was mich besonders begeistert hat, war diese Ausgeglichenheit, die Verschiedenheit, von allen Teilen Europas herkommend, eine innere Harmonie. Mein Fingerspitzengefühl spürt eine Verwandtschaft, eine Erleichterung, eine Erhöhung. Ich danke Ihnen herzlichst für die Gelegenheit, die Sie mir gegeben haben, mich an- und vielleicht einzuschließen.

Ich möchte mich noch entschuldigen, daß ich mich bereits im Reisekostüm verabschiede. Aber noch an der Universität, wo ich gelehrt habe, war ich immer der schlechtest gekleidete Professor, und ich bin es noch immer. Als mich vor drei oder vier Jahren Bundespräsident Dr. Kirchschläger in Mirabell in Salzburg zum Frühstück eingeladen hat – er hat später die Festspiele eröffnet – war es furchtbar heiß, und er sagte: „Entschuldigen Sie, ich muß mir meinen Rock ausziehen – bitte, ziehen Sie ruhig auch Ihren Rock aus! Da habe ich gesagt: „Herr Präsident, das ist das erste Mal in 40 Jahren, daß ich anständig angezogen bin, ich zieh mir den Rock nicht aus!" Und auch heute für den Vortrag habe ich ihn nicht ausgezogen.

Das Drama des Menschen, in: Von der Freiheit der Wirklichkeit – die neue Konvergenz von Religion und Wissenschaft. Tagungsband der 6. Jahreskonferenz vom 12. bis 14. Oktober 1990 in Mills bei Hall i. Tirol/Österreich, Wien o.J., 44–49.

DAS DRAMA DES MENSCHEN (II)

Von den Thermopylen bis Bad Ischl

Keines der im schicksalsschweren Orwell-Jahr 1984 memorierten Ereignisse – nicht die Geburt von Benito Mussolini oder Franz Kafka vor 100 Jahren, nicht die Hinrichtung von Ernst Röhm durch seinen Freund Adolf Hitler oder die Ermordung des österreichischen Kanzlers Engelbert Dollfuß durch Nazi-Putschisten vor 50 Jahren; nicht das Attentat auf Hitler selbst von Graf Claus von Stauffenberg oder die Invasion der Normandie am „D-Day" durch die Alliierten vor 40 Jahren, auch nicht die vierzigsten Jahrestage, die 1985 anfallen: Hitlers Hochzeits-Selbstmord, der Abwurf der Atombombe auf Hiroshima, der alliierte Sieg, der den 2. Weltkrieg beendete – ist entfernt so bedeutsam wie das, was sich vor 70 Jahren im reizenden, friedlichen, behäbigen österreichischen Kurort Bad Ischl ereignete.

Aber was um Himmels willen ist in Bad Ischl geschehen? Man kennt es eigentlich nur als Hauptort des bezaubernden Salzkammergutes, das die bergigen, seereichen Grenzgebiete der Bundesländer Salzburg, Oberösterreich und Steiermark umfaßt. Seit der Antike war dieser Landstrich ob seiner Heilquellen, Forellenbäche und Bergwerke berühmt – Eisen und vor allem Salz, das schon vor 3000 Jahren von den Kelten abgebaut wurde, wie auch heute noch.

Bergbau und Handel der alten Kelten waren so ausgebreitet, der Schatz an Werkzeug, Artefakten, Töpferei, Waffen und Schmuck so groß, daß die Archäologen die erste, nachprimitive Stufe der menschlichen Industrieentwicklung die Hallstatt-Kultur getauft haben, nach dem emsigen kleinen Seeort Hallstatt (*Salzort* auf keltisch), der noch heute 16 km südlich von Bad Ischl auf schmalem Gesims zwischen Ufer und fast senkrechter Bergwand eingeklemmt liegt, mit Blick auf den östlichsten Alpengletscher, den Dachstein.

Ein weiteres Seedorf bei Ischl, Hallstatt an dramatischer Lage und Alpenszenerie ebenbürtig, ist St. Wolfgang, dessen berühmter Gasthof zum Weißen Rößl Schauplatz einer der beliebtesten aller Operetten ist.

Dieser Erfolg wundert nicht: Die Gegend hat nicht nur eine fröhliche Menge Volksweisen hervorgebracht, sie war auch eines der hervorragendsten Erholungs- und Urlaubsgebiete der alten k. u. k.-Monarchie für Jäger, Angler, Bergsteiger, Wanderer, Segler, Gesundheitsuchende, Schauspieler, Aristokraten, Höflinge und Wiener Schöngeister; sie übte ferner eine unwiderstehliche Anziehung auf einige der größten Komponisten von lebhaften, schneidigen, wehmütigen Erfolgsoperetten aus, wie Emmerich Kálmán, Oscar Straus, Ralph Benatzky oder Franz Lehár, der seine Villa direkt in der Mitte von Bad Ischl hatte.

Was allerdings die magnetische Kraft des Kurorts im 19. und frühen 20. Jahrhundert ausmachte, war weniger Musik, Heilwässer oder Segelregatten auf den nahen Seen als die Tatsache, daß er auch dem Franz Joseph I., Kaiser von Österreich, apostolischer König von Ungarn, König von Böhmen, Kroatien, Galizien und Inhaber vieler anderer Herrschaftstitel bis hinunter zum Herrn von Triest, als Sommersitz diente. Hier in der ländlichen Abgeschiedenheit seiner Kaiser-Villa verlobte sich Franz Joseph mit der bayrischen Prinzessin Elisabeth – einer der bezauberndsten, lebendigsten, begabtesten und unabhängigsten Frauen ihrer Zeit – nach einer rauschenden Brautwerbung während eines Besuchs im Jahre 1853, der eigentlich zu seiner Verlobung mit ihrer älteren Schwester Helena hatte führen sollen.

Trotz des märchenhaften Anfangs mit Liebe auf den ersten Blick ließ das Schicksal der schönen Elisabeth, die später die Ungezwungenheit Englands und die Abgeschiedenheit ihrer Inselwelt auf Korfu liebte, das Ende der westlichen Kultur vorausahnen. Kaiser Maximilian von Mexiko, Bruder ihres Gemahls, wurde 1867 in Querétaro, Mexiko, füsiliert. Ihr Sohn Kronprinz Rudolf beging 1889 in seiner Jagdhütte zu Mayerling bei Wien Selbstmord. Und sie selbst wurde 1898 auf der Seepromenade in Genf von einem geistesgestörten „Anarchisten" erstochen, der eine Aussage machen wollte, ohne überhaupt etwas gegen sie persönlich zu haben. Sie war einfach zufällig die erste prominente Persönlichkeit, die ihm über den Weg lief. Dadurch blieb ihr wenigstens der letzte Schock erspart: die noch schicksalsträchtigere Ermordung des Erzherzogs Franz Ferdinand, Rudolfs Nachfolger als Anwärter auf die vielen Throne von Österreich-Ungarn, durch einen ebenfalls aussagewütigen Fanatiker am 28. Juni 1914 in Sarajevo; sowie das Schlußereignis einer oresteischen Serie, die so romantisch in der kaiserlichen Sommervilla 1853 anfing und so zerschmetternd ein paar Wochen nach Sarajevo im gleichen idyllischen Bad Ischl zu Ende ging, als ein gequälter alter Franz Joseph den Vorhang zum Drama des Menschen fallen ließ, indem er am 28. Juli 1914 die Erklärung des ersten (wie Philip Noel-Baker gesagt hätte) der drei Weltkriege des 20. Jahrhunderts unterzeichnete.

Das *Drama des Menschen?* Ist das nicht etwas übertrieben, wenn man bedenkt, daß die Menschheit noch immer wohlauf ist, ja so lebendig, daß sie die Welt ständig von Pol zu Pol erschüttert?

In der Tat: die Mensch*heit*, das Sammelwesen der Gattung, die menschenförmige Masse, ist noch springlebendig. Ebenso ihr Urbild, der Mann ohne Eigenschaften, Jedermann, der Durchschnittsmensch, von dem Ortega y Gasset bemerkt, er sei „für die Geschichte, was der Meeresspiegel für die Geographie ist" – eine Nullgröße. Was aber durch Aufstieg und Wachstum der spaltungsanfälligen kritischen Masse der Menschheit von der Bühne verdrängt wurde, ist die menschliche Person, der Mensch nicht als Typ, sondern als Einzelwesen; der westliche Mensch, der in den vorangegangenen 24 Jahrhunderten nicht bloß von den ihn umgebenden Mitmenschen gestaltet wurde, sondern immer wieder über sie hinauswuchs, um sie zu beeinflussen und sein eigenes Leben in die Hand zu nehmen.

Diese Fähigkeit, das eigene Schicksal zu gestalten, war es, was die westliche Kultur vor dem 1. Weltkrieg auszeichnete. Wenn wir von der Antike, dem Mittelalter und der Neuzeit sprechen, begreifen wir sie nicht als getrennte Stücke, die sich um verschiedene Charaktergruppen drehen, sondern als drei Akte des gleichen Schauspiels – das Drama nicht der menschenförmigen Masse, sondern des einzelnen; nicht Goliaths, sondern Davids; nicht der Mensch*heit*, sondern des Menschen.

Eigentlich müßten wir die Reihenfolge der drei historischen Perioden umkehren; nur das Mittelalter könnte unverschoben bleiben. Denn die Antike war selbstverständlich nicht die älteste, sondern die jüngste Stufe der menschlichen Entwicklung. Sie war so überschäumend von körperlicher und geistiger Kraft, daß sie keiner komplizierten Maschinerie, keiner künstlichen, mechanischen oder übertriebenen sozialen Hilfsmittel bedurfte. Ihre Menschen gingen stolz und aufrecht und hinterließen uns eine Kultur, die wir noch griechisch nennen – zu Ehren der Leistungen, nicht etwa eines monolithisch vereinten, modernen nationalen Konglomerates, sondern hunderter glänzender, wetteifernder kleiner Stadtstaaten, die auf dem Boden des jugendlichsten Hellas gediehen, das es je gab.

Was wir dagegen die Neuzeit nennen, bezeichnet in Wirklichkeit den Menschen im Greisenalter. Es ist zwar seine jüngste Stufe, aber gerade deshalb seine älteste, senilste, hilfloseste und letzte. Daher bemüht sie sich auch nicht, uns auf den freien Flug vorzubereiten, sondern uns das Sicherheitsnetz eines Wohlfahrts-, Alters- und Pensionssystems zu bescheren, das unserem heutigen Endzustand angemessen ist.

Zurück zum *Drama des Menschen:* Wir konnten die Helden des tragischen und komischen Schicksals in dem, was wir in herkömmlicher Reihenfolge Antike, Mittelalter und Neuzeit nennen, deshalb verstehen, weil die drei Epochen, wie gesagt, nur drei Akte des gleichen Stückes bildeten. Es waren stets die Wenigen gegen die Vielen. Masse, Volk, Gesellschaft, oder die oft mißverstandenen und vergötterten Kräfte der Natur murmelten gelegentlich im Chor, um Pausen und Lücken auszufüllen; aber die zentralen Darsteller – Ödipus, Medea, Amphitryon, Cäsar, Cleopatra, Brutus, Parzifal, Don Quijote, Meier Helmbrecht, Siegfried, Faust, Hamlet, Egmont, Don Giovanni, Till Eulenspiegel, Richard III., Ophelia, Hedda Gabler, Tartuffe, der Hauptmann von Köpenick, Shylock, Wilhelm Tell, der brave Soldat Schweijk, Huckleberry Finn – alle waren sie Einzelwesen wie du und ich.

Ebenso die Autoren, die diese Gestalten auf die Bühne brachten. Ob sie Griechisch, Latein, Französisch, Deutsch, Hebräisch, Englisch, Spanisch, Isländisch, Russisch oder Tschechisch schrieben; ob sie Hesiod, Homer, Euripides, Plautus, Rabelais, Walther von der Vogelweide, Molière, Dante, Cervantes, Baudelaire, Shakespeare, Goethe, Tolstoi, Shaw, Heine, Brecht, Kafka, Wilhelm Busch, Jaroslav Hasek oder Mark Twain hießen, wir brauchten keinen Dolmetscher. Sie redeten alle unsere Sprache.

Jetzt ist das aber ganz anders. Die meisten von uns wissen, daß der Erste Weltkrieg das Tor zu einer neuen Epoche aufstieß. Die wenigsten sind sich aber bewußt, daß diese Epoche nicht mehr der 4. Akt des alten *Dramas des Menschen* ist, sondern der 1. Akt eines ganz neuen Stückes: *Drama der Masse,* worin der einzelne nicht bloß seine zentrale Stellung verloren hat, sondern gänzlich von der Bühne verdrängt wird. Ging es im alten Schauspiel um die Wenigen gegen die Vielen, so sind's im neuen die Vielen gegen die Wenigen. Der Solist ist dem Chor gewichen, der Mensch der Menge, das Persönliche dem Kollektiven. Einst wurde, wie schon Menander bemerkte, das Schicksal des einzelnen vom eigenen Charakter bestimmt und das Gleichgewicht des Ganzen von der ungehinderten Wechselwirkung beweglicher, gegensätzlicher Teile. Im neuen Stück werden beide von konsolidierten, für Fusion und Spaltung anfälligen menschenförmigen Anhäufungen bestimmt, die so stabil wie eine Atombombe sind, und weder von Charakter, Erziehung, noch Vernunft gelenkt werden, sondern von den gleichen rein physikalischen Reibungsgesetzen, die die massiven Verschiebungen der tektonischen Kontinentalplatten regeln.

Der einzelne ist nunmehr ohne Bedeutung. Anstatt sich zu behaupten, hat er jetzt zur eigenen Auflösung beizutragen. Anstatt in Dialog zu glänzen, muß er sich dem einebnenden Druck der Aggregation von seinesgleichen fügen, der wie eine Meeresdünung über ihn hinwegrollt. Alles, was ihm bleibt, ist die Aufgabe, ergebenst dem Magenknurren der Aggregation zu lauschen, das wiederum der Hohe Computer in tonlosem Stakkato verbalisiert, derweil er sein unverwüstlich eingleisiges Hirn unter der Haut eines bionischen Großen Bruders versteckt. Was zählt ist Jedermann, Niemand, Durchschnittsmensch, oder wie man sie alle nennen will, diese *gens sans race, sans couleur, sans sexe,* ohne erkennbare eigene Identität.

Und wie sich die Darsteller geändert haben, so auch die Handlungen. Im alten Schauspiel drehte sich die Fabel um Liebe, Begierde, Großzügigkeit, Habgier, Macht, Mord, Aufopferung, Haß, Neid, Faulheit, Leistung, Heiligtum, Täuschung oder Witz: einer wurde gegen den anderen ausgespielt, so daß sie in ihrer Vielfalt das natürliche Gleichgewicht zwischen Gut und Böse aufrechterhielten, ohne das nicht-persönliche Eingreifen einer Kraft wie Computer, Staat oder Gott. Die Fabeln der neuen Stücke über, für und durch die Masse drehen sich um die Leiden nicht des Menschen, sondern der Gesellschaft. Diese sind ganz anderer Art: statistische Probleme wie Arbeitslosigkeit, Umweltverschmutzung, Ausbeutung, Verkehrsunglücke, Streß, Streiks, Wohlfahrt, Abrüstung, Sozialversicherung, Terrorismus oder Krieg. Aber im Gegensatz zu den Problemen des alten Schauspiels haben die des neuen dank der sinnlos integrierten Massengesellschaften unserer Zeit eine so ungeahnte Größenordnung erreicht, daß sie nicht nur das Maß, sondern auch den Verstand einer älteren Generation übersteigen, die noch in der individualistischen Kultur des alten Griechenlands wurzelt.

Der Grund dafür: als das neue Stück 1914 so abrupt uraufgeführt wurde, blieben Stil, Hintergrund, Bräuche, Kostüm und Wortschatz lange Zeit dieselben wie in den Schlußszenen des alten. Und da viele von uns noch durch die vorangegangenen Zustände geprägt wurden, können wir immer noch nicht die tiefgreifende Verwandlung begreifen, denen Helden, Leidenschaften, Handlungen, Ideologien, Gegner und sprachliche Bedeutungen unterworfen waren. Erst die jüngere Generation spürt nach und nach, daß die aus Griechenland stammenden Begriffe und die Sprache des alten *Dramas des Menschen* (altertümlicherweise auf den menschlichen Charakter und sein selbstbestimmtes Schicksal konzentriert) zum Entwirren der neuen Lage nutzlos sind. Daher ist es nicht einmal unvernünftig, wenn sie die Abschaffung der klassischen Erziehung verlangt, weil diese ein Verstehen der Neuzeit verhinderte.

Was die Jungen jedoch nicht besser als die Älteren begreifen, ist, daß der Computer mit seiner einfältigen Stakkatosprache keinen größeren Beitrag zur Lösung der Probleme des neuen Stücks leisten kann, als ein altmodischer menschlich Handelnder. Ich habe bereits darauf hingewiesen: den Lauf einer modernen Massengesellschaft zu beeinflussen, ist genauso unmöglich, wie die Verschiebung der tektonischen Kontinentalplatten zu bestimmen. Ob jung oder alt, bionischer Analphabet oder Griechischkundiger, man kann heutzutage (vorausgesetzt, man kennt die unveränderlichen Druckgesetze der Natur) nur das Erdbeben voraussagen, das uns vernichten wird; verhindern kann man es nicht.

Angesichts der bereits erreichten Entwicklungsstufe heißt das: das *Drama der Masse* bleibt wenigstens kurz. Der erste Akt wird auch der letzte sein. Sobald die Menschenmenge, die jetzt die Bühne überflutet, die kritische Masse erreicht, detoniert sie von selbst. *Finis*.

Doch ist der Ausblick nicht ganz so düster. Zwar läßt sich nichts machen, wenn einmal die Menge die kritische Masse erreicht hat, aber man kann verhindern, daß sie das tut. Churchill begründete sein Plädoyer für die Wiederherstellung des im Kriege zerstörten House of Commons im ursprünglichen langschmalen Rechteck als unerläßliche Voraussetzung für eine Demokratie, die auf Debatten zwischen Gegensätzen anstatt auf Unterordnung gegenüber dem Konsens oder einer starken Führung beruhe, mit dem denkwürdigen Satz: „Wir formen unsere Bauten; aber unsere Bauten formen uns." Ebenso ist es mit den Gesellschaften, in denen wir leben. Wir bestimmen ihre Größe; aber ihre Größe bestimmt uns.

Lassen wir die jeweilige Bevölkerungszahl unserer Staaten sich oberhalb gewisser Grenzen ausdehnen, so verlieren wir die Macht über das, was wir in der Hoffnung auf Segen geschaffen haben. Mit Goethes Zauberlehrling werden wir die Geister, die wir riefen, nun nicht los. In dem Maße, wie eine Gesellschaft wächst, vermehren sich ihre Probleme malthusianisch in geometrischem Verhältnis, wogegen des Menschen Fähigkeit, sie einzuholen, bestenfalls arithmetisch wächst. Keine Macht, keine Ideologie, keine Technik kann das beherrschen, was über das Beherrschbare hinausgewachsen ist.

Andererseits zwingt uns kein historischer Determinismus dazu, unsere Staaten so wuchern zu lassen, daß sie das Ausmaß erreichen, das zur Selbstzündung führt. Schließlich ist das, was uns jetzt droht, bereits einmal geschehen, als die anschwellenden Massengesellschaften des Ostens daran waren, die Entwicklung des Menschen (im individualistischen westlichen Sinn) zu unterbinden, bevor er noch geboren wurde. Denn anstatt sich vom Kollektivmutterleib nach Erfüllung seiner Schutz- und Zuchtrolle loszulösen, gingen diese ausgereiften Gesellschaften daran, sich im behaglichen Dunkel seines streckbaren Umfangs weiterhin auszudehnen, bis schließlich die individualisierende Absplitterungstendenz der Natur diesem drohenden Überwucherungsprozeß ein dramatisches Ende setzte.

Das ist im Jahre 480 vor Christi Geburt geschehen. Und wie viele andere Geburten passierte sie nicht ganz von alleine. Sie erforderte einen Kaiserschnitt, bei dem nicht nur die Mutter, sondern auch der Chirurg ums Leben kam. Aber sie brachten den Menschen als Individuum hervor, und mit ihm eine Kultur, die durch ihn und für ihn in jener schillernden Perlenschnur kleiner griechischer Stadtstaaten geschaffen wurde, die wir nur deshalb westlich nennen, weil Griechenland damals der westlichste Teil jener Welt war, die den seinerzeitigen Aufzeichnern der Geschichte bekannt war.

Trotz des geographischen Beigeschmacks ist daher die westliche Kultur eben *griechische* Kultur. Von ihr stammen 90 Prozent unserer Wertvorstellungen mit ihrer Betonung des Menschen anstatt des Typs, des Durchschnitts, der Gesellschaft, der Klasse, der Rasse, des Staates. Ob wir Franzosen, Engländer, Amerikaner, Deutsche, Slawen, Skandinavier, Ungarn, Spanier oder Italiener sind, alle sind wir (oder sagen wir: sind wir noch) Griechen. Deshalb ist die Sprache, in der unsere Wertvorstellungen formuliert wurden, noch lange nicht überholt, belanglos oder veraltet – so lautstark unsere jugendlichen Computersüchtigen das Gegenteil verkünden mögen. Das heißt, sie wird nicht überholt sein, solange wir noch die Einzelexistenz für ein höheres Ziel halten als die Rückkehr in den inzwischen unfruchtbaren Schoß einer Menge, in der es leichter ist, wie Bernard Shaw richtig sagte, einen Menschen zu ersetzen als ein Gemälde. Ein Gemälde kostet viel; ein Massenmensch kostet nichts.

Aber zurück zu 480 vor Christi Geburt, einem ebenso bedeutungsvollen Datum wie 1914. Das war die Schlacht bei den Thermopylen, der Kaiserschnitt, der das erste Drama der Masse beendete und die Bühne – wenigstens zum Teil – für den ersten der drei Akte des Dramas freimachte, das 2394 Jahre später in Bad Ischl zu Ende ging. Ein genaueres Eröffnungsdatum wäre vielleicht 479 vor Christus, als die kleinen griechischen Stadtstaaten ihren Endsieg bei Plataä über das riesige Perserreich errangen. Aber die Thermopylen liefern uns einen dramatischeren Dialog, der die Trennungslinie zwischen den zwei historischen Epochen symbolisiert: Während vorher die Vielen die Wenigen beherrschten, haben hier die Wenigen die Vielen überwunden, obwohl – bis auf einen Mann – Leonidas und seine 300 Spartaner alle im Kampf gegen ein angeblich eine Million zählendes Heer gefallen sind. In Wirklichkeit starben außer Leonidas auch 700 Thespier und 400 Thebaner. Aber selbst 1400 Freiheitskämpfer sind eine winzige Schar – so winzig, daß Xerxes sie aufforderte, sich zu ergeben, weil das persische Heer so riesig groß sei, „daß seine Pfeile die Sonne verdunkeln werden". Ein Kamerad von Leonidas, Dienekes, erwiderte:

„Um so besser; dann kämpfen wir im Schatten." Das taten sie und starben bis auf den letzten Mann. Aber der Mensch war geboren.

Der Kampf gegen die Masse war zugegebenermaßen damals etwas leichter als heute. Erstens hatte die Masse bis dahin die Entwicklungsfunktion der Gebärmutter und war selbst für die Entbindung reif. Und zweitens hatte sie als Waffen bloß Schwerter, Speere und Pfeile, im Gegensatz zum modernen Arsenal der Flugkörper und Atombomben, die, einmal gezündet, den Erdball in Stunden, wenn nicht in Minuten, vernichten können.

Aber selbst heute wäre es nicht zu spät, das Drama der Masse aufzuhalten und seine katastrophale Endszene zu verhindern. Um das jedoch zu bewirken, genügt es nicht, Autoren, Regisseure, Darsteller, Dialog, Ideologien oder Systeme auszuwechseln. Man muß das machen, was Churchill mit dem Parlamentsbau machte: das schmale Schauspielhaus wiederherstellen, das für das Drama der Masse sowieso zu klein ist; dann dieses vom Programm absetzen, wie Leonidas bei den Thermopylen; und dafür mit dem vierten Akt des alten Dramas des Menschen fortzufahren.*

Um dies jedoch glaubhaft zu machen, muß es der jüngeren wie der älteren Generation aufgehen, daß die Triebkraft der historischen Veränderung, ob vom Besseren zum Schlechteren oder vom Schlechteren zum Besseren, nicht etwa ein Wechsel der Führer, der Wirtschaftssysteme, Ideologie, Religion oder (wie Marx so glänzend argumentierte) der Produktionsweise ist. Das sind alles Nebensachen. Grundursache des geschichtlichen Wandels ist der periodische Wechsel in der Größe der Gesellschaft. Was uns aus dem Paradies vertrieb, war nicht die Äpfel pflückende Produktionsweise, sondern das Anwachsen der menschlichen Bevölkerung, die dann mehr als nur Äpfel zum Leben brauchte.

Das gleiche gilt für die Kräfte, die uns von der Jagd zur Landwirtschaft weitertrieben, vom Handwerk zur Maschine, von Europa nach Amerika, von der Muskelkraft zur Atomenergie, von der mittleren zur fortgeschrittenen Technik, von der Vollbeschäftigung zur Arbeitslosigkeit, vom Überfluß zum Hunger, von der Frischluft zur Verschmutzung, von kleinen zu großen Staaten, von Scharmützeln zu Weltkriegen. Andere Ursachen mögen die Entwicklung verlangsamen oder beschleunigen. Aber die Grundtriebkraft des geschichtlichen Wandels, die dann eine Kettenreaktion der sekundären Kräfte, einschließlich der Marxschen Produktionsweise, auslöste, war stets nur die eine: der Wandel in der Größe der menschlichen Gesellschaft.

Erst wenn man das erkennt, ist es möglich, die Vollendung des Dramas der Masse zu unterbinden und wieder zum Drama des Menschen zurückzukehren, mit all dem, was das bedeuten würde: neuer Lebenssinn, Würde, Ehre, und vor allem mit der klassischen griechischen Vorstellung der Humanität. Praktisch gesprochen heißt das, die riesigen, stets drohenden, integrierten nationalen und internationalen Organisationen auflösen und sie mit einem augustinischen System von Staaten bescheidener Größe ersetzen, wie sie für das alte Griechenland und das Hochmittelalter typisch waren und noch heute in der kantonalen und diözesanen Organisation so blühender Strukturen wie der katholischen Kirche oder der Schweiz weiterleben. Diese predigen nicht, daß klein schön ist; sie leben es vor. Sie wissen, daß die kleine Gesellschaft, wie der kleine Ziegelstein im Atommeiler, den einzigen Rahmen bietet, worin sich die gesellschaftliche Energie ansammeln kann, ohne die kritische Masse zu erreichen und Kettenreaktionen auszulösen, die keine Großmacht und keine Verbindung von Großmächten beherrschen kann, ganz einfach weil sie selbst es sind, die diese Reaktionen auslösen. *Klein sein oder nicht sein, das ist die Frage unserer Zeit.*

Abschließend darf ich noch ein paar Punkte klären oder hinzufügen:

1. Ich sprach von den drei Akten des Dramas des Menschen. Wie bei jedem Stück und jeder geschichtlichen Epoche sind die Trennungen nicht so scharf, wie man aus den Jahreszahlen von den Thermopylen und Bad Ischl annehmen könnte. Es gibt Übergangszeiten, und jedes Schauspiel hat Vorspiel und Nachspiel. Man könnte sagen, das gegenwärtige Drama der Masse habe 1848 angefangen, als das Kommunistische Manifest von Marx und Engels das Ende des utopischen Sozialismus und den Anfang seiner praktischen, massenbedingten Variante signalisierte, während das Drama des Menschen noch in unsere Zeit hineinreicht, mit weiterhin verstandenen und bewunderten Autoren wie Jaroslav Hasek, Schöpfer des braven

Soldaten Schwejk, oder Franz Kafka („Die Ketten der Menschheit bestehen aus Kanzleipapier") nach dem Ersten Weltkrieg und Ivan Illich (Entschulung der Gesellschaft) oder Fritz Schumacher *(Small is beautiful)* nach dem Zweiten Weltkrieg. Nicht zu vergessen die zentrale Figur von 1984, George Orwell, mit dem ich während des spanischen Bürgerkriegs dieses Thema oft diskutierte.

Den Anfang des Stückes können wir ebenfalls von den Thermopylen ins 6., 7. oder 8. vorchristliche Jahrhundert zurückversetzen – die Zeit Homers, Hesiods, Solons, des Thales von Milet. Bad Ischl und die Thermopylen habe ich als große, Marksteine setzende Ereignisse ausgesucht, weil sie mehr als alle anderen die Punkte symbolisieren, an denen die von ihnen erzeugten Tendenzen nur noch durch einen *deus ex machina* rückgängig zu machen wären. Das wird in Ischl besonders sinnfällig durch die Schädel zweier mächtiger Hirsche, deren Geweihe im Kampf um die Vorherrschaft sich so verfingen, daß die Tiere nicht mehr auseinanderkamen und der Sieger ein paar Stunden nach dem Besiegten starb. Es läßt das Schicksal der zwei Superhirsche vorausahnen, deren Geweihe längst bis zu dem Weltraum verflochten sind.

2. Die Deutung der Geschichte, die meinen Ausführungen zugrunde liegt, unterscheidet sich insofern von der herkömmlichen, als sie die primäre Ursache historischer Wandlung nicht in Änderungen der Führung, der Ideologie, der Religion, des Wirtschaftssystems oder der Technologie sieht, sondern in Änderungen der Gesellschaftsgröße. Kleinere Gemeinschaften haben nicht etwa weniger Probleme als große Gemeinschaften, sondern kleinere Probleme, die daher leichter zu meistern sind. Theophrastus Paracelsus, der erste moderne Arzt, erkannte es: Alles ist Gift. Es kommt nur auf die Menge an.

Wenn wir also die Probleme unserer Zeit lösen wollen, müssen wir nicht Führer oder Ideologien auswechseln, sondern die Größe der Gesellschaft verringern, in der wir leben. Wollen wir dem nivellierenden und vernichtenden Druck der konsolidierten Menschenmassen entkommen, müssen wir diese Massen nicht vereinigen, sondern zerteilen. Es ist kein Zufall, daß die größten Denkmäler unserer Kultur von kleinen Gemeinschaften erbaut wurden und daß die größte Lebensbedrohung von den größten stammt. Deswegen ist klein, nicht groß schön; der einzelne, nicht seine Masse. In der Masse wird er Teil einer Plage, wie die Heuschrecken der Bibel.

3. Zuletzt komme ich an den Punkt, mit dem ich von Rechts wegen hätte anfangen sollen. Aber da man gern vergißt, was am Anfang gesagt wurde, insbesondere wenn eine Rede droht, selber kritische Größe anzunehmen, darf ich meinen Anfang ans Ende setzen. Er betrifft den Zweck, der diesen Vortrag überhaupt entstehen ließ: dem verstorbenen Lord Philip Noel-Baker Ehre zu erweisen, dessen familiäre Verbindungen mit Griechenland auf Lord Byron und seine winzige Schar engagierter Engländer zurückgeht, die im frühen 19. Jahrhundert ihre Dienste dem Mutterland unserer Kultur in einem Befreiungskampf anboten, jenem nicht unähnlich, der 2300 Jahre zuvor bei den Thermopylen und Plataä ausgetragen wurde, als die Wenigen die Vielen bezwangen.

Die Ehre, den zweiten Gedenkvortrag für Philip Noel-Baker halten zu dürfen, war mir eine besondere Genugtuung, nicht nur weil ich mit seinem Sohn Francis befreundet bin, sondern weil er selbst derjenige unter meinen Professoren an der London School of Economics war, dem ich im Jahre 1929 meine erste Bekanntschaft mit dem englischen Leben verdankte.

Ich war Ende 1928 angekommen, mit nichts in der Hand außer einer Empfehlung an Egon Ranshofen-Wertheimer, damals Londoner Korrespondent der deutschsprachigen sozialdemokratischen Presse, der sich für mich interessiert hatte, weil er aus meiner unmittelbaren Nachbarschaft in Österreich stammte. Er meinte, mein Horizont ließe sich am besten erweitern, indem ich mich an der London School of Economics immatrikulierte, damals die intellektuelle Hochburg der britischen Labour Party. Zu diesem Zweck gab er mir Empfehlungsschreiben an drei seiner Freunde unter den Professoren, die (wie ich bald ehrfürchtig erfuhr) zu den hervorragendsten Mitgliedern der Labour Party gehörten: Harold Laski, Hugh Dalton, Philip Noel-Baker.

Als naiver, völlig unerfahrener österreichischer Provinzler aus einem Dorf bei Salzburg war ich angesichts solcher Glanzfiguren der LSE, der Labour Party, ja ganz Englands, zunächst etwas betroffen. Philip Noel-Baker spürte das und brachte mich mit drei seiner Lieblingsschüler zusammen: Eric Davies, Otto Berkelbach van der Sprenkle und Robert Fraser, später Generaldirektor der Independent Television.

Als Ratgeber und Lehrer stets hilfreich, sorgte Noel-Baker auch dafür, daß ich aus nächster Nähe die Parlamentswahlen von 1929 beobachten konnte, die die Labour Party an die Macht brachte, Hugh Dalton ins Kabinett und Philip Noel-Baker ins Unterhaus als parlamentarischer Privatsekretär des neuen Außenministers Arthur Henderson.

Zuletzt lud er mich als besonderes Privileg zum großen Siegesfest nach der Wahl ein und stellte mich Ramsay Macdonald, Arthur Henderson, George Lansbury, Herbert Morrison und dem spektakulären Sir Oswald Mosly vor. Letzterer war damals noch, wie vor ihm Mussolini, ein dynamischer Arbeiterführer. Für jemanden aus Oberndorf bei Salzburg, wo sich bis auf das Weihnachtslied *Stille Nacht* nie etwas ereignet hatte, war das alles fast genug, um aus dem Gleichgewicht zu geraten. Es gab mir auf jeden Fall eine Einführung in die Politik und das Leben Englands, wie sie nur wenige ausländische Studenten erhoffen durften.

Was mich jedoch damals am meisten an meinem verehrten Lehrer beeindruckte, war neben seinem stets jugendlichen Schwung, seiner Großzügigkeit, Warmherzigkeit, sportlichen Kraft und seinem Idealismus inmitten von Ehrungen und Erfolg, seine Verbindung mit Griechenland – als olympischer Läufer. Damals war ich noch unerfahren und den Sorgen der zeitgenössischen Welt entrückt; deshalb ist bis heute noch immer das erste, was ich mit seinem Namen verbinde: Olympia.

Deutsch von Barrows Mussey

---

* Es ist eingewendet worden, daß die Spartaner zu ihrer Zeit die eifrigsten Kollektivisten waren. Stimmt. Aber bei den Thermopylen, wie bei Plataä, kämpften sie für Hellas, und nicht für Sparta.

Das Drama des Menschen. Von den Termophylen bis Bad Ischl, in: Scheidewege 15 (1985/86), 59–70.

URSPRUNG UND NATUR DER SLUMS

Eines der hochgelobten Prinzipien der Stadtplanung ist es, herauszufinden, was die Bewohner von Slums, die saniert werden sollen, selber wollen. Was sie wollen, sind Slums! Deswegen leben sie ja darin. Und sie stehen darauf, in ihnen zu leben, weil Slums, ungeachtet ihrer Mängel, Vorzüge haben, die keine der Neubauquartiere, die von den Behörden stattdessen gebaut werden, bieten könnten.

Die Hauptvorteile von Slums sind 1. ihr Standort und 2. ihr dicht gepacktes, organisches Arrangement von Straßen, Plätzen, Geschäften und Wohnungen. Das Letztere verhindert die Einsamkeit im Alter und reduziert die internen Verbrechen auf ein Minimum, obwohl es nicht notwendigerweise Verbrechen gegen Leute von außerhalb ausschaltet. Wie ja der innere Friede eine Nation auch nicht vor Aggressionen über die Grenzen hinweg zurückhält. Und was das Erstere angeht, haben die Bewohner von Slums einen Sinn für gute Standorte gezeigt, der nur noch von Restaurantbesitzern, Aristokraten, dem Militär und der Kirche erreicht wird.

Dies sind nun aber genau die Vorzüge, die Stadtplaner und Sanierungsexperten – ihr Instinkt ist wohl von wissenschaftlichen Vorurteilen vernebelt – fortwährend versucht sind, wegzunehmen. Und sie werden dieser Versuchung umso leichter erliegen, je gutgläubiger sie ihre Modell-Stadt-Vorstellung realisieren, die von ihnen verlangt, die Prioritäten der Slumbewohner herauszufinden. Denn was die Slumbewohner ihnen an Wünschen angeben werden, sind nicht die Vorteile, die sie schon haben (guter Standort, organische Strukturen), sondern die, die sie nicht haben (Spielplätze, Parkplätze, Fernsehen, sanitäre Einrichtungen). Was die Sanierungsexperten deshalb vorschlagen, ist, was sie immer schon getan haben, die Elimination von Standorten so schön wie Amalfi, Venedig oder Assisi und den Bau von neuen Vorstädten mit allen sanitären Einrichtungen, Fernsehen, Spielplätzen und Parkgaragen. Sie vergessen dabei, daß die schönsten Spielplätze immer diese zufälligen Öffnungen, Nischen, Seitengässchen und Ecken waren, in die offizielle Planungsprozesse nicht hinreichten.

Umfragen über die öffentlich erklärten Wünsche von Slumbewohnern werden also kaum konstruktive Resultate liefern. Was Resultate bringt, ist eine Untersuchung über die Umstände, die ein Quartier verslummen lassen. Ein Quartier wird zu einem Slum, wenn es undifferenziert von der niedrigsten Einkommensklasse bewohnt wird. Es spielt keine Rolle, auf welcher Stufe diese tiefste Einklassengesellschaft existiert. Man kann auch auf hoher Stufe der Niedrigste sein. Unter lauter Studenten mit Sechsern fühlt sich der Student mit einer Fünf als Versager.

Was ein Slum ausmacht, ist also nicht der Mangel an sanitären Einrichtungen, sondern an Differenzierung, nicht der Mangel an Reichtum, sondern an verschiedenen Ebenen von Reichtum. Was die Stadterneuerer folglich herausfinden sollten, ist nicht, was die Slumbewohner wollen, sondern was reiche Leute dazu bewegen würde, sich in einem Slum niederzulassen. Nur so können die Einkommensunterschiede und damit die Pfeiler einer lebendigen Gesellschaft hergestellt werden, um die herum ein Quartier aus eigenen Kräften organisch und nicht nach autoritärem Plan wachsen kann.

Zusammengefaßt: Planung einer Modellstadt sollte nicht heißen, die Armen auf höhere Stufen der Armut zu heben, sondern aus dem Flachland der gesellschaftlichen Uniformität eine wirtschaftlich differenzierte Pyramide aufzuziehen. Das heißt nicht, für die Armen zu bauen, sondern weg von den Armen in Richtung des gelobten Landes des Wohlstandes, das die Reformer immer vor ihren Augen schweben lassen.

Eine Modellstadt sollte sich auch nicht übermäßig mit der Elimination der untersten Einkommensklasse befassen. Es muß ja notwendigerweise immer eine unterste Ebene geben, genauso wie jeder Zug immer einen letzten Wagen braucht, der nicht einfach entfernt werden kann, indem man ihn abhängt. Ein neuer Wagen würde einfach der Letzte sein. Eine Modellstadt muß vielmehr aus dem Material, das im Erdgeschoß herumliegt, eine Pyramide von zunehmend höheren Ebenen bilden, die die Armut stufenweise aufsaugt.

Städtische Slums haben ihre Ursache auf dem Land, nicht in der Stadt. Das ist der Grund, warum bis jetzt auch noch so viel traditionelle Stadtplanung nicht mit ihnen fertig wurde. Slumbewohner sind landflüchtige Hilfskräfte, die sich in ungebrauchten Räumen und Flächen in oder in der Nähe von Städten zusammentun und in behelfsmäßigen Behausungen leben. Der einzige Weg, das Wachstum von Slums zu bremsen, ist, den Strom der Landflüchtigen zu stoppen. Und der einzige Weg, die Landflüchtigen zu stoppen, ist es, den Feind, der sie entwurzelt und aus dem Land wegtreibt, zu besiegen. Wer aber ist der Feind, der Landbewohner in solchen Schwärmen in die Städte treibt, daß diese sie trotz ihres explosionsartigen Wachstums nicht aufnehmen können? Der Feind ist der Fortschritt, oder vielmehr die rasante Geschwindigkeit des Fortschritts. Es ist die zu rasche Mechanisierung der Farm, die die landwirtschaftliche Effizienz in solchen Sprüngen vorwärtstreibt, daß keine lokale Industrie die Kapazität hat, die freigewordenen Arbeitskräfte zu absorbieren. Das Problem wird zusätzlich erschwert durch die arbeitssparende Effizienz der Industrie selber, die neue Arbeitskräfte noch weniger beschäftigen kann als die Landwirtschaft.

Die erste Folge der rasenden Entwicklung der Agrotechnologie ist die Zunahme von arbeitslosen Landarbeitern in ländlichen Slums. Weil diese ländlichen Slums relativ klein sind, könnte das Problem mithilfe der arbeitslosen Landarbeiter selbst gelöst werden, wenn diese Leute nur davon überzeugt werden könnten, zu bleiben. Aber arbeitslose Landarbeiter bleiben nicht am Ort. Anstatt in den ländlichen Slums ihr zukünftiges Zuhause zu sehen, betrachten sie sie als eine Art Durchgangsstation auf dem Weg zum Endziel ihrer Flucht, der großen Stadt. Im Gegensatz zu früheren Stufen des technologischen Fortschritts, läßt nämlich diese letzte Phase der Automation keine Hoffnung auf eine andere Beschäftigung in ländlichem Gebiet. Was Landarbeit anbetrifft, so sind die stellenlosen Landarbeiter auf Zeit und Ewigkeit zum Müßiggang verdammt. Dauernde Untätigkeit, das liegt in der Natur dieses Zustandes, sucht Abwechslung, und zwar von einer Art, wie sie die Selbstgefälligkeit und gesellschaftliche Transparenz kleiner Landgemeinden einfach nicht bieten können. Dies erklärt die Dynamik, mit der das ländliche Proletariat unwiderstehlich aus dem provinziellen Stilleben zu den magnetischen Neonlichtern der Großstadt gezogen wird. In ihrem Tumult wird die Untätigkeit und das Fehlen von Arbeit durch eine solche Fülle von Gelegenheiten zu Aktivitäten und Aktivismus tolerierbar gemacht, daß das Leben im Slum für die Neuankömmlinge nicht als soziales Problem, sondern als dramatischer Ausgangspunkt für vorher unbekannte Abenteuer betrachtet wird. Nur in den Augen von Reformern, Regierungen und dem Bürgertum, deren Geschmack für gut gepolsterte Schicklichkeit sie beleidigen, stellen Slums ein soziales Problem dar. In den Augen ihrer Bewohner repräsentieren sie einen oft geschätzten Lebensstil, wie kürzlich in La Perla, Puerto Rico, gezeigt wurde. Die Bewohner dieses Slums zogen auf die Straße, um die aufregende Schönheit ihrer Gemeinschaft vor dem kahlen Design einer behördlichen Sanierung zu retten.

Angesichts dessen gibt es nur einen Weg, städtische Slums zu eliminieren, nämlich durch Ausschaltung der Quelle, aus der sie dauernd gespeist werden, die ländlichen Slums. Die Evolution wird dies früher oder später bewerkstelligen, indem sie die landwirtschaftliche Mechanisierung so weit treibt, daß die daraus folgende Entvölkerung die Entlassung weiterer Landarbeiter ökonomisch verunmöglicht. Wenn fast die ganze Bevölkerung urbanisiert ist, haben die ländlichen Slums die Chance auszutrocknen. Und auch die städtischen Slums werden dann mangels Nahrung von der Quelle zu verschwinden beginnen. Bis im Jahre 2048 sind wir vielleicht so weit – eine lange Zeit.

Das gleiche Resultat kann aber auch durch Revolution erzielt werden, nur – das liegt in der Natur der Sache – wesentlich schneller. Anstatt hoffnungslos dem Flüchtlingsstrom aus langweiligen ländlichen in aufregende städtische Lager zuzuschauen, brauchen wir bloß den Prozeß der landwirtschaftlichen Mechanisierung umzukehren, der den Leuten die Arbeit weggenommen hat. Was also mit anderen Worten getan werden muß, ist, den Leuten ihre ursprüngliche Beschäftigung wiederzugeben durch das einfache Mittel der Reduktion der Effizienz der Landmaschinen bis zu dem Punkt, wo jedermann im Produktionsprozeß gebraucht wird. Das ist die Bedeutung der „Zwischentechnologie" (Intermediate Technology, zwischen High Tech und Low Tech, die Red.).

In einem Zeitalter, das technischen mit sozialem Fortschritt verwechselt, ist der Gedanke, den Zustand des Menschen durch eine Reduktion der Effizienz der Maschinen zu verbessern, unglücklicherweise schwer zu verkaufen. Vielleicht wird er sogar von Planern übernommen, wenn sie einmal erkennen, daß der Zweck der Landwirtschaft darin besteht, Nahrungsmittel zu produzieren und nicht Menschen für städtische Slums oder, wie Napoleon es hielt, Kanonenfutter.

Ursprung und Natur der Slums, in: Die neue Wirtschaft, September 1989, 1–3.

DAS PARADOX DER FUSSGÄNGERZONE

Die Zukunft der Stadt liegt in der Vergangenheit. Da wußte man, wie man eine Stadt bauen soll, weil man wußte, warum man in einer Stadt leben will. In ihr ist nicht nur alles da, was man braucht; es ist auch alles in der Nähe: Läden, Arzt, Café, Schule, Amt, Spielplatz, Theater und die drei Kernstrukturen, um die sich alles gesellschaftliche Zusammenleben gruppiert – Wirtshaus, Rathaus, Kirche.

Im Gegensatz zum Landleben ist Stadtleben ein Begriff kleiner Distanzen, zu deren Bewältigung man nicht Roß und Wagen, sondern zwei Füße braucht; nicht Benzinenergie, die der Gesundheit schadet, sondern Muskelenergie, die ihr nützt.

Die gute Stadt ist daher eine Fußgängerstadt, in der alle Erfordernisse des Alltags in der unmittelbaren Nachbarschaft erledigt werden können. Man arbeitet in ihr, kauft in ihr ein und wohnt in ihr. Und weil man in ihr wohnt, sieht der Bürger dazu, daß die gute Stadt auch eine schöne Stadt ist, die uns festhält, anstatt uns jedesmal in die Ferne zu treiben, wenn sich Seele, Herz und Auge an Monumenten der Kunst und Architektur weiden wollen. Und da in der Enge des urbanen Platz- und Straßennetzes zur Erledigung unserer Angelegenheiten kein Laufschritt notwendig ist, ist die gute Stadt auch eine langsame Stadt, was uns Zeit und Muße zum Herumspazieren, Meditieren, Fabulieren, Philosophieren und Politisieren gibt. Das hat zur Folge, daß die gute Stadt geistig auch eine universalistische Stadt ist, die unseren Horizont erweitert, auch wenn wir physisch nicht über den Mönchsberg hinaussehen können. Und da die zur Erweiterung des Horizontes statistisch notwendige Anzahl von unprogrammierten Zufallsbegegnungen von Bürgern der verschiedensten Art – wie Moleküle in einem Dampfkessel – nur in einem begrenzten Raum zur gegenseitigen Ereiferung und Befruchtung führen kann, ergibt sich schließlich, daß die gute Stadt auch eine kleine Stadt ist. Athen, Korinth, Florenz, Venedig, Reims, Weimar, Salzburg, Brügge, Toledo, Oxford waren alle kleine Städte. Groß war nur die Kultur, mit der sie die Welt bereichert haben.

Das heißt nicht, daß das gegenwärtige explosive Anwachsen der städtischen Bevölkerung aufgehalten oder rückgängig gemacht werden muß, wenn wir die humanistische Lebensqualität früherer Zeiten wiederherstellen wollen. Was es heißt, ist, auf die altbewährte Wachstumsmethode der Natur zurückzugreifen, die die Zellen jeden Systems – ob es sich um Pflanzen, Körper, Städte, Staaten oder Sterne handelt – nicht ausdehnt, bis sie sie zum Platzen bringt, sondern sie klein und jung erhält dadurch, daß sie sie spaltet und multipliziert, wenn immer sie ihre funktionsbedingte Größe erreichen. Paris, Wien, London entwickelten sich nicht als zentralisierte Einheitskomplexe, sondern als föderativ zusammengehaltene Nachbarschaften, Pfarreien, Bezirke, Arrondissements, Boroughs, die sich alle autonom um ihre eigenen Kernorgane – Wirtshaus, Rathaus, Kirche – gruppierten und alle ihren besonderen Charakter bewahrten. Dieser hielt mit seinen urbanen Annehmlichkeiten den Bürger in fußgängerischer Nähe fest, weil alles, was es sonstwo gab, auch lokal zu finden war: Arbeit, Amt, Café, Theater, Brunnen, Spielplatz, Heim.

Und das ist, was wiederhergestellt werden muß, wenn unsere Städte aufs neue lebensfähig gemacht werden sollen: ein föderatives Netzwerk von gesellschaftlich, wirtschaftlich und verwaltungsmäßig großteils autonomen Fußgängergemeinden, deren urbane Annehmlichkeiten baulich und ästhetisch so attraktiv sind, daß ihre Bürger wenig Grund haben, täglich mit Autos von der Peripherie ins gemeinsame Zentrum zu rasen und mit ihren Auspuffgasen sich gegenseitig zu ersticken.

Die Zukunft Salzburgs liegt daher nicht in der Verschönerung der Altstadt, sondern in einer Neustrukturierung, die als kleine

Eigenstädte Gnigl, Itzling, Maxglan, Wals, Himmelreich, Lehen, Morzg, Parsch, Anif, Mülln herausbildet. Nur eine Rückkehr zum Kleinen kann das moderne Krebsproblem der Größe lösen. Dezentralisierung der Behörden ist keine Lösung. Denn sie ist nicht eine Verkleinerung der Behörden und hat nicht mehr Sinn, als wenn wir etwa unseren Kopf auf die Festung, unsere Seele in den Dom, unsere Ohren in das Festspielhaus, unsere Füße auf den Rennplatz, unsere Muskeln in die Alpenstraße, unsere Augen nach Hellbrunn und unseren Magen in das Bräustübl in Mülln verlegten. Dezentralisierung bedeutet nur, daß wir, anstatt von Amt zu Amt, nun auch von Stadtteil zu Stadtteil herumgeschickt werden, was den Verkehrsdruck nicht vermindert, sondern vergrößert.

Was der Bürger will, ist daher nicht Dezentralisierung, sondern, wie das in den Schweizer Kantonen der Fall ist: zentralisierung, klein geschrieben. Und dasselbe gilt von Fußgängerzonen, die niemand zu Fuß erreichen kann, und die durch die Notwendigkeit, die Fahrzeuge an ihren Rändern abzustellen, auch dort die Qualität des Stadtlebens zerstören. Was den Verkehrsdruck wieder erträglich machen kann, sind nicht Fußgängerzonen, sondern ein föderativ verflochtenes Netz von Fußgängerstädten, wie sie in der Vergangenheit bestanden haben. Darin allein liegt die Chance auch für die Zukunft.

Hinter alldem steht mehr als bloße romantische Schwärmerei. Denn genauso wie die Preise steigen, wenn sich die Umlaufgeschwindigkeit des Geldes erhöht, so treibt die erhöhte Umlaufgeschwindigkeit der Menschen, die in einer integrierten Stadt in immer größeren Entfernungen vom gemeinsamen Zentrum wohnen, den Druck und die Masse der Bevölkerung hinauf, ohne daß sie zahlenmäßig größer geworden wäre. Das ergibt sich aus der vom Naturschutz abgeleiteten Geschwindigkeitstheorie des Bevölkerungszuwachses, nach der die gegenwärtige Übervölkerung unseres noch halb leeren Planeten nicht eine zahlenmäßige, sondern eine Geschwindigkeitsübervölkerung ist, die nicht durch Geburtenkontrolle, sondern nur durch Geschwindigkeitskontrolle reduziert werden kann. Und das ist nur zu erreichen, wenn die Distanzen, die wir täglich bewältigen müssen, gekürzt werden. Mit anderen Worten:

zurück zu kleineren Staaten, zurück zu kleineren Städten, zurück nach Mülln, nicht nur, um ins Spital oder Bräustübl zu gehen, sondern um dort auch zu wohnen.

Das Paradox der Fußgängerzone, in: Salzburger Nachrichten, 26. Juli 1986, 25.

DAS ENDE DES WOHLFAHRTSSTAATES

Howard Gossage, ein Klassiker unter den amerikanischen Public-Relations-Experten, hatte eine sehr einfache Definition für Gift: „Zu viel!" Das ist dasselbe, das der Gründer der modernen Medizin, Theophrastus Paracelsus, einige hundert Jahre früher ausdrückte, als er schrieb: „Alles ist Gift. Ausschlaggebend ist nur die Menge." Es ist gleichgültig, um was es sich handelt. Ein oder zwei Tabletten Aspirin kurieren Kopfweh. Zwanzig bringen den Menschen um. Und so ist es bei Schlafmitteln, Herztabletten, Kaffee, Schnaps, Tabak, Essen, Spazierengehen, Tanzen, Autofahren, Studieren, Sport, Verkehr, Gehorsam, Arbeit bis hinauf zu einem Überschuß von Geist, von dem Goethe sagte, der Mensch habe ihn „nur einzig und allein, um tierischer als jedes Tier zu sein". Und das gleiche gilt auch beim Wohlfahrtsstaat. Er kann zu wenig bieten. Aber in den überentwickelten Nationen unserer Zeit bietet er dem Bürger zu viel, was das Leben genauso vergiftet, wie das andere Extrem.

Früher bestand die Aufgabe des Wohlfahrtsstaates darin, das Leben zu erleichtern, die Umwelt zu verbessern, die gesellschaftliche wie auch die persönliche Sicherheit zu verstärken, die Arbeit zu verkürzen und dem Menschen das Beste für seine Gesundheit zu gewähren. Das wurde weniger durch die Besteuerung der Reichen erzielt als durch eine Erhöhung der durch technologischen Fortschritt erwirkten Produktivität, die umso ertragreicher wurde, je größer und integrierter die Gesellschaft war, der sie diente.

Aber je größer die Gesellschaft und die entsprechend verbesserte Effizienz der maschinellen Produktionsweise, umso geringer wurde ihre materielle Abhängigkeit vom Einsatz der menschlichen Arbeitskraft. Das war natürlich bis zu einem gewissen Grad die Grundlage des steigenden Wohlstandes. Es bedurfte weniger Mühe, um einen höheren Lebensstandard zu erzielen als zuvor. Was aber bei der zunehmenden Vergötterung des technologischen Fortschrittes und wirtschaftlichen Wachstums übersehen wurde, war die Paracelsische Giftgrenze, über die hinaus jedes Gute zum Übel wird. Anstatt Butter für alle entstanden so hohe Butterberge, daß sie nicht mehr verteilt werden konnten. Anstatt Wein zum Trinken entstanden Weinmeere zum Ertrinken. Anstatt Zeit zur Muße und zum Fabulieren, entstand Zeit zum Faulenzen und zum Randalieren. Weil vor dem Zeitalter des Wohlfahrtsstaates zu viel Arbeit Gift war, vergaß man, daß auch zu wenig Arbeit die soziale Umwelt vergiften kann. So verlangte man in England die Vorverlegung der Pensionierung vom 65sten auf das 60ste Lebensjahr, weil die Arbeiter ihren Ruhestand länger als nur zwei Finaljahre genießen wollten und man annahm, daß sich das Durchschnittsalter auf 67 Jahre beläuft. Was man übersah, war, daß der Mensch nicht mit 67 Jahren stirbt, sondern zwei Jahre nach Eintritt in das Wartezimmer des Ruhestandes, der für den Durchschnittsmenschen oft schwerer zu ertragen ist als ein Zehn-Stunden-Tag. Und anstatt der Heimpflege in der Umgebung von gesunden Verwandten und Freunden hat es uns der Fortschritt im Krankheitsfall ermöglicht, unseren Geselligkeitstrieb in der Anonymität von Großspitälern im Kreise von Mitleidenden zu befriedigen, die womöglich noch mehr jammern als wir selber – was kaum zur Genesung beiträgt.

Was getan werden muß, ist daher, nicht noch mehr zu bieten; das kann sich auch die reichste Wohlfahrtsgesellschaft nicht mehr leisten. Was getan werden muß, ist: das Leben wieder etwas härter und sinnvoller zu machen, wie das Goethes Engel dem Wohlfahrtsschatzgräber empfiehl, als er ihm nahelegte:

„Tages Arbeit! Abends Gäste!
Saure Wochen! Frohe Feste!
Sei Dein künftig Zauberwort!"

Nur eine gewisse Härte kann dem Menschen sein verlorengegangenes Wertgefühl wiedergeben, ohne das er sein Leben zwar leben, aber nicht genießen kann. Ich habe das selber in einem kanadischen Goldbergwerk erfahren, als ich in meinen jüngeren Jahren meinen Unterhalt einige Monate lang als Schwerstarbeiter verdiente. Weder vorher noch später hatte ich jemals ein ähnlich befriedigendes Wertgefühl empfunden. Freilich wäre es noch herrlicher gewesen, wenn man so ein Gefühl seines Wertes erringen hätte können, *ohne* arbeiten zu müssen. Aber das geht leider nicht, außer man nimmt Zuflucht zum Protestieren, Demonstrieren oder Rebellieren gegen Regierungen, die einem alles geben außer Arbeit, weil Arbeit, die man nicht zum Wohlstand, aber zum *Gefühl* des Wohlstandes braucht, beim heutigen Stand des Fortschrittes eben nicht mehr notwendig ist.

Die Antwort auf das Problem des Wohlfahrtsstaates liegt daher in der entgegengesetzten Richtung von der, die heute befolgt wird. Das heißt: nicht in einer noch fortschrittlicheren Produktionsweise, sondern in einer Rückkehr zu dem, was Fritz Schumacher in „Small is Beautiful" „mittlere" Technologie genannt hat. Diese ist natürlich nicht so produktiv wie die umweltverschmutzende fortgeschrittene Variation. Aber gerade deswegen *schafft* sie die Arbeit, die die letztere abschafft. Denn nur wenn alle Hände beschäftigt sind, kann mittlere Technologie denselben hohen Lebensstandard sichern wie die fortgeschrittenste und darüber hinaus außerdem auch einen wieder-humanisierten Wohlfahrtsstaat herbeiführen, den die letztere trotz Computer und Kernkraft aus dem einfachen Grunde nicht mehr erzielen kann, weil sie den Menschen und seine Arbeitskraft so entbehrlich macht, daß die einzige noch mögliche Steigerung seines Lebenssinnes in einer erhöhten Kriminalität, Drogensucht und, wie in den skandinavischen Wohlfahrtsstaaten, einer erhöhten Selbstmordrate den Ausdruck findet.

Das einzige Problem ist, daß mittlere Technologie nur im Rahmen verhältnismäßig autarker, kleinerer Staats- und Wirtschaftsgebilde optimal eingesetzt werden kann, genau so wie ein Ruderboot am Wolfgangsee, nicht aber im Atlantischen Ozean, wirtschaftlich rentabel ist. Was notwendig ist, um die Wohlfahrtsstaatsidee wieder befriedigender und finanziell tragbarer zu machen, ist daher nicht nur die umweltverschmutzende, arbeitseinsparende, fortgeschrittene Petroleum- und Kernkrafttechnologie durch eine arbeitschaffende und menschenwürdige mittlere Technologie zu ersetzen.

Was vor allem notwendig ist, ist: die politischen und wirtschaftlichen Großgebiete, die ohne Kernkraft überhaupt nicht mehr existieren können, in ein Netz diözesan- oder kantonartiger, konföderativ, locker miteinander verbundener Kleingebiete aufzulösen, in denen allein mittlere Technologie größere Wirksamkeit hat als sogar die fortgeschrittenste.

Um von Salzburg nach Oberndorf zu kommen, genügt die Lokalbahn. Mit einem Jet würde es nicht nur länger dauern. Man würde überhaupt nicht hinkommen.

Das Ende des Wohlfahrtsstaates, in: Salzburger Nachrichten, 31. Dezember 1983, VI.

DIE „KRITISCHE MACHT" –
ALTE UND NEUE KRIEGSSCHULDTHEORIEN

Die durch die jüngste Abstimmung im französischen Parlament dramatisch illustrierten Schwierigkeiten, die einer zielbewußten Zusammenarbeit Deutschlands und Frankreichs im Interesse der Verteidigung Westeuropas im Wege stehen, haben wieder einmal aufgezeigt, daß die Nachkriegswelt einer neuen Angriffstheorie bedarf. Die gegenwärtig unter den Alliierten noch vorherrschende sogenannte „nationale" Theorie, ein Überbleibsel der Propagandaerfordernisse des Zweiten Weltkrieges, schiebt nach wie vor die Hauptschuld an den periodisch wiederkehrenden Friedensstörungen der Tradition und den angeborenen Eigenschaften des deutschen Nationalcharakters zu und ist daher außerstande, zufriedenstellend entweder das Bestehen einer *russischen* Angriffsgefahr oder die Notwendigkeit der Einbeziehung *deutscher* Kontingente zum Schutz der scheinbar friedliebenden westlichen Demokratien zu erklären. Noch immer erscheint ihr als die Hauptgefahr des Weltfriedens ein wiedererstandenes Deutschland. Schließlich hat nicht – wie man in Frankreich mit soviel Nachdruck fragt – Deutschland in den letzten fünfundsiebzig Jahren fünf Kriege geführt und ist es nicht in weniger als einem Jahrhundert dreimal in Frankreich eingefallen? Kann man solche Zahlen außer acht lassen?

Man kann natürlich Zahlen nicht außer acht lassen. Aber man kann sie vervollständigen. Zur selben Zeit, als Deutschland fünf Kriege führte, hat nach einer Zusammenstellung der Carnegie-Stiftung für internationalen Frieden Großbritannien neunzehn und Frankreich einundzwanzig Kriege geführt. Und während die Deutschen in weniger als einem Jahrhundert dreimal in Frankreich eingefallen sind, sind die Franzosen zwischen 1792 und 1813, also in weniger als einem Vierteljahrhundert, zwölfmal in Deutschland eingefallen. Ja man kann sagen, wäre es nicht wegen dieser wahrhaften Einfallslust gewesen, es wäre kaum zu dem sich seit 1815 langsam entwickelnden deutschen Einigungsprozeß gekommen, ohne den es Deutschland überhaupt unmöglich gewesen wäre, im nächstfolgenden Jahrhundert das Invasionskompliment auch nur einmal zu erwidern.

Diese und andere Zahlen, die sich noch anführen ließen, sollen nicht beweisen, daß andere Staaten angriffslustiger sind als Deutschland. Was sie beweisen, ist einfach, daß Angriffslust nicht das Resultat nationaler Tradition, Erziehung oder gewisser angeborener Charaktereigenschaften ist, sondern die Folgeerscheinung einer Machtposition. Wenn aber ein Staat, sei es Frankreich, Deutschland, England, Amerika oder Rußland, im Verhältnis zu einzelnen anderen Staaten oder Staatenallianzen eine gewisse anscheinend unüberwindbare Machtposition erreicht, kommt es genauso spontan zu einer Explosion, wie dies bei Uranium der Fall ist, das, ähnlich Staatenkomplexen, unter einer gewissen Masse und Dichte vollkommen harmlos ist, aber gleichfalls spontan zu einer furchterregenden Explosion führt, sobald es die kritische Masse erreicht.

Diese atomische oder Macht-Theorie des Angriffes erklärt eine Reihe von Widersprüchen, welche die nationale Theorie nicht erklären kann, wie zum Beispiel die Frage, warum *unter* dem kritischen Machtgehalt sogar die angeblich so kriegslustigen Deutschen friedliebend sind oder warum im *Besitze* der kritischen Macht sogar die Franzosen, Amerikaner oder Russen aggressiv werden. Nirgends hat sich dieser Kausalzusammenhang mit größerer Schärfe gezeigt wie in Indien, wo schon im ersten Jahr nach der Erreichung der Macht die vorher so mild gesinnten Apostel des zartfühlenden Friedensführers Gandhi gleich vier rücksichtsloser Angriffsakte schuldig wurden – gegen Heiderabad, das sie eroberten, gegen Kaschmir, das sie besetzten, gegen Nepal, dessen Regierung sie zum Rücktritt zwangen, und gegen Französisch- und Portugiesisch-Indien, die sie bedrohten – und sich eines fünften Angriffsaktes, gegen Pakistan, bisher nur deswegen enthalten haben, weil sie im Verhältnis zu diesem größeren Staat noch nicht den kritischen Machtpunkt überschritten haben. (Unter kritischer Macht ist jenes Stärkequantum zu verstehen, das in seinem Inhaber berechtigter- oder unberechtigterweise das Gefühl entstehen läßt, daß er von keiner gegenüberstehenden Machtkonstellation bezwungen werden kann.) Nur im Verhältnis zu seinem übermächtigen Nachbarn Rußland und China spielt Indien nach wie vor seine alte Rolle als Verfechter einer versöhnungsvollen Politik des Friedens.

Würden die Staatsmänner der Gegenwart diese Macht- oder atomische an Stelle der nutzlos gewordenen nationalen Angriffstheorie zum Grunde ihrer politischen Entschlüsse machen, könnten sie wenigstens zwei der wichtigsten Augenblicksprobleme lösen. Erstens könnten sie unter viel breiteren Schichten des deutschen Volkes, als dies jetzt möglich ist, den Willen wachrufen, die Verteidigungspolitik des Westens auch militärisch zu unterstützen, da sie endlich mit Überzeugung erklären könnten, daß sie die Deutschen, anstatt sie für so abnorm aggressiv zu halten, daß sich die Welt sogar jetzt noch vor ihnen schützen muß für gewöhnliche Alltagsmenschen ansehen, die, wie wir alle, gerne zum Krieg schreiten, wenn sie an Sieg glauben, aber friedliebend sind, wenn sie daran nicht glauben. Und zweitens könnten sie den sonst immer so logisch denkenden Franzosen ihre Logik zurückgeben, da ihnen die *Macht*theorie des Angriffes klarmachen könnte, daß die Kriegs- und Invasionsstatistiken, mit denen sie seit Jahren niemand als sich selber terrorisiert haben, zwar irgend etwas unter Beweis stellen, aber nichts, das man als so außergewöhnlich oder schwerwiegend ansehen könnte, daß sich daraus eine Berechtigung für so eine folgenschwere Abstimmung herleiten ließe, wie das vor einigen Tagen in Paris der Fall war. Historisch haben immer nur die Staaten angegriffen, die ein kritisches Machtquantum besaßen, aber nicht die, vor denen sich andere möglicherweise gefürchtet haben.

Die „kritische Macht". Alte und neue Kriegsschuldtheorien, in: Salzburger Volksblatt, 15. September 1954.

JE SCHNELLER, DESTO MEHR

Bereits im Jahre 1973 gab die puertorikanische Regierung den folgenden Essay als Pflichtlektüre an alle höheren Beamten im öffentlichen Dienst ab. In den 17 Jahren seither hat er kein Jota an Relevanz eingebüßt, sondern im Gegenteil seinen Wahrheitsgehalt deutlich unter Beweis gestellt. Vielleicht ist jetzt die Zeit gekommen, daß ihn Beamte anderer Regierungen, Transportpolitiker und alle, die hin und wieder unterwegs sind lesen und die darin enthaltene Lektion verdauen.

Broadus Mirchell, einer von Amerikas hervorragenden Historikern, erzählt gerne die Geschichte eines ziemlich verdutzten Arztes, der zur Geburt einer ungewöhnlich hohen Anzahl unehelicher Kinder in einer ungewöhnlich großen Gegend der südlichen Vereinigten Staaten beigezogen worden war. Was den Arzt dermaßen verdatterte, war einmal, daß alle Frauen denselben Vater für ihre Babies nannten. Was ihn aber völlig umwarf, war, daß der Vater, als er ihn schließlich kennenlernte, sich als ein Mann in seinen Achtzigern herausstellte. „Wie zum Teufel", fragte der Arzt, „haben sie es fertig gebracht, alle diese Kinder zu zeugen?" „Nun", antwortete der erstaunliche Achtziger mit der krächzenden Stimme des Alters, „ich gebe zu, daß ich es nicht geschafft hätte, hätt' ich das Motorrad nicht gehabt." Mit anderen Worten erlaubte die Geschwindigkeit moderner Transportmittel dem alten Knaben über viele Meilen hinaus das zu veranstalten, was zu Fuß nur auf einer einzigen Meile möglich gewesen wäre. Und auf einer einzigen Quadratmeile wären natürlich auch nicht so viele Frauen verfügbar gewesen für eine Mutterschaft.

Die Geschwindigkeit, mit der wir uns heute bewegen, hat jedoch einen signifikanteren Effekt, als daß sie die Bevölkerung lediglich quantitativ in die Höhe treibt, indem sie die Anzahl Menschen vermehrt. Die wirkliche Bombe ist, daß die Geschwindigkeit die Bevölkerung auch qualitativ ansteigen läßt, indem sie ihre Masse vergrößert, genau wie eine höhere Geschwindigkeit die Masse von atomaren Partikeln erhöht oder wie ein schnellerer Umlauf die „Quantität" des Geldes vermehrt, ohne daß auch nur eine einzige Banknote hinzugefügt wird, wie jeder weiß, der sich mit Wirtschaft und Inflation befaßt. Das gleiche, strikt physikalische Phänomen erklärt auch, warum Theater nebst den gewöhnlichen über Notausgänge verfügen müssen – für den Fall, daß im Publikum Panik ausbricht und es versuchen würde, den Saal schneller als mit normaler Geschwindigkeit zu verlassen. Denn, wie jeder Theaterdirektor weiß, hat eine schnellere Menge denselben materiellen Effekt wie eine größere Menge. Die Anzahl Ausgänge, die er demnach zur Verfügung zu stellen hat, muß nicht nur an die numerische, sondern auch an die effektive (oder Velozitäts-)Größe eines Publikums angepaßt werden, was der numerischen Größe multipliziert mit der Geschwindigkeit entspricht. Was für Menschen gilt, die sich im Innern eines Theaters bewegen, läßt sich ebenfalls auf Populationen anwenden, die sich innerhalb der geschlossenen Bereiche von Städten und Nationen aufhalten. Je schneller sie sich dank moderner Transportmittel bewegen, desto größer wird ihre wirkliche Menge. Tatsache ist, daß, nebst einigen Ausnahmen wie Indien, der wirklich erschreckende Aspekt der globalen Bevölkerungsexplosion bis jetzt nicht so sehr die exzessive Anzahl Menschen ist, sondern die exzessive Geschwindigkeit, mit der sie angefangen haben, sich fortzubewegen. Ein Weg, das Problem zu lösen, wäre demnach, wie im Theater, das Bereitstellen von „Notausgängen", um mit den Perioden fertig zu werden, in denen Populationen versuchen, sich schneller als gewöhnlich zu bewegen, wie dies in jeder Stadt zur Stoßzeit vorkommt. Und das ist genau, was die Planer sowieso schon machen, indem sie dem bestehenden Netz ständig neue Straßen hinzufügen und die alten erweitern. Die einzige Schwierigkeit ist hier, daß, im Gegensatz zum festen Bereich eines Theaters, das Hinzufügen von „Notausgängen" innerhalb der dehnbaren Grenzen einer Stadt den Effekt der Überbevölkerung nicht aufhebt – in Wirklichkeit intensiviert es ihn, indem er eine gegebene Bevölkerung dazu ermutigt, sich „über die Mauern hinaus" und über immer größere Flächen auszubreiten. Je weiter jedoch eine integrierte Bevölkerung sich ausdehnt, desto größer wird der Abstand, den sie überwinden muß, um ihren täglichen Aufgaben nachzukommen. Und je größer die Distanz, desto schneller muß sie sich bewegen. Und je schneller sie sich bewegt, desto größer wird ihre effektive (oder Velozitäts-)Größe. Im Falle einer Stadt von der Größe San Franciscos, Bristols, Cardiffs oder Veronas, bedeutet dies, daß eine numerische Population von, sagen wir, 600.000, zu einer effektiven Population von vielleicht 2,000.000 aufgebläht wird, während ihr Not-Straßennetz vielleicht bestenfalls für 1,000.000 reicht. Und nichts kann je unternommen werden, um diese Lücke zu schließen. Für jede Straße, die in einem arithmetischen Verhältnis hinzugefügt wird, vermehrt sich die effektive oder Velozitäts-Population genau deshalb in einem geometrischen Verhältnis. Das ist der Grund, warum die erste amerikanische Autobahn, der New Jersey Turnpike, der 1948 eröffnet wurde, die Verkehrsdichte, die man für 1975 vorausgesagt hatte, bereits eine Woche nach dem Eröffnungstag erreichte und auch dafür, daß der Surrey-Abschnitt der Autobahn M25 zur Überraschung von Inspektor Martin West vom Straßenamt Surrey (The Times, 18. August 1988), bereits in den Achtzigern das Verkehrsaufkommen trug, das für die Neunziger vorgesehen war.

Das Verkehrsvolumen führt zu Chaos – nicht trotz, sondern wegen der neuen Autobahnen. Dies läßt als einzig praktische Lösung die zweite Methode übrig, mit der Theater und Kinos versuchen, mit dem massenvermehrenden Effekt der Geschwindigkeit fertig zu werden, wenn sie ihre Mengen mahnen: „Das Publikum wird gebeten, das Theater bei Feuergefahr LANGSAM zu verlassen." Denn genau wie eine größere Geschwindigkeit den Druck und die Masse einer Menge vermehrt, wird sie durch eine kleinere Geschwindigkeit verringert. Doch wie jeder Theaterdirektor ebenfalls weiß, besteht der einzige Weg, die effektive oder Velozitätsgröße eines Publikums zu verringern, nicht darin, es vor den katastrophalen Folgen einer Panik zu warnen, sondern ihm den

Grund dafür zu nehmen. Dies erreicht er, indem er sicherstellt, daß es kein Feuer geben wird. Seine wirkliche Antwort auf das Problem, das durch die vergrößernde Wirkung der beschleunigten Geschwindigkeit verursacht wird, liegt demnach nicht so sehr in Notausgängen als in einem feuersicheren Gebäude. Und so ist es auch mit der Antwort auf unsere städtischen und nationalen Probleme – wenigstens so lange der exzessive Platzmangel, den wir mit dem Konzept der Überbevölkerung assoziieren, immer noch hauptsächlich durch eine Zunahme der Geschwindigkeit statt durch eine Zunahme an Menschen verursacht wird. So gesehen, müssen unsere Planer nicht die Mittel des schnellen Reisens wegnehmen, sondern den Grund, der den Menschen überhaupt dazu bringt, sich immer schneller zu bewegen. Mit anderen Worten sollten sie nicht die *Lokomotion,* sondern die *Motivation* studieren. Nicht auf die Fahrzeuge und Straßen, auf denen Herr Müller herumrast, sollten wir uns konzentrieren, sondern auf den Grund – um ihm dann diesen Grund zum Herumrasen zu nehmen.

Auf nationaler Ebene erreichen wir dies, indem wir abraten vom Reisen über weite Strecken und die regionale Autonomie fördern, wie sie von den Devolutionisten angestrebt wird. Auf lokaler Ebene erreichen wir es durch urbane Dezentralisierung oder der polyzentralen Regeneration, wie es eigentlich besser genannt werden sollte. Das bedeutet: Anstatt die zentralen Ämter einer Metropole über seine verschiedenen Bezirke zu zerstreuen, macht man diese selbst erneut zu eigenständigen Kleingemeinschaften, in denen der Bürger alles findet, was er für sein tägliches Überleben braucht, an zentralen, jedoch kleinen und naheliegenden Orten. Also liegt die Antwort nicht wirklich in der Dezentralisierung, sondern in der kleingeschriebenen Zentralisierung. Dies ist der einzige Weg, auf dem der steigende Verkehrsdruck unserer motorisierten Geschwindigkeits-Bevölkerung durch andere Mittel verringert werden kann als durch Mord und Totschlag. Nicht durch die Verpflanzung zentraler Institutionen in die Region, sondern durch die Zentralisierung der Regionen durch die Gewährung größerer Autonomie, und in den Städten nicht durch die satellitenartige Sanierung von Slums, sondern durch die Urbanisierung der Vorstadt, nicht indem Armenviertel für die Armen und Yuppie-Viertel für Yuppies geschaffen werden, wobei beide von einer Arbeit abhängig sind, die sich fünfzehn Meilen von ihrem Wohnort befindet, sondern indem man jede Gegend in eine alle Schichten umfassende Stadt solch unterschiedlicher Identität, nachbarschaftlicher Autonomie und ästhetischen Charmes verwandelt, daß wenige sie verlassen müssen oder wollen. Bis zum Ende des Jahrhunderts, wenn das Schreckgespenst der *numerischen* Überbevölkerung Überhand nehmen wird, ist dies alles, was im Augenblick getan werden muß, um die unkontrollierbare Geschwindigkeit der Überbevölkerung solcher Städte wie Cardiff, San Francisco oder Bristol von irgendwo um die zwei Millionen zurück auf ihre kontrollierbare numerische Dimension von 600.000 zu bringen. Und was London angeht, so könnte man das Ganze bis zur Jahrhundertwende in die Föderation von Dörfern zurückverwandeln, die der sanfte Anarchist William Morris bei der Gründung vorsah.

(Übersetzung: Susanne G. Seiler, Titel und Einleitung: Red.)

Je schneller desto mehr, in: Die neue Wirtschaft, August 1990, 1–3.

III WELTREISEN

SÜDTIROL IST ÖSTERREICH

Die Georgetown University in Washington, D. C., veranstaltet gerade in diesem Monat im Rahmen einer Serie von Ausstellungen über berühmte Gebiete Europas eine über Südtirol, die in hervorragendem Maße geeignet ist, weitere amerikanische Kreise mit dem Schicksal dieses urösterreichischen Landes bekannt zu machen.

Außer Wien gibt es keinen Ortsnamen, der für Österreich so charakteristisch wäre wie der Tirols. Obwohl Tirol nur eine der Provinzen Österreichs ist, hat es in der Vorstellung der Welt fast einen tieferen Eindruck hinterlassen als irgend ein anderes Gebiet Europas. Es war stets bekannt für Unberührtheit der Natur, Nadelwälder, Weiden und eine bezaubernd schöne und majestätische Berglandschaft. Es ist ein Land gewaltiger Gebirgszüge, die – wie in der Schweiz – ein arbeitsames, frommes, unbeugsames und freiheitsliebendes Volk hervorgebracht haben.

Seit 1919 wurde der Name dieses Landes identisch mit einer der brennendsten Fragen Europas: dem Problem Südtirol. Der Vertrag von St. Germain gab Italien nicht bloß einen Teil Tirols, sondern eine ganze Hälfte: 230.000 Tiroler kamen gegen ihren Willen unter italienische Herrschaft, wodurch ein Minoritätenproblem in einem Gebiet geschaffen wurde, das bis dahin von diesem Fluch europäischer Politik völlig frei gewesen war.

Italien verlangte Südtirol bei der Friedenskonferenz, um eine strategische Grenze am berühmten Brenner-Paß zu erhalten. Da es weder nationale noch politische Ansprüche geltend machen konnte, bedeutete die Abtrennung von Südtirol ein grobes Abweichen von dem Grundsatz der Selbstbestimmung. Dies wurde später von Präsident Wilson anerkannt, der Dr. Charles Seymour gegenüber eingestand, daß sein Nachgeben in der südtiroler Frage „die Folge unzulänglicher Studien" war und daß „er die Teilung Tirols zutiefst bedaure."[1] Colonel House berichtet: „Ich habe mich oft gefragt, warum Wilson in diese (Brenner) Linie einwilligte, Clemenceau, Lloyd George und ich sprachen hierüber während der Waffenstillstandsverhandlungen, und wir kamen alle drei zum Entschluß, daß Tirol Österreich nicht weggenommen werden darf..."[2]

Um den tragischen Fehler, der in der Frage Südtirols begangen wurde, verstehen und abschätzen zu können, muß man sich vor Augen halten, daß Tirol – zum Unterschied von allen anderen umstrittenen Gebieten Europas – mit Ausnahme einer kurzen Periode unter Napoleon niemals verschiedenen Herren untertan war. Niemals in seiner langen Geschichte war der Süden vom Norden getrennt gewesen. Tirol war ein eigener Staat seit dem siebten Jahrhundert, in dem es von den Vorfahren der gegenwärtigen Tiroler besiedelt wurde.

Die günstige und geschützte Lage ihres Landes hat bei den Tirolern eine Liebe zu Freiheit und demokratischen Einrichtungen hervorgerufen, wie sie nicht einmal in den berühmten Schweizer Kantonen zu finden ist. Ja die Tiroler waren der Schweiz in ihrer Bauerndemokratie voraus. Während die Bauern sonst überall in Europa bloß Sklaven waren, waren die Tiroler Bauern frei und bildeten eines der souveränen Besitztümer des Landes. Ihre Armee war gleich der der Schweizer eine Volksarmee, und jeder Tiroler wachte eifersüchtig über sein Recht, in seinem Haus seine eigenen Waffen zu haben. Diese weit zurückreichende Tradition kompromißloser Unabhängigkeit brachte jene Kämpfer hervor, die im Jahre 1809 unter ihrem Bauernführer Andreas Hofer Napoleon zu einer Zeit, als selbst die mächtigen Nationen Europas sich noch ihm zu unterwerfen bereit waren, seine erste Niederlage zufügten.

Obwohl sich die Hauptstadt Tirols, Innsbruck, im Norden entwickelte, war Brixen im Süden das kirchliche Zentrum, und der Erzbischof von Brixen blieb sogar nach der Teilung von 1919 für ganz Tirol das Haupt der Kirche. Kulturell war der Süden noch produktiver als der Norden, und die großen Namen der Tiroler Zivilisation, die großen Maler und Dichter, wie Walther von der Vogelweide, stammten aus dem Süden. Der Name Tirol selbst entstand in Meran, jener lieblichen Stadt der Weinberge, Obstgärten und alten Schlösser, die auch Amerika in Ludwig Bemelmans einen ihrer größten und beliebtesten Humoristen der Gegenwart gegeben hat.

Durch all die Jahrhunderte bewohnten die österreichischen Tiroler ihr Land in einem geschlossenen Block bis hinunter nach

139

Salurn, der ältesten und schärfst ausgeprägten nationalen Demarkationslinie Europas. Südlich von Salurn liegt der Bischofssitz von Trient, das zu Österreich gehörte, obwohl es von Italienern bewohnt war, und der Teil Südtirols, den Österreich noch vor Ende des letzten Krieges an Italien abzutreten bereit war.

Der einzige Grund also, über die Wünsche der Bevölkerung hinwegzugehen, war Italiens Verlangen nach einer strategischen Grenze. Diesbezüglich führte Lord Bryce, der große britische Historiker und spätere Gesandte in den Vereinigten Staaten, am 27. März 1920 in einer Rede im britischen Oberhaus aus: „Das, glaube ich, wird Ihnen sofort als der ungerechtfertigste Anspruch erscheinen: daß eine Nation von 85 Millionen – wie die Italiener von heute – diese so weit verschobene Grenze gegen einen Staat von nur 7 Millionen Einwohnern fordern soll. Tatsächlich bedeutet dies eine schlechtere Grenze, denn die Brennerlinie ist bei weitem nicht so eine starke Verteidigungsstellung wie die Schlucht bei Klausen, und die Grenze im Nordwesten, gewöhnlich Vintschgau genannt, ist verhältnismäßig offenes Land. Diese Grenze ist viel schwächer als jene, die Italien haben würde, falls es in eine Grenze an der Stelle, wo die wahre Demarkationslinie – die Trennungslinie zwischen dem italienisch-sprechenden und dem deutsch-sprechenden Gebiet im zentralen Tirol – verläuft, einwilligen würde. Dies ist ein Ort namens Salurn."[3]

Selten in der Weltgeschichte ist ein „Fehlurteil", wie die „Encyclopedia Britannica" die Teilung Tirols nennt, so allgemein von den Männern erkannt worden, die dafür verantwortlich waren, wie im Falle Tirols. Die Alliierten sollten jetzt, wo alles in Fluß gekommen ist, die Gelegenheit ergreifen, dieses Unrecht wiedergutzumachen. Wer die Österreicher kennt, weiß auch, wie sehr sie ihr Südtirol lieben und welchen Ausbruch der Dankbarkeit eine Entscheidung der Alliierten, diesen schmalen Streifen Landes Österreich zurückzugeben, auslösen würde. Es ist im Kampf gegen Hitler, daß diese Dankbarkeit ihren Ausdruck finden würde. Eine derartige Entscheidung im gegenwärtigen Augenblick zu fällen, wäre ein Meisterstreich psychologischer Kriegführung, da in Tirol der Boden für eine Rebellion besonders reif ist. Hitler selbst hat in dieser Hinsicht sein Bestes getan, indem er die Tiroler an Mussolini verkaufte und dann en masse von ihren Höfen und Feldern, auf denen ihre Leute dreizehn Jahrhunderte lang gearbeitet und gelebt hatten, deportierte. Sie werden diesen Verrat niemals vergessen.

Noch werden sie vergessen, daß – wie die neutralen Berichte an den Völkerbund[4] zeigen – kein anderes Land seine Minoritäten schlechter behandelt hat, wie die Italiener die Südtiroler, die sie mit Gewalt zu entnationalisieren versuchten. Sie verboten den Gebrauch der Muttersprache nicht nur in der Schule, sondern auch in der Kirche. Mit der Deportation nach Strafkolonien, in denen Malaria wütete, wurde bestraft, wer das Wort Tirol auch nur in den Mund nahm oder Tiroler Lieder sang. Durch ein derartiges Vorgehen hätten die Italiener ihr Anrecht auf dieses Land verwirkt, selbst wenn ihre Ansprüche gerechtfertigt gewesen wären.

1 „Peace making 1919" von Harold Nicholson, Houghton Mifflin, Boston and New York, 1933.
2 „The Intimate Papers of Colonel House" von Charles Seymour, Houghton Mifflin, Boston and New York, 1933.
3 „The Nation", 27. März 1920, Seite 409.
4 Memoire du Tres Hon. Sir Willoughby Dickinson, et de Sir Walter Napier; Union Internationale des Associations pour la Societe des Nations, Commission Permanente des Minorites, Bruxelles, 1937.

Südtirol ist Österreich, in: Donau-Echo. Die unabhängige österreichische Zeitung (Toronto), 3 (1944), H. 5, März 1944.

ERFOLGSBASIS EINER PANEUROPÄISCHEN UNION

Warum ist die Errichtung einer Staatengemeinschaft, die sich im Falle der Schweiz und Amerikas als so einfach erwies, so schwierig im Falle Europas? Viele Staatsmänner haben diese Frage gestellt, und viele haben sie zu beantworten versucht. Kapitalistische Theoretiker sind der Ansicht, daß der Grund der Europäischen Uneinigkeit im Fehlen des dazu nötigen guten Willens liegt. Sozialisten geben die Schuld dem Konkurrenzteufel des Kapitalismus. Keine dieser Erklärungen hat viel zur Lösung des Problemes beigetragen, weil die Frage vor allem unrichtig gestellt ist. Denn worauf es ankommt, ist nicht das *Warum,* sondern das *Wie,* und das Interessante des amerikanischen und Schweizer Vorbildes liegt nicht in der Tatsache der Einigkeit dieser zwei Nationen, sondern in der Formel, die zu ihrem andauernden Erfolg führte.

Wenn man einen Blick auf die Landkarten der Vereinigten Staaten und der Schweiz und dann auf die Europas wirft, sieht man sofort den fundamentalen Strukturunterschied ihrer politischen Landschaft. Das hervorstechendste Merkmal der amerikanischen und Schweizer Organisationsform liegt in der *Kleinheit* ihrer Gliedkantone und Staaten. Keines dieser zwei Staatsgebilde hat die Entwicklung einer Großmacht in seiner Mitte zugelassen, die die Autorität der Zentralregierung negieren hätte können, obwohl die Bedingungen für so eine Entwicklung in beiden Fällen vorhanden waren.

Hätten sie dem Argument wirtschaftlicher Effizienz Gehör geschenkt, dann würde die Schweiz ihre 25 Kantone und Halbkantone abgeschafft haben und an ihre Stelle ihre vier Sprachnationalitäten (deutsch, italienisch, französisch und romanisch) als ihre Gliedstaaten organisiert. Das hätte den Staatenbund vereinfacht, aber die Größe der Schweizer Idee zerstört. Die Folge wäre die Vorherrschaft des deutschsprachigen Blockes und die Degradierung der anderen zu hoffnungslosen Minderheiten gewesen.

Ähnlich hätten die Vereinigten Staaten ihre 48 Kleinstaaten in vier oder fünf wirtschaftlich und verwaltungsmäßig integrierte regionale Großstaaten zusammenschließen können mit dem Resultat, daß die Bundesregierung in Washington sich nicht mehr auf ihre eigene Macht und Autorität verlassen hätte können und in all ihren Aktionen vom guten Willen ihrer mächtigen Mitgliedstaaten abhängig geworden wäre. Ein atlantischer oder mittelkontinentaler Großstaat hätte im Laufe der Zeit die Vorherrschaft ergriffen, und das europäische Vorbild von Reibereien, Allianzen, Machtpolitik und wirtschaftlicher Übervorteilung wäre auch in Amerika zum Muster innerstaatlicher Beziehungen geworden.

Das ist der Grund, warum sowohl die Schweiz wie auch die Vereinigten Staaten vernünftigerweise ihre bedrohlichen Großmachtregionen in zahlreiche souveräne Kleingemeinschaften aufgeteilt haben. Sie waren sich dessen bewußt, daß die Stärke jeder föderativen oder konföderativen Staatsvereinigung in der Schwäche der einzelnen Mitglieder liegt. Wir haben daher keinen Großstaat im Mittelwesten der USA, der die Unabhängigkeit kleinerer Nachbarn bedrohen und die Autorität der Bundesregierung in Washington untergraben könnte. Was es im mittelwestlichen Raum gibt, ist eine ganze Reihe von Staaten, die direkt unter Washington stehen, ohne eine Zwischenorganisation in der Form z. B. einer Prärieregierung. Und in der Schweiz finden wir nicht, wie oft vermutet wird, eine Föderation von vier Nationalitäten, sondern von 25 Staaten (den Kantonen und Halbkantonen), deren Hauptfunktion es ist, die Nationalitäten auszuschalten, zu zerstückeln, um das Ganze in Harmonie vereinigen und zusammenhalten zu können.

Wenn man nun auch Europa erfolgreich vereinigen will, so ist es nicht genug, das amerikanische und schweizerische Ideal, sondern auch ihr krebsfreies Kleinzellen-Strukturprinzip zur Anwendung zu bringen. Der verkalkte Begriff *Nation* muß fallen gelassen und durch den anpassungsfähigeren Begriff Kanton oder *Staat* ersetzt und als Basis einer Pan-Europäischen Union verwendet werden.

Ein Verband europäischer *Nationen,* die zahlenmäßig von Natur aus von ungleicher Größe und Stärke sind, würde sowohl unter sozialistischer wie auch kapitalistischer Führung genauso logisch in der Hegemonie Deutschlands enden, wie Bismarcks Deutsches Reich in der Hegemonie Preußens endete, das im Verhältnis zu den anderen Bundesstaaten ebenfalls bei weitem zahlenmäßig die größte Macht besaß. Wo immer ein Bundesstaat Mitglieder verschiedener Stärke in sich einschließt, wird er letzten Endes unfehlbar als Instrument der mächtigsten Einheit funktionieren.

Das ist nicht Theorie, sondern Mathematik. Wenn man daher Europas verschieden große Nationen einigen will, so muß man sie zuerst in harmlose, ungefähr gleich *kleine* Staaten aufteilen, die, wie in der Schweiz, die unmittelbaren und souveränen Mitglieder einer kontinentalen, föderativen oder konföderativen Gemeinschaft darstellen. Das kann leicht realisiert werden, wenn man bedenkt, daß jede Großnation mühelos in ihre historischen Landschaften zerteilt werden kann, die bis heute noch bestehen und ohnehin noch immer Europas ursprüngliche und natürliche Gemeinschaftseinheiten sind. Denn in Wirklichkeit gibt es keinen Deutschen, Franzosen, Großbritannen oder Italiener – alles irreführende Bezeichnungen, die nur dazu dienen, verschiedenartige Menschengruppen im Interesse ihrer herrschenden Cliquen gleichzuschalten und zusammenzuhalten. Was es aber trotzdem noch immer gibt, sind die Schotten, Irländer, Waliser, Engländer, Katalanen, Normannen, Lombarden, Sizilianer, Korsen, Bayern, Sachsen, Liechtensteiner, Österreicher, Hessen. Das sind die noch immer existierenden und erkennbaren Typen des europäischen Menschen, obwohl Distanz und Propaganda diese Tatsache oft verschleiern.

Und es sind diese, die die ideale Basis einer *erfolgreichen* Paneuropäischen Union darstellen, nicht weil sie weise und hilfsbereit, kapitalistisch oder sozialistisch, aufgeklärt oder gebildet, sondern weil sie klein sind. Denn, wie Amerika und die Schweiz gezeigt haben: nur *kleine* Staaten sind bescheiden, unbekümmert und vor allem schwach genug, um eine Autorität zu akzeptieren, die größer als ihre eigene ist.

Erfolgsbasis einer Paneuropäischen Union, in: Bulletin des Institutes für Sozialstudien, New York: Herbst 1953 (Nachdruck), 4 Seiten.

KLEINSTAAT OHNE FORM UND POMP. BESUCH IN LIECHTENSTEIN

Vor ein paar Jahren stolperte ein österreichischer Tourist hoch in der majestätischen Gebirgskette, von der das Fürstentum Liechtenstein wie ein delikat gewebter Gobelin ins Tal hinabhängt, über einen alten Stein. Er glaubte, daß er sich einige hundert Meter tief im fürstlichen Hoheitsgebiet befände. Als er jedoch verärgert über seinen Sturz das Moos von dem alten Block wegstieß, stellte es sich heraus, daß es sich um eine alte österreichische Grenzmarkierung handelte. Mit dieser Entdeckung begann einer der jüngsten Grenzkonflikte.

Im Gegensatz zu anderen Grenzkonflikten besteht allerdings in diesem Falle kaum die Möglichkeit, daß es zu einer Störung des Weltfriedens kommen könnte. Dies nicht etwa, weil das in Frage kommende Gebiet so klein ist, daß sich kaum jemand deswegen graue Haare wachsen ließe. Obwohl der Marktwert der umstrittenen Hochgebirgswiese sich nur auf etwa 4000 Schweizer Franken beläuft, hat es Fälle gegeben, in welchen sich größere Nationen wegen kleinerer Gebiete angegriffen haben. Noch soll man etwa glauben, daß Liechtenstein seinen Boden nicht etwa bis zum letzten Mann verteidigen würde. Wie mir der fürstliche Regierungschef Alexander Frick mit besonderem Nachdruck erklärte: „Wir haben weder territoriale Ambitionen noch würden wir zusätzliche Gebiete annehmen, wenn wir sie geschenkt bekämen. Aber Grenzstein oder nicht, wir werden keinen Zentimeter von dem abtreten, was seit Menschengedenken uns gehört hat."

Der Grund, warum trotzdem der Weltfrieden kaum eine Störung erfahren dürfte, liegt darin, daß nicht das umstrittene Gebiet, sondern Liechtenstein selbst so klein ist, daß die Regeln der Machtpolitik nicht angewendet werden können. Dies läßt als einzige Alternative das von Staatsmännern größerer Mächte nur äußerst selten verwendete Mittel des Hausverstandes zur Lösung des Problemes übrig. Als daher bald nach Entdeckung des verhängnisvollen Grenzsteines zwei Herren aus Wien den ernsthaften Vorschlag übermittelten, die Streitfrage einem internationalen Gerichtshof zu unterbreiten, machte Regierungschef Frick, der mit Stolz darauf hinweist, daß er der Sohn eines Roßknechtes ist, den Gegenvorschlag, statt des Rechtsweges den Vernunftsweg einzuschlagen und die ganze Angelegenheit einfach zu vergessen, da ein Prozeß sogar vor einem Bezirksgericht mehr kosten würde, als der Wert des umstrittenen Gebietes rechtfertigen könnte. Obwohl dies den Konflikt nicht aus dem Weg schaffte, hatte es zur Folge, was schließlich aufs gleiche hinauskommt, das Ende der Verhandlungen herbeizuführen. Das Resultat ist, daß die Beziehungen zwischen den zwei Streitparteien nach all diesen Monaten weiterhin von so friedvoller Freundschaft beseelt sind, daß die Nachricht von diesem jüngsten internationalen Territorialkonflikt noch immer darauf wartet, von einem Journalisten für die Weltpresse entdeckt zu werden.

Liechtenstein löst nicht nur seine außen-, sondern auch seine innenpolitischen Probleme mit bloßem Hausverstand. Mit einer Fläche von 65 Quadratmeilen und einer Bevölkerung von ungefähr 14.000

Einwohnern scheint es die fast ideale Größe einer politischen Gemeinschaft zu haben, die sich nach Aristoteles dadurch auszeichnen soll, „mit einem einzigen Blick" übersehen werden zu können. Seiner kleinen Ausdehnung ist es zu verdanken, daß alles, was in den nebelhaften Weiten der Großmächte nur als ein verschwommener Umriß auf dem Radarschirm des Statistikers aufscheint, hier in klarer und scharfumgrenzter Deutlichkeit im natürlichen Blickfeld jedes Auges liegt. Es hat daher noch nie ein Problem gegeben, das, sobald es in Erscheinung trat, nicht gleich auch hätte gelöst werden können. Der Regierungschef konnte daher mit berechtigter Befriedigung darauf hinweisen, daß „in einer Zeit, in der die Großmächte Mitteilung von einer Katastrophe erfahren, sind wir in Liechtenstein schon halb damit fertig, den angerichteten Schaden zu beseitigen".

Da Liechtenstein weiß, daß seine politische, soziale und wirtschaftliche Gesundheit seiner Kleinheit zuzuschreiben ist, verfolgt es in vieler Hinsicht eine den Handlungsweisen der Großstaaten diametral entgegengesetzte Politik. Während es langsam seine hauptsächlich auf Ackerbau eingestellte Wirtschaftsstruktur durch sorgsam vom Regierungschef persönlich gewählte Industriebetriebe wie z. B. die Erzeugung von Wolle, Textil-, Bau-, Metall- und optischen Waren ergänzt, legt es nichtsdestoweniger seinen Hauptton auf das *Langsam*.

Anstatt sein ökonomisches Wachstum zu fördern, ist es vielmehr daran interessiert, sich innerhalb gewisser Grenzen zu beschränken, da es instinktiv fühlt, daß Konjunkturschwankungen nicht so sehr eine Folgeerscheinung des Kapitalismus sind (wie noch immer von vielen Krisentheoretikern angenommen wird), sondern eine Folgeerscheinung von überwachsenen und daher unkontrollierbar gewordenen Absatzgebieten. Liechtenstein produziert daher gerade genug an Ausfuhrgütern, um das Land mit den wenigen Einfuhrgütern zu versorgen, deren es bedarf (z. B. Kraftfahrzeuge, von denen heute bereits eines auf jeden achten Einwohner fällt).

Wie es Sorge trägt, das Wachstum seiner Privatwirtschaft in gewissen Grenzen zu halten, sieht das Fürstentum auch darauf, daß seine öffentliche Wirtschaft nicht zu sehr an Bedeutung gewinnt; denn im Einklang mit ihrem sowohl kapitalistischen als auch konservativem Temperament liegt den Liechtensteinern wenig daran, den Staat sich auf Kosten des Bürgers ausdehnen zu sehen. Abgesehen von der Ausnutzung der Wasserkräfte, die infolge des öffentlichen Charakters der individuell nicht zu bemeisternden Wildbachprobleme logischerweise Staatsmonopol wurde, sind daher nur Post, Telegraph und Telephon als öffentliche Betriebe organisiert worden, sowie jener alte Steuerjagdgrund europäischer Fürsten: die Herstellung und der Verkauf von Salz.

Da alle diese Betriebe viel mehr einbringen, als sie kosten, sind sie zumindest teilweise für die geringe Steuerlast verantwortlich, derentwegen Liechtenstein seit langem berühmt ist. Der gegenwärtige Satz der Grundsteuer beträgt zum Beispiel 1,05 per Mille, der der Einkommensteuer im Durchschnitt 1,4 Prozent. Geschäftssteuern haben keine fixen Raten und werden in jedem Einzelfalle auf Grund einer freundlichen Plauderei zwischen Regierung und Geschäftsmann bestimmt.

Der Hauptgrund der niedrigen Steuern liegt jedoch nicht in der Größe der aus öffentlichen Betrieben fließenden Einkünfte, sondern in den geringen Auslagen, die die Verwaltung eines Kleinstaates erfordert. Mit der Schweiz in einer Zollunion verbunden, ist Liechtenstein aller Zolldienstauslagen enthoben, nimmt aber trotzdem jährlich über eine Million Franken als Anteil an den für beide Länder gesammelten Zollbeträgen ein. Infolge des Auflassens seiner Armee im Jahre 1868 hat sich sein Militärbudget in den dreißiger Jahren, als der letzte überlebende Veteran zu Grabe getragen wurde, auf Null reduziert. Seither unterhält es in all seinem Glanz als souveräner Staat eine Innenschutzmacht von vollen 12 Polizisten.

Die Kosten des einzigen Gefängnisses des Fürstentums, das aus Bequemlichkeit im selben Gebäude wie Regierung und Parlament untergebracht ist, belaufen sich auf weniger als 8000 Schweizer Franken, während die Unterhaltskosten der Häftlinge, von denen es oftmals keinen gibt, auf ungefähr 4000 Franken kommen. In einem Großstaat wie den Vereinigten Staaten kostet der auswärtige Dienst allein jährlich über 150 Millionen Dollar. In Liechtenstein, einem Land, dessen Souveränität genau so unbeschränkt und bedeutungsvoll ist wie die des mächtigsten Weltstaates, das aber nur eine einzige Gesandtschaft – in Bern – unterhält, beläuft sich derselbe Dienst nur auf 11.000 Dollar. Seine ganze Regierung setzt sich aus vier Mitgliedern zusammen: dem vom Fürsten ernannten

Regierungschef, seinem Vertreter und zwei – bei einem 15 Mann starken Parlament – auf vier Jahre gewählten Regierungsräten. Aber nur der Regierungschef erhält ein volles Gehalt und übt sein Amt berufsmäßig aus. Der über ein demokratisches Volk konstitutionell regierende Fürst lebt aus eigenen Mitteln und kostet den Staat nichts.

Ein anderer Grund der niedrigen Staatshaushaltungskosten liegt in dem vollkommenen Fehlen der in jedem Großstaat periodisch aufscheinenden Korruption. Dies konnte man einer fast rührenden kleinen Eintragung im Budgetvoranschlag für 1953 entnehmen, derzufolge einer der Staatseinnahmeposten aus der erwarteten Rückerstattung von unbenutzten Reisespesen eines Geometers in der Höhe von 1000 Franken bestand. – Das bezeugt einen Zustand von Ehrlichkeit, der zur Zeit der Wahlkämpfe die Politiker oft in große Verlegenheit versetzt; denn beide Parteien des Staates, die sich nur dadurch unterscheiden, daß die eine etwas mehr und die andere etwas weniger konservativ ist, müssen jedesmal mehr als dreißig Jahre in die Vergangenheit zurückreichen, bis sie endlich auf einige skandalartige Ereignisse stoßen, die ihre respektiven Reputationen etwas verdunkeln und somit als veraltetes Wahlkampfmaterial verwendet werden können.

Aus all dem sieht man, daß alles klein ist im Kleinstaate Liechtenstein – das Hoheitsgebiet, das Volk, das Budget (von dem jede geringste Eintragung vom Regierungschef persönlich ausgearbeitet wird und dessen Gesamtsumme weniger als sechs Millionen Schweizer Franken beträgt), die Regierung, die Polizei, die Steuern, ja und sogar ein regelrechter internationaler Grenzkonflikt, der, wäre er zwischen Großmächten ausgebrochen, unvermeidlich zu einer Katastrophe geführt hätte, in Liechtenstein aber durch Anwendung von ein wenig Hausverstand ungelöst seine Lösung fand. Unter all dem Kleinen ist nur eines groß: die mit jeder Kleingemeinschaft naturgemäß verbundene Demokratie. Durch nichts wird dies vielleicht sinnvoller charakterisiert als die Art, mit der der Chef der fürstlichen Regierung Telephonanrufe beantwortet. Wenn er den Hörer abhebt, sagt er ohne Form und Pomp: „Regierung."

Kleinstaat ohne Form und Pomp. Besuch in Liechtenstein, in: Staats-Zeitung und Herold. Unterhaltungsbeilage des Sonntagsblattes (New York), 27. Mai 1956.

BEITRITT ODER NICHT:
DIE SCHWEIZ UND DIE EG
(MACHT, SINN UND ZUKUNFT DES KLEINEN)

Herr Vorsitzender, meine Damen und Herren

Vor allem meinen herzlichsten Dank für die Gelegenheit, die mir geboten wurde, wieder St. Gallen zu sehen. Es ist nur ein Zufall, daß ich hier bin. Vor zehn Tagen ist bei mir in Gloucester in England eingebrochen worden – das dritte Mal in drei Monaten, aber mit dem Unterschied von den anderen zwei Malen, wo ich auf Vortragsreisen war: diesmal war ich zuhause und habe geschlafen. Der Dieb oder Räuber muß sehr mit mir vertraut sein und wissen, daß ich taub bin und daß ich viel in der Nacht lese. Zwischen zwei und vier Uhr muß er eingebrochen sein. Zur Sicherheit für den Fall, daß ich trotz meiner Taubheit, ohne ihn zu hören, trotzdem aufstehen würde, hat er einen Prügel dabei gehabt, mit dem er mir meinen alten Schädel eingehaut hätte, falls ich ihn überrascht hätte, und außerdem eine kleine Eisenstatue im zweiten Stock, so daß er überall mit Waffen versehen war. Ich habe durchgeschlafen – ein Vorteil der Taubheit ist, daß man nicht viel hört, was in der Welt vorgeht, und infolgedessen im allgemeinen sehr friedlich ist. Man hört keine Beleidigungen, und außerdem sehe ich nicht mehr so gut; so sehe ich auch nicht mehr, was in der Welt vorgeht. Das einzige, was ich noch tun kann – ich höre nichts mehr, ich sehe nichts mehr –, ist Auto fahren. Ich bin jedenfalls froh, daß ich den Weg nach St. Gallen dank meiner Freunde gefunden habe.

Etwas, was mir besonders – wie immer – in der Schweiz auffällt, ist die wunderbare Ordnung, die ein Aspekt der Schönheit ist. Man stellt das immer hin als einen Aspekt der Disziplin – es ist ein Aspekt der Schönheit. Es hat mich erinnert an ein Gedicht meines verstorbenen Bruders, der eine fast perfekte Situation geschildert hat aus dem griechischen Altertum: aber da war eine kleine Wolke über dem Bild und der letzte Vers war: „Nichts, aber auch gar nichts ist ganz." In der Schweiz habe ich immer die Vorstellung, daß alles, aber auch alles ganz ist. Es ist eine der vollkommendsten Staatengebilde, die die Welt jemals gekannt hat. Deswegen fragt man sich, was die EG daran verbessern könnte. Die EG ist eine Titanic, die schon so von Schwergewichtlern überladen und so instabil ist, daß sie ununterbrochen in Gefahr ist, zu sinken. Die Schweiz ist ein Rettungsboot, die letzte Zufluchtsstätte, die es noch gibt. Wenn die auch beitritt, wird sie die überfüllte Titanic nicht nur zum Sinken bringen, sondern natürlich auch selbst ihr Schicksal teilen. Die Idee, daß man hinein muß, um nicht ausgeschlossen zu werden, und daß man in der Mitte dieses unüberschaulichen Großgebildes, das sich rings um die Schweiz herum entwickelt hat, isoliert dastehen würde, erinnert mich an eine Schlagzeile in einer englischen Zeitung als dichter Nebel den Ärmelkanal umhüllte, die mit großer Zufriedenheit verkündete: „Europe Isolated!" – Europa ist isoliert, was das Sitzen in England beim offenen Kamin nur umso gemütlicher machte. Nicht daß die Schweiz isoliert wäre; das ist nicht das Problem. Das Problem ist die Krebsüberwucherung Europas.

Das nur als eine kleine Einführung. Die Frage, die man beantworten muß, lautet: Was hat die Schweiz zu gewinnen durch einen Beitritt? Daß jeder heute glaubt, das Größere sei besser, bezeugt, daß die Welt, wie immer, wenn sie sehr vereinigt wird, einer Lawinenmentalität zum Opfer fällt. Alles schließt sich dann der Lawine an, bis sie zerschellt. Es wird heutzutage keinem Argument mehr Gehör geschenkt, das vor weiteren Gebiets- und Marktvergrößerungen warnt, trotz der Tatsache, daß bei zunehmender Größe über einen gewissen Punkt hinaus die Probleme des Zusammenlebens in geometrischer Reihe anwachsen: 2, 4, 8, 16, 32, 64, 128 – ich kann das etwas weiter verfolgen, weil ich diese Reihe oft in der Nacht durchgehe, um mich einzuschläfern; ich komme nie sehr weit, denn bei einigen weiteren Ziffern hört der Geist auf, ihnen nachzukommen. Es ist wie beim berühmten Beispiel vom Erfinder, der seinem Fürsten, der auch nachts nicht schlafen konnte, das Schachspiel gelehrt hat. Der Fürst war so begeistert davon – er hat zwar weiterhin nicht schlafen können, aber es hat ihm nichts mehr ausgemacht –, daß er den Erfinder gefragt hat, was er für ihn tun könne. „Nichts", war die Antwort, „es hat mir große Freude gemacht, deinen Zustand zu heilen." „Nein nein; du mußt etwas verlangen." Darauf sagte der Erfinder: „Wenn du darauf bestehst, gib ein Weizenkorn auf das erste Schachfeld und verdopple es mit jedem weiteren bis zu 64." Der Fürst protestierte: „Das ist lächerlich. Da gibst du mir dieses große Vergnügen, und alles, was du verlangst, ist eine Hand voll Weizenkörner." „Beginne damit", lautete die Antwort. Lange bevor der Fürst das 64. Feld erreichte, sah er, daß er sein Fürstentum verloren hatte. Das illustriert die radikale Steigerung der Probleme bei Vergrößerung aller sozialen Gebilde. Deswegen hat die Natur dazugesehen, daß alles, was wächst – vom Zahn bis zu den Sternen –, bei einem gewissen Punkt das Wachstum einstellt. Das ist Naturgesetz. Denn im Gegensatz zu den Problemen erweitert sich die menschliche Fähigkeit, sie durch zusätzliche Kraftanstrengung oder Bildung zu lösen, nur in arithmetischer Folge – 1, 2, 3, 4, 5 –, so daß in kürzester Zeit die Probleme jedem menschlichen Mittel entschlüpfen und unlösbar werden. Deshalb bricht letzten Endes alles Übergroßgewordene zusammen.

Ich habe einmal eine Zuhörerschaft in Zürich darauf hingewiesen, daß die Größe der Schweiz nicht darin besteht, daß die Schweizer weiser wären als andere Menschen, tüchtiger, demokratischer, erfahrener – das stimmt vielleicht, ist aber nicht der Grund des Erfolges des Schweizer Staatsschiffes, das unsinkbar ist. Die Größe der Schweiz besteht darin, daß, sogar wenn die Schweiz von Dummköpfen regiert würde, könnte sie nicht untergehen, so gesund und großartig ist ihre kantonale Struktur, die das Große aufteilt in Kleines, innerhalb dessen Grenzen man alles übersehen kann. Das Schöne ist, heute von Zürich nach St. Gallen gekommen zu sein, von einer Hauptstadt eines Staates in eine andere Hauptstadt eines Staates, in 40 Minuten. In so engen Grenzen kann die Staatsregierung eines souveränen Kantons fast alles lösen – nicht alles –, was es an Problemen gibt. Es gibt Probleme, für die man größere Einheiten braucht. Dafür kann man aber beschränkte Spezialunionen haben. Da braucht man nicht gleich auch alles andere zusammenzuschließen. Ich bin sicherlich für eine internationale Schlafwagen- und Speisewagengesellschaft. Ich möchte nicht auf der Reise von Salzburg nach Paris in Buchs aus dem Bett geholt werden, in einen

Schweizer Schlafwagen umsteigen und in Basel dann wieder aus dem Bett steigen, um einen französischen Zug zu nehmen. Da hat eine übernationale Organisation Sinn. Aber zum Glück gibt es nur wenige Gebiete, die, wie es bei der internationalen Postverwaltung der Fall ist, derartige Spezialzweckunionen notwendig machen.

Aber die meisten Gesellschaftsprobleme werden nicht durch internationale Kooperation gelöst, sondern durch Beschränkung auf einen relativ kleinen Raum, der sie in den Bereich eines natürlich begabten Durchschnittsbürgers bringt. Ich selber habe ein kleines Experiment dieser Art in der karibischen Insel Anguilla gemacht. Als ich einmal im nahen Puerto Rico am Strand lag – ich habe fast 20 Jahre dort gelehrt: ein ideales Klima für jemanden, der die Sonne gern hat; ich war 50 Minuten nach einer Klasse am Strand und dort habe ich eines Tages eine winzige Notiz gelesen über Anguilla, eine kleine Insel, die von Großbritannien zusammen mit St. Kitts (St. Christopher) und Nevis zu einer Staatseinheit erhoben wurde mit ihrer eigenen Regierung und aufgehört hat, eine Kolonie zu sein. England hat damals die drei zusammengeschlossen, weil es geglaubt hat, Anguilla sei zu klein und Nevis sei zu klein und St. Kitts sei zu klein, um sich allein erhalten zu können. Anguilla hat sich aber losgelöst, weil es sich von St. Kitts tyrannisiert gefühlt hatte. Darauf hat es sich erst einmal an England gewandt und gebeten: „Nehmt uns zurück als Kolonie." England war zu betroffen von dieser Zumutung und wies sie zurück. Die Vereinigten Staaten lehnten eine ähnliche Bitte aus Respekt vor England ebenfalls ab. Dann wandte es sich an die Vereinigten Nationen mit der Bitte, es als Vereinigte-Nationen-Territorium zu erklären. Die haben das auch abgelehnt. Diese Riesen wissen ja nie, was sie mit ihrer Macht tun sollen.

Den Anguillanern ist es daraufhin zu dumm geworden und – wie ich eben damals am Strand las – erklärten sich als unabhängig. Am nächsten Tag war ich in Anguilla. Das Problem war, wie konnte sich ein Kleinstaat von 6000 Einwohnern – ein Drittel des Fürstentums Liechtenstein – auf seine eigenen Beine bringen? Da habe ich zum Glück die entsprechende Theorie gehabt. Seit 200 Jahren hatten sie versucht, in England Mittel zu finden, um Straßen zu bauen. Ich habe ihnen gesagt: „Straßen werden nicht mit Geld gebaut, sondern mit Händen." Jeder hat Hände. Das Material muß nicht eingeführt werden für Straßen – es liegt verstreut in den Wiesen und Feldern. Wenn sie die Felder von den Steinen reinigen, so werden die Felder fruchtbar, und sie bekommen das Material für Straßen, für Umzäunungen, für Häuser – alles aus solidem Stein. Nach zwei Wochen, als ich wieder zurückkam – es war eines der schönen Erlebnisse –, sah ich in jedem dieser Felder eine kleine Steinpyramide. In zwei Monaten hatten sie ihre Straßen. Dann wollten sie Scholarships, um junge Leute für Regierung und Verwaltung zu trainieren. Dazu brauchten sie ungefähr 20 Stipendien an einer Universität. Ich ging daraufhin ins Unterrichtsministerium in San Juan und fragte dort einen Freund: „Könntest du mir einen Rat geben, ich habe eine Bitte vom Präsidenten von Anguilla wegen Scholarships. An wen soll ich mich wenden?" Mein Freund antwortete: „Ich weiß nicht, wovon du redest." „Anguilla", wiederholte ich, „braucht 20 Scholarships zur Ausbildung von Beamten, die die Administration des neuen Staates übernehmen können." Darauf hat er mir gesagt: „Ja." „Was ja? Jetzt verstehe ich nicht, was du sagst." „Ja, erledigt." Ich habe gefragt: „Ist das zufällig dein Ressort?" „Ja." Die 20 Scholarships zu bekommen hat weniger Zeit gebraucht, als es mich gebraucht hat, Ihnen diese Geschichte zu erzählen. Das ist die Effizienz des Kleinen!

Daraufhin hat mich der Präsident gebeten, auch einen Jahresvorrat von Öl für die paar kleinen Industrien der Insel zu besorgen. Die großen Ölfirmen hatten Anguilla boykottiert aus Rücksichtnahme auf St. Kitts, wo die Kartelle ihre Zweigstellen hatten. Ich ging daraufhin zu einem Freund, dem Generaldirektor von Commonwealth Oil, der größten puertoricanischen Ölgesellschaft, in der Überzeugung, er könne das Problem leicht lösen. Seine Antwort war, er könne leider nichts tun. Ich hätte natürlich von Anfang an wissen sollen, daß die Großen nichts tun können. Commonwealth Oil hatte nur ein Schiff, und das durfte nur die Insel Puerto Rico umfahren. Aber ich bekam eine Einführung beim Direktor von Esso und von Gulf Petroleum, zu denen ich ebenfalls ging. Die konnten auch kein Öl besorgen. Daraufhin ging ich zum Hafen. Da war ein kleines Schiff, dessen Kapitän auf meine Frage, ob er Anguilla kenne, antwortete, er sei selber von Anguilla. „Können sie Öl nach Anguilla liefern?" „Ja. Um wieviel handelt es sich?"

„Um einen Jahresvorrat." „Wieviele Fässer?" „Neun." Das sind die Nöte eines Kleinstaates, um seine Wirtschaft in Betrieb zu halten: neun Fässer! Er sagte: „Ich kann sie in zwei Fahrten hinüberbringen." Daraufhin ging ich zur nächsten Tankstelle, kaufte mit meinem Universitätsgehalt des Monats die neun Fässer und ließ sie sofort zum Hafen hinunterführen. Ich erhielt meine Auslagen vom Präsidenten prompt ersetzt, denn Kleinheit ist nicht nur schön, sondern auch ehrlich, und außerdem bekam ich eine Serie von Marken vom neuen Anguilla, die heute einen großen Wert haben.

Ich sage das nicht, um zu sagen, was ich dort geleistet habe, sondern um zu zeigen, daß die Struktur des Kleinen so überschaubar ist, daß sogar jemand wie ich, der überhaupt nichts Praktisches versteht, imstande ist, ein Problem zu erkennen und einen Rat geben zu können, der einen Erfolg gebracht hat. Wenn ein Land ein Genie braucht, dann heißt das erst einmal, daß es eine schlechte Struktur hat, und zweitens, daß auch ein Genie nicht mehr helfen kann. In Amerika war einer der größten Nationalökonomen seiner Zeit Gottfried von Haberler, ein Baron des Fürstentums Liechtenstein. Er war ein berühmter Krisenforscher, der in Liechtenstein nichts zu tun gehabt hatte, denn Liechtenstein braucht kein Genie, keinen großen Nationalökonomen, weil es keine Krisen kennt. So ist er nach Harvard geholt worden, wo er verehrt wurde, aber natürlich auch nicht helfen konnte. Denn alles, was in Amerika gut ausgeht, ist zufällig. Das erinnert mich an den deutschen Schriftsteller Ernst Toller, der einem amerikanischen Freund gesagt hat – das war vor Hitler: „Wir in Europa haben Freiheit, ihr in Amerika habt die Statue." Und so könnte man sagen: „In Liechtenstein hat man die gesunde Wirtschaft, in Amerika hat man die Koryphäen." Der Grund seines hohen Lebensstandards ist nicht, daß die Liechtensteiner effizienter sind, sondern, daß die Kosten eines kleinen Staates so viel niedriger sind als die eines großen.

Als ich das erste Mal in Liechtenstein war, wurde ich von einem Sturm überrascht. Ich habe mich in einer Berghütte zu einem Bergarbeiter gesetzt. Wir haben zu sprechen begonnen, und ich habe gesagt, ich sei aus Amerika. Er hat gesagt, die Fremden glaubten immer, in Liechtenstein hätten wir keine Steuern – ich hatte das auch geglaubt: das war sein Ruf. Er aber erklärte mir: „Wir haben

Steuern." „Wie hoch?" „Hohe Steuern." „Na wie hoch?" „2%." Daraufhin sagte ich: „Meine Steuern in Amerika belaufen sich auf 42%." (damals) Daraufhin hat er sich etwas strammer hingesetzt und hochachtungsvoll mich in der dritten Person angesprochen und gefragt: „Ist der Herr ein Industrieller?" Wie ich neulich irgendwo in Österreich gehört habe, arbeitet man dort ab 11 Uhr nur mehr für den Staat. In Amerika arbeitet man bis zum 3. Mai nur für den Staat, bis man endlich einmal dazu kommt, sein Geld für sich selbst verwenden zu können. Das ist, was den Wohlstand herabdrückt: die Armut der Großen, deren Riesenauslagen die Bürger tragen müssen, um sie vor dem Zusammenbruch zu bewahren.

Das ist die Größe der Kleinheit: nicht, daß sie mehr produzieren, nicht, daß sie gescheiter sind, sondern daß die Probleme einfacher sind und von jedem gelöst werden können und daß die Kosten des Staates geringer sind. Als ich den damaligen Ministerpräsidenten von Liechtenstein, den Regierungschef Dr. h.c. Alexander Frick, besuchte, wurde ich sofort zugelassen, und als ich mich niedersetzte, kam gerade ein Telefonanruf. Er nahm das Telefon und sagte: „Regierung." Das ist Effizienz, daß ein Bürger die Regierung anruft und der Regierungschef nicht sagen kann: „Gehe zum Unterrichtsminister oder zum Finanzminister oder zum Verkehrsminister", sondern die Antwort selber geben muß. Und er kann sie geben. Denn wie Aristoteles gesagt hat: der ideale Staat ist einer, in dem das ganze Gebiet mit einem einzigen Blick übersehen werden kann. Das ist in Liechtenstein der Fall und in den Kantonen der Schweiz, deren Zellen wie im menschlichen Körper gesund sind, weil sie klein sind. Wenn sie sich zusammenschließen und wachsen, nennt man das biologisch Krebs – und soziologisch, politisch, ökonomisch ist das auch Krebs, der letzten Endes von seiner eigenen Größe zerfressen wird. Und trotzdem strebt man heute nach ununterbrochen größer werdenden Vereinigungen. „Seid umschlungen Millionen" – das reflektiert die heutige Lawinenmentalität, von Schiller gedichtet, von Beethoven in Musik gesetzt. Aber bedenkt jemals jemand, was es heißt, von Millionen umschlungen zu sein? Ich bin glücklich genug, wenn ich von einer umschlungen bin. Wenn mich mehr als eine umschlingt, ersticke ich oder es kommt zu Raufereien, nicht zum Glück „Seid umschlungen Millionen". Wozu?

Das sind Randbeispiele des wirklichen Problems unserer Zeit. Der Krieg ist kein Problem, Arbeitslosigkeit ist kein Problem, Kriminalität ist kein Problem, Wirtschaftskrisen sind keine Probleme, Inflation ist kein Problem; was das Problem ist, ist die Größe des Krieges, das gigantische Ausmaß der Arbeitslosigkeit, die riesigen Schwankungen von Inflation und Wirtschaftskrisen... Das Problem ist nicht ideologisch, nicht sachlich, es ist dimensional: Das Problem unserer Zeit ist die funktionslos überwachsene Größe, und das ist es, woran die Großmächte leiden und durch sie die ganze Welt leidet.

Unser Jahrhundert hat mit neuen Großmächten auf der Bühne der Welt begonnen. Ich wurde gerade noch im letzten Jahr der ersten Dekade unseres Jahrhunderts geboren. Da haben diese neuen Mächte noch in Glorie existiert. Heute, am Beginn der letzten Dekade, gibt es nur mehr zwei. Was hat ihnen ihre Vergrößerungsmanie genützt? Vergrößerung über gewisse Optimalgrenzen produziert nicht größeren Frieden und Wohlstand, sondern größere Instabilität.

Vor ein paar Wochen habe ich in Budapest einen Vortrag gehalten, und dort hat man eingesehen, wie die wachsende Instabilität auch das mächtigste Land der Welt, an der Peripherie beginnend, zum Krachen bringt. Und da will man sich gerade jetzt der an sich schon lange instabilen europäischen Wirtschaftsgemeinschaft anschließen. Als ich vor einigen Wochen das letzte Mal von London nach Österreich geflogen bin, habe ich im Flugzeug den „Kurier" aufgeschlagen. Da war eine Schlagzeile: „Österreich geht es zu gut!" Und da will man sich der EG anschließen, der EG, deren Mitglieder – Frankreich, England, Deutschland – sich ununterbrochen auf Konferenzen treffen, weil sie nie etwas lösen können und ihr von diesen Schwergewichtlern überladenes Boot immer mehr ins Schwanken kommt. Was sie mit vereinten Kräften produziert haben, ist nicht mehr Butter aufs Brot, sondern Butterberge, mit denen man nichts anfangen kann. Man kann sie nicht mehr abtragen, weil sie zu groß sind, und nicht besteigen und wenigstens die Aussicht genießen, weil sie zu weich sind. An Wein ist schon genug da, um jeden Säugling zu einem Alkoholiker zu machen. Es gibt nicht mehr Wein am Tisch, sondern Weinmeere, die bereits zu militärischen Schwierigkeiten zwischen Frankreich und Italien geführt haben. Alles, was die EG zustandegebracht hat, war, die Probleme, die sie verkleinern wollte, zu vergrößern. Deswegen habe ich bei meinem letzten Vortrag in Österreich – mit sechs oder sieben Staatsministern unter den Zuhörern, die, von einer Lawinenmentalität erfaßt, alle für den Beitritt zur EG waren, weil jeder andere sich davon ebenfalls die Lösung seiner Probleme erhofft – so einen Beitritt befürwortet. Denn wenn, wie der „Kurier" schrieb, das Problem des Landes darin liegt, daß es den Österreichern zu gut geht, wird es ihnen nachher natürlich schlechter gehen. Etwas ähnliches befürwortete ich 1973 für England in der Annahme, daß sein Einsteigen in das bereits überladene Boot der EG es zum Sinken bringen würde. Das ist nicht geschehen. Aber seither ist es so ins Schwanken gekommen, daß vielleicht der Beitritt des kleinen Österreich genug ist, es endlich mit all seinen Problemen umkippen zu lassen.

Die Welt muß endlich zur Erkenntnis gelangen, daß das wirklich Große im Kleinen liegt, in einer kleinen Gemeinschaft, ob es sich nun um Frieden, Sicherheit oder Wohlstand handelt. Schon im alten Griechenland hat man das gewußt. Jeder kennt den Namen Sybaris, ein griechischer Stadtstaat an der italienischen Küste. Die Philosophen der Zeit haben sich alle gefragt, wieso es komme, daß Athen, das damals ein Weltreich gehabt hat, Korinth, Syrakus alle mit Armut zu tun hatten. Eine Bohnensuppe war das meiste, was sich der Durchschnittsbürger hat leisten können. Aber Sybaris hatte so einen unglaublichen Reichtum, daß es bis heute das Synonym für Schlemmerei ist: Wenn man sagt: „Du bist ein Sybariter", so meint man, daß er ein Schlemmer ist. Wieso kam es, daß die so reich waren? Sybaris lag an einer Felsenküste, die es nicht zuließ, Hafenanlagen zu bauen. Infolgedessen konnte es keinen Handel treiben – was, wie man heute glaubt, notwendig ist, um sich zu bereichern. Deshalb mußten sie alles, was sie produzierten, selber konsumieren. Die armen Schlemmer! Der amerikanische Nationalökonom Henry Charles Carey hat gesagt, die Zukunft Amerikas bestehe im sich Abschließen; nicht billige Sachen von England einführen, sondern zuerst einmal alles, was man braucht, selber produzieren. Der Hammer solle nächst des Pfluges sein, die Fabrik neben dem Feld. Denn nichts sei so eine schwere Steuer auf den Schultern von Arbeit und Kapital wie Transportkosten. Was ich betonen will: Das Problem unserer Zeit ist nicht ideologisch oder wirtschaftlich, sondern es ist dimensional. Es ist die überwachsene Größe, und die einzige Möglichkeit, es zu lösen, ist, zu verkleinern – nicht noch größer zu machen.

Jetzt kommt die philosophische und theoretische Antwort. Man sagt, es ist sehr schön, vom Verkleinern zu reden. Aber das ist gewöhnlich der Punkt, wo man mich als Romantiker klassifiziert und abtut. Meine Antwort darauf ist: Natürlich bin ich ein Romantiker! Denn für einen Rationalisten hat das Leben überhaupt keinen Sinn. Es kommt aus dem Nichts und endet im Nichts. Für ihn ist es ein Verlustgeschäft. Nur der Romantiker sieht etwas in der Herrlichkeit des Regenbogens, der diese zwei Nullgrößen verbindet. Aber Kleinheit ist natürlich nicht nur romantisch – es ist Naturgesetz, hinter dem nicht nur Dichter stehen, sondern Philosophen, Physiker, Wissenschaftler. Die Welt ist auf Kleinem aufgebaut. Protagoras hat bereits im Altertum, zur Zeit Platons, gesagt in dem einzigen Satz, der aus seinen Schriften voll auf uns herauf- oder heruntergekommen ist: „Der Mensch ist das Maß aller Dinge; der Seienden, daß sie sind, der Nichtseienden, das sie nicht sind." Als mir als Gymnasiast in Salzburg das eingetrichtert worden ist, habe ich mir gedacht, was steckt da schon dahinter – der Mensch ist das Maß aller Dinge –, bis mir schließlich aufging, daß ich die Betonung nicht ganz richtig hatte, und Protagoras sicher etwas mehr gesagt hat. Und was er zweifellos hinzugefügt hat (und aus dem Anfangssatz hervorgeht), ist: Der MENSCH ist das Maß aller Dinge – nicht das Dorf, nicht die Stadt, nicht die Gesellschaft, nicht das Volk, nicht die Nation, nicht der Kontinent, nicht die Menschheit, nicht das Universum: der Mensch ist das Maß aller Dinge, auf den alles zugeschnitten sein muß. Leonardo da Vinci hat ihn in seiner berühmten eingekreisten Nacktfigur mit ausgestreckten Armen und Beinen in seiner ganzen Reichweite dargestellt.

Aber ich erinnere mich auch an eine etwas weniger heroische Darstellung seiner Größe, vom Jahre 1928, als ich mit einem Salzburger Schulfreund das erste Mal in England war, um englisch zu lernen. Von unseren Gastgebern eines Abends allein gelassen, drehten wir am Radio herum, in der Hoffnung eine österreichische Station zu erwischen. Damals hat es noch eine halbe Stunde gedauert bis man überhaupt eine Station einfangen konnte. Aber dann war plötzlich eine da. Eine urwienerische Stimme sang anscheinend aus einem Heurigen in einem Grinzinger Weinkeller heraus: „Mir san die Liliputaner, net größer net klaner, wie sonst irgend aner..." Dann nichts! Aus. Ein einziger Satz, der aus dem Munde des Grinzinger Protagoras in unserer zu Tränen gerührten Seele fortbestand, aber mit derselben Botschaft: Der Mensch ist das Maß aller Dinge. Und wie groß ist der Mensch, auf den alles zugeschnitten sein muß, vom Hemd bis zum Staat? Ein Liliputaner, net größer net klaner...

Während der antike Protagoras sagte, daß der Mensch, und mit ihm auch alles andere, klein ist, hat Erwin Schrödinger, der berühmte Physiker und Nobelpreisträger, in einem Büchlein „What is Life?" die Frage beantwortet, warum alles in der Natur klein sein muß – eine Frage, die nie aufgeworfen wird. Und der war nicht ein politischer Romantiker, sondern ein großer Physiker. Warum, fragte er, sind die Atome klein? Wie die einzelnen Menschen sind auch die einzelnen Atome vollkommen frei, sich in jede Richtung zu bewegen. Wegen ihrer ungeheuren Menge führt das zu einer Kette zahlloser Zusammenstöße. Wären sie groß wie Tanks, würde jeder Zusammenstoß das Ende bedeuten. Da sie aber klein sind, verhindert das nicht nur ihren Ruin; es führt gerade das zu einer Myriade von Neuanprallungen und Formbildungen, die die Schöpfung aller Dinge zur Folge hat – von Bergkristallen zu Mücken, Schwalben, Menschen und Sternen. Es ist wie auf einem Tanzboden, wo die Pärchen unkontrolliert herumschieben, -springen und -hüpfen und, mit offenen oder geschlossenen Augen, dementsprechend ununterbrochen in Zusammenstöße verwickelt werden. Trotzdem brauchen sie keinen Verkehrspolizisten, der ihnen zuruft: „Paßt auf! Ihr seid auf Kollisionskurs!" Die Zusammenstöße sind Teil des Vergnügens, weil jeder Abprall eine neue Konstellation produziert, ohne jemals die Harmonie oder das Gleichgewicht des Ganzen zu stören. Wenn jeder 500 kg wiegen würde, ja dann würde man nicht nur ein Aufsichtsorgan brauchen, sondern auch eine Ambulanz vor der Türe. Und das gilt natürlich auch von Staaten.

Die Miseren unserer Zeit stammen von den Kollisionen der Großmächte – gleichgültig, ob auf wirtschaftlichem oder militärischem Gebiet. Die sind es, die unseren Frieden stören. Während wir unbesorgt hier im kleinen St. Gallen sitzen, wüten Kriege und Revolutionen in den Randgebieten der Großmächte, und die atombombenbeladenen Flugzeuge Amerikas und Rußlands umkreisen Tag und Nacht die ganze Erde. Mit der Größe jeder Macht vergrößert sich nicht nur ihr Mut oder ihre Angriffslust, sondern ihre Furcht. Sie haben so eine Angst, daß etwas passieren könnte, daß ihre Hände immer zittern, mit dem Resultat, daß sie die Bombe nicht abwerfen werden: sie wird ihnen entschlüpfen, wie das schon einige Male der Fall war.

Die Großmächte haben die Welt unregierbar gemacht. Ein zukünftiges Europa darf sich daher nicht in einer Gesamtunion vereinigen. Es muß dem Beispiel der Schweiz folgen und seine nicht gleichgroßen nationalen Blöcke aufteilen. Der Erfolg der glücklichen Schweiz liegt in ihrer Kantonisierung. Das hat sie zum Rettungsboot auch für die instabilen, zitternden Großmächte gemacht. Wenn die Schweiz auch ein Opfer der Lawinenmentalität wird und sich von der EG oder einem sonstigen Pan-Europa einfangen läßt, dann wird diese letzte Zufluchtsstätte, die es auf der Welt noch für all jene gibt, welche Sicherheit für ihr Geld oder sich selbst suchen, in ozeanischer Unüberschaubarkeit untergehen.

Während Protagoras gesagt hat, daß der Mensch klein ist und alles – Schuh, Hemd, Betrieb, Stadt, Staat – auf ihn zugeschnitten sein muß, und Schrödinger, warum alles, was sich bewegt, klein sein müssen, hat Newton aufgezeigt, wie die Natur darangeht, alles, von Sternen zu Staaten, Menschen, Zähnen und Pflanzen, klein zu halten. Die Antwort liegt im Schwerkraftgesetz, das besagt: Die Anziehungskraft vermindert sich mit dem Quadrat der Distanz von seinem Zentrum. Das gilt nicht nur von Sternensystemen und Planeten, sondern überall. Der Mond führt eine unabhängige Kleinexistenz, weil die Anziehungskraft der Erde bei seiner Entfernung nicht mehr groß genug ist, ihn herunterzuziehen.

In Mexiko, wo ich einmal gelehrt habe, machte ich meine Studenten darauf aufmerksam, daß alle schlechten und Durchfallsnoten von den letzten Bänken kommen, die Vorzugsnoten von den ersten. Der Grund war natürlich sehr einfach – das Newtonische Gesetz. Die Noten verschlechtern sich mit dem Quadrat der Distanz, in dem ein Student von seinem Lehrer sitzt. Je weiter er weg sitzt, umso weniger kümmert er sich und schaut zum Fenster hinaus, was interessanter ist. Nach dieser Warnung haben sich die letzten Bänke total geleert, und alle drängten sich in die ersten Bänke – und alle kamen durch. Bei der ehelichen Treue ist es dasselbe. Sie vermindert sich mit dem Quadrat der Distanz. Auch Versprechen vermindern sich mit dem Quadrat der Distanz, sowohl im Raum wie auch in der Zeit. Wie Oscar Wilde gesagt hat: „Ein Versprechen ist ein Scheck, den man auf eine Bank ausgestellt hat, bei der man kein Konto hat." Je weiter etwas weg ist oder je länger es her ist, umso mehr vergißt man darauf. Ähnlich steht es mit der Verwaltungskraft einer Regierung. Die vermindert sich ebenfalls mit dem Quadrat der Distanz. An der Peripherie entstehen daher immer die ersten Unabhängigkeitsbewegungen. In Großbritannien: in Wales, Schottland, Irland, Cornwall – überall die Folge des Gesetzes der peripheralen Abtrünnigkeit. Auch die beste Regierung kann sich über eine gewisse Distanz hinaus nicht mehr um alles kümmern. Eine Zeit lang geht's durch einen ungeheuren militärischen und bürokratischen Aufwand, bis es schließlich jedem zu dumm wird und die Randgebiete abfallen.

In der Schweiz gibt es keine Randgebiete. Die Macht der Kantonsregierung vermindert sich natürlich auch mit dem Quadrat der Distanz. Aber die Distanz zur Kantonsgrenze ist so klein, daß sie nicht ihrer Kontrolle entgeht. Und die kleinen Distanzen machen das Gemeinschaftsleben überdies so billig, daß nur ein Eremit an Abfall denken würde.

Was ist das Wissenschaftliche hinter der „romantischen" Idee der Kleinheit. Das Ganze läuft auf eine neue Geschichtsinterpretation hinaus. Andere Interpretationen schreiben die periodischen Änderungen in der Geschichte dem Wechsel großer Führerpersönlichkeiten zu: Hitler, Napoleon, Hannibal, Cäsar, Stalin, Thatcher. Da ist natürlich was dahinter, aber nicht soviel wie man glaubt. Führerwechsel ist eine sekundäre Ursache von Geschichtsänderungen. Andere wiederum sehen den Hauptgrund in der Änderung von Ideologien oder Wirtschaftssystemen wie Sozialismus oder Kapitalismus. Da steckt auch etwas drinnen. Wenn man das Wirtschaftssystem ändert, ändert sich auch alles andere in der Geschichte: Weltanschauungen, Lebensstil usw. Aber das sind ebenfalls nur sekundäre Zusammenhänge. Das gilt sogar von der Interpretation von Marx, die am besten argumentiert ist und besagt: Der wirkliche Grund geschichtlicher Änderungen liege in der Änderung der Produktionsweise. Wenn wir uns vom Handwerk zu Maschinen umstellen, von Öl und Kohle oder Muskelkraft auf Atomkraft, auf Kernkraft, so ändert sich damit auch alles andere. Man kann sehr viel damit erklären. Das einzige, was Marx nicht erklären kann, ist: Wenn das wirklich die primäre Ursache geschichtlicher Änderungen ist, warum hat sich die Produktionsweise selber periodisch geändert, vom Jagen zum Pflügen, vom Handwerk zur Maschinenkraft? Der wahre primäre Grund muß daher anderswo sein. Er liegt in der sich periodisch verändernden Größe der Gesellschaft. Das allein zieht den Wechsel auf allen andern nach sich – der Führer, der Religionen, der Ideologien, der Wirtschaftssysteme, der Gesetze, der Sitten, der Mentalität, der Produktionsweise.

Der Mensch ist nicht aus dem Paradies ausgetrieben worden, weil die Eva den Apfel gegessen hat, sondern – wie die Grenznutzentheoretiker sagen würden –, weil sie den letzten Apfel gegessen hat, die arme Eva, der noch am Baum gehangen ist. Und es war der letzte, weil sich die Nachkommenschaft im Paradies so vergrößert hatte, daß kein Apfel mehr übrig war. Die Vergrößerung der Gemeinschaft, der Bevölkerung war der Grund, warum sich die leichtlebigen Paradiesbewohner eine härtere Produktionsweise wählen mußten: im Schweiße ihres Angesichts. Das wirkliche Symbol der Austreibung ist daher nicht der Apfel, sondern das Feigenblatt, das erste Geburtskontrollmittel. Der Herrgott hat gesagt: „Schämt euch, so ungezähmt euch zu vermehren!" Jedesmal in der Geschichte, nachdem eine Bevölkerung eine kritische Größe erreicht hatte, mußte die Produktionsweise geändert werden und alles andere damit: Kriege, Krisen, Arbeitslosigkeit, Armut sind alles Krankheiten nicht des Kapitalismus, nicht des Kommunismus, sondern der Überwachsenheit der Gesellschaft. Und das ist die Misere unserer Zeit. Das zu erkennen, ist notwendig, wenn man dem Herdendrang entgegentreten will, der unter dem Lawinendruck unseres Massenzeitalters eine Krebsideologie entwickelt hat, die das tödliche Anwachsen über Optimalgrenzen der Zellen des delikaten menschlichen Gemeinschaftsgewebes verherrlicht anstatt es zu verdammen, und infolgedessen übersieht, daß die Lösung unserer sozialen Miseren in der genau entgegengesetzten Richtung liegt.

Das ist die theoretische Argumentation für das Kleinbleiben. Das ganze Universum ist auf Kleinheit aufgebaut. Das Große hat nie eine Chance gehabt zum Überleben. Wenn die Natur irgendeiner Konstruktion müde geworden ist, löst sie das Problem ganz einfach dadurch, daß sie überwachsen läßt. Unkraut kann man mühselig einzeln aus dem Feld herausziehen; aber die moderne Methode ist, es mit einer Vergrößerungsinjektion zu behandeln, worauf es in einem Jubelstaumel hinaufwächst, bis es kurz nachher unter seiner eigenen Last zusammenbricht. Ich habe hier das Titelbild von „Time", das vor zwei Jahren erschienen ist: Es zeigt eine Supernova, die nach 500 Jahren damals sichtbar wurde. Der Titel des Bildes ist: „Bang!" Wenn ein Stern zu groß wird, dann zerplatzt er. Wenn ein Staat zu groß wird, dann zerplatzt er. Alles, was zu groß wird, wird existenzunfähig. Wie der Theophrastus Paracelsus, mit dem ich als Salzburger schon seit meiner Kindheit vertraut bin – der erste moderne Arzt, der die Medizin von Quacksalberei zur Wissenschaft erhoben hat und in Salzburg gestorben ist (in Klammern muß ich allerdings hinzufügen, daß er leider kein Salzburger war, sondern ein gebürtiger Schweizer, der seine letzten zwei Jahre in Salzburg gelebt hatte) –, in einem seiner einfachen Diktate gesagt hat: „Alles ist Gift; ausschlaggebend ist nur die Menge!" Auch das Beste ist Gift, wenn die Menge zu groß ist. Es kann auch etwas zu klein sein, aber dann muß man sich nicht darum kümmern, denn die Natur hat alles, das zu klein ist, mit einem Wachstumsprozeß versehen, der es zum Halten bringt, wenn es die Größe erreicht hat, die seiner Funktion entspricht – so wie beim Zahn: Wenn ein Kind einen Zahn verliert, sieht die Zahntechnologie der Natur im Nu dazu, daß der Zahn nachwächst, und genau so schnell bringt sie den Prozeß zu Ende, wenn der Zahn die Form und Größe erreicht hat, die am besten der Funktion dient, für die er geschaffen wurde: als Mittel zum Beißen, vielleicht um sich zu schützen, zum Angreifen usw. Und dasselbe gilt von der funktionsbestimmenden Größe des Staates.

Man muß sich daher fragen: Was ist seine Funktion? Warum schließen wir uns zusammen? Um Frieden zu haben? Die ersten Menschen haben Frieden genug gehabt. Der streitende Mensch war erst ein Produkt der Zivilisation. Erst als man sich zusammengeschlossen hatte, fing man an, sich gegenseitig auf die Füße zu treten. Erst dann kam es zu Disputen. Der wahre Grund der ersten Zusammenschlüsse in Gemeinschaften war Geselligkeit. Das war die ursprüngliche Funktion des Staates: es dem Menschen zu ermöglichen, sich an seinen Mitmenschen zu erfreuen. Der erste Staat war daher ein Wirtshaus – ein Wirtshausstaat. Dann kam der Wirtschaftsstaat, der etwas größer sein mußte, um uns den Lebensstandard zu geben, der es uns erlaubte, öfters als zur Sonnenwende oder zur Erntedanksagung ins Wirtshaus zu gehen. Ein Dorf war dazu groß genug. Der zunehmende Wohlstand machte den Sicherheitsstaat notwendig, um uns vor uns selbst und nach außen vor der Gier von wirtshaus- und staatenlos herumziehenden Stämmen zu schützen. Der Zusammenschluß einiger Dorfstaaten genügte, um den zur Erfüllung dieser dritten Staatsfunktion erforderlichen Verwaltungs-, Verteidigungs- und Beamtenapparat frei zu machen. Aber der Mensch will mehr als Geselligkeit, Wohlstand und Sicherheit von seinem staatlichen Zusammenleben. Er will Kultur. Dazu braucht er nicht nur Beamte, sondern Künstler, Dichter, Komponisten, Musikanten, Schauspieler, Architekten, Maler, Galerien, Kirchen, Tempel, Theater.

Wie groß muß nun der Kulturstaat sein, um diese höchste Funktion des Gemeinlebens erfüllen zu können? Das alte Athen, ein kleiner Stadtstaat mit vielleicht 20.000 Bürgern und 200.000 Einwohnern, war groß genug, um uns zusammen mit einem Haufen anderer griechischer Kleinstaaten, die alle ihre eigenen Philosophen, Akademien, Theater, Stadien und Tempel hatten, 90% oder 92% unserer westlichen Kultur zu geben. Wenn wir geistig alle Semiten sind, wie Papst Paul VI. gesagt hat, so sind wir kulturell alle Griechen. Der alles umfassende Universalismus war immer das Produkt von Kleingemeinschaften, deren Staats- und Sozialkosten so gering waren, daß ihre Bürger nicht nur imstande waren, ihre

Kollektivprobleme, wie in Appenzell, aus eigenen Mitteln zu meistern; sie konnten sich überdies an jeder Straßenecke in Gespräche einlassen, deren Niederschlag bis heute unsere Bibliotheken füllen, von denen eine der herrlichsten – charakteristischerweise auch eine der kleinsten – hier in St. Gallen ist.

Im kleinen Athen hatten die Philosophen Muße und Zeit, miteinander zu reden. Aber gerade weil es so klein war, waren von ihnen nicht genug da. Sie mußten daher auch mit anderen reden. Aristoteles mußte, um seine Zeit auszufüllen, auch mit Schauspielern reden, mit Dramatikern, Politikern, Händlern, Bauern, Sklaven, Waschfrauen, Kurpfuschern, Priestern, Sternguckern, Generälen, Soldaten, Bettlern, Intriganten, Frauen, Kindern, Greisen, Dirnen. Das war es – die Kleinheit seiner Umwelt –, was ihn mit allem vertraut und zum Universalisten machte, für seine Zeit und für alle Zeiten, im Gegensatz zum Spezialistentum, das das Produkt sozialen Überwachsens ist und nicht über das Provinzlertum seiner engsten Fachgrenzen hinaussehen kann. Als der Geograph Pausanias Hunderte von Jahren nach ihrer Erbauung die Akropolis in Athen besuchte, sagte er vor ihren Tempeln: „Als sie neu waren, haben sie schon alt und ehrwürdig ausgesehen. Jetzt, da sie alt sind, sind sie noch wie neu." Sie sind ewig. Bis heute setzen sie noch immer den Stil für unsere Prachtbauten in Zürich, in Washington, in London, in Paris, in New York, in Berlin, bei Parlamenten, Regierungsgebäuden, Banken, Universitäten. Man verliert den Atem, wenn man bedenkt, wie diese alten Kleinstädter alles bis ins kleinste Detail wissenschaftlich erklügelt, entworfen und ausgeführt haben. Das Dach des Parthenon, dieses großartige Gebäude auf der Akropolis, ruht auf Säulen, die etwas gekrümmt sind, sodaß sie in ihrer Gesamtheit gerade aussehen, und aus demselben Grund senken sie sich oben ein wenig und steigen wieder an, damit sie von unten wie eine vollkommene Linie erscheinen. Denn das Bauwerk, wie alles Griechische, war für den Menschen bestimmt, der Harmonie gerne in geraden Linien sieht, auch wo sie, nach Einstein, in Wirklichkeit gekrümmt sind. All dessen waren sich die alten Griechen bewußt. Und was für eine Staatsgröße brauchten sie dazu, um Erkenntnisse zu gewinnen, die von keiner Großmacht übertroffen worden sind?

Um nun meine Ausführungen über die naturgesetzliche, physische, politische, sozialökologische, wirtschaftliche und ästhetische Funktion der Kleinheit zu Ende zu bringen, möchte ich abschließend nochmals fragen: Was, um Gottes Willen, würde die kleine Schweiz von einen Beitritt zur EG gewinnen, was es nicht ohnehin schon hat, um glücklich zu sein und der beneidenswerteste Staat der Welt zu bleiben? Woran mich die verlockenden Anschlußargumente erinnern, sind die künstlerisch und werbetechnisch hervorragenden Plakate, mit denen die englische Tabakindustrie einlädt, ihre Produkte zu genießen. Sie sind so verführerisch, daß sogar der Nichtraucher am liebsten gleich eine Zigarette anzünden möchte – obwohl darunter in kleiner Schrift auf gesundheitsministerielle Anordnung dem Leser eingetrichtert wird: „Warnung! Rauchen kann tödlich sein." Nicht daß ich deswegen auf diesen Schreckgenuß verzichten würde, denn im Leben ist ja alles tödlich, besonders das Alter. Aber bei Staaten ist das nicht der Fall. Bei der Europäischen Gemeinschaft, die sich jetzt überall plakatiert, hat so eine Warnung wirklich Sinn: „Ein Beitritt kann einen umbringen." Für die Schweizer ist das ja nichts Neues, war doch ihre Heimat das einzige Land der Welt, das von allem Anfang an die kantonale Kleinzellenstruktur der politischen, biologischen und physischen Gesundheit inkorpiert hat. Wenn das schlecht ist, war es schon zur Zeit des Rütlischwurs schlecht. Wenn das damals gut war, hat die Botschaft auch heute noch Sinn: Warnung vor dem Zugroßwerden. Das kann tödlich sein!

Wenn Hamlet seinen Monolog mit den Worten beginnt: „Sein oder Nichtsein, das ist hier die Frage", so möchte ich meinen mit einer kleinen Variation schließen und sagen: Klein sein oder Nichtsein, das ist heute die Frage. Die Großen haben keine Chance.

Beitritt oder nicht: Die Schweiz und die EG (Macht, Sinn und Zukunft des Kleinen). Öffentlicher Vortrag des LIBERALEN FORUMS vom 11. Januar 1990 in der Aula der Hochschule St. Gallen, Manuskript, 20 Seiten.

ORANGEN, BANANEN, RUM UND EIN REVOLVER

„Während der letzten 27 Jahre", sagte mir Dr. Romulo Betancourt, „war ich 5 Jahre der Führer der legalen Opposition, 3 Jahre Präsident von Venezuela und den Rest meiner Zeit im Untergrund, Gefängnis oder Exil." Dies war vor etwas über einem Jahr. Wir saßen auf der Terrasse eines Bergwirtshauses hoch überm Meer im tropischen Regenwald von Puerto Rico. In diskreter Distanz waren zwei von der puertorikanischen Regierung beigestellte Geheimpolizisten, die Betancourt ständig bewachten, um ihn vor der langen Hand seines Nachfolgers Perez Jimenez zu bewahren. Zur Sicherheit trug er auch immer einen Revolver bei sich, der im Augenblick, zusammen mit Orangen, Bananen, einem Kistchen vom Gouverneur übersandter Zigarren und einer Flasche Rum, ein typisches südamerikanisches Stilleben bildete. Durch hängende Lianen sah man tief unten die palmenumsäumten weißen Strande Puerto Ricos, ein unbeschreiblich blaues Meer und in der Ferne die in der Sonne schimmernden Jungfrau-Inseln. Das Bild war so lässig und friedlich, daß ich gut verstehen konnte, als mir die distinguierte Gattin des früheren Revolutionärs, auf meine Frage, was sie für die schönste Zeit ihres abwechslungsreichen Lebens hielte, mit einem Wort antwortete: „Exil!"

Wahrscheinlich zum Leidwesen der Frau Betancourt kam das Exil vor einigen Monaten mit dem Fall des venezulanischen Diktators Perez Jimenez zu einem plötzlichen Ende. Romulo Betancourt kehrte, von über 70.000 begeisterten Anhängern begrüßt, in einem Triumph zurück, der zweifellos in Zukunft mit Neid und Bewunderung von Exilpolitikern genauestens studiert werden wird. Dies um so mehr, als dieser fast konservativ gewordene frühere Revolutionär bei den ersten, am 7. Dezember gehaltenen freien Wahlen einen überraschenden Sieg über den populären Tyrannenstürzer Admiral Wolfgang Larrazábal, der im letzten Augenblick die Unterstützung der Kommunisten angenommen hatte, davontrug.

Mit diesem Sieg wird Betancourt zum zweitenmal die Präsidentschaft des reichsten Staates der Welt übernehmen. Im Gegensatz zu seinem Vorgänger soll aber Venezuelas phantastischer Petroleumschatz nicht zum weiteren Ausbau von Caracas verwendet werden, das unter Perez Jimenez zu einem supermodernen, von Wolkenkratzern durchsetzten zweiten New York geworden ist, in dem ein Frühstück drei Dollar kostet und deren Zufahrtsstraßen das Letzte in Autobahnen vorstellen. Vielmehr ist es die Hauptambition des neuen Präsidenten und seiner mäßig nach links orientierten Partei, der „demokratischen Aktion", den Lebensstandard der Arbeiter- und Bauernbevölkerung zu heben, ein neues, allumfassendes Bildungswesen einzuführen und so schnell wie möglich ein von der Wiege bis zum Grab sich erstreckendes allgemeines Sozialversicherungswesen zu organisieren. Außerdem soll auch eine weitgehende Agrarreform durchgeführt werden. Diese würde anderswo eine fast revolutionäre Umänderung nach sich ziehen. In Venezuela dürfte sie aber auf nicht allzu große Schwierigkeiten stoßen, da der Großlandwirtschaftsbesitz durch die Erdölausbeutung eine fast nebensächliche Rolle zu spielen begonnen hat. Um keine Zeit zu verlieren, hofft Dr. Betancourt, die Einwanderung besonders von Ärzten, Krankenschwestern und Technikern zu stimulieren.

An Mitteln zur Finanzierung seiner weitreichenden Programme wird es dem neuen Präsidenten nicht fehlen. Er war es, der während seiner ersten Regierung den Mustervertrag jener seither überall nachgeahmten Petroleumübereinkommen mit amerikanischen Betrieben verhandelte, demzufolge 50 Prozent des Reingewinnes der Erdölfabrikation dem venezuelanischen Staat zufallen. Dieser Staatsanteil soll, nach einem neuen Plan, vergrößert werden, soweit dies ohne Behinderung der privaten Initiative und legitimer kapitalistischer Interessen durchführbar ist. Da Betancourt selbst sein eigener bester Petroleumfachmann ist und im Exil ein monumentales Standardwerk verfaßt hat („Venezuela: Petroleum und Politik"), dürfte er in seinem Vorhaben auf keine zu großen Hindernisse stoßen.

Überdies hofft der neue Präsident, durch militärische Einsparungen beträchtliche Summen für sein Programm freizumachen. Unter seinem Vorgänger verschlang die von 10.000 auf 40.000 Mann angeschwollene Armee die Hälfte der Staatseinkünfte. Da die Vereinigten Staaten einen auswärtigen Krieg ohnehin verbieten würden, sieht Dr. Betancourt den einzigen Grund der Aufrechterhaltung eines großen Heeres in einer südamerikanischen Republik entweder in der Stützung diktatorischer Regime oder der Bedrohung demokratischer Regierungen. Die Frage ist nur, wie sich so ein gefährlich großer militärischer Apparat abbauen läßt, ohne seinen natürlichen Selbsterhaltungstrieb neuerlich auf Umsturzideen zu bringen. Betancourt hofft dieses äußerst delikate Problem, ähnlich wie in Bolivien, durch die Verwandlung eines Großteils der Armee in ein Ingenieurkorps zu lösen und dadurch die gefährlichen militärischen Energien dem technischen Aufbau des Landes nutzbar zu machen. Bis ihm das gelingt, wird die Armee nicht nur die Hauptgarantie, sondern auch die Hauptaufgabe seiner Regierung darstellen.

Jedenfalls kehrt mit Dr. Betancourt einer der erfahrensten Politiker Südamerikas an die Macht zurück. Trotz seiner stürmischen und revolutionären Jugend ist er ein Mann, der durch seine würdige Haltung, seine wohlgesetzte ruhige Rede, seine väterliche Autorität und altspanische Ritterlichkeit Freundschaft und Achtung sogar in konservativen Kreisen gewonnen hat. Er ist ein aufrichtiger Demokrat, der während seiner früheren Präsidentschaft Venezuela die erste Verfassung in seiner Geschichte gab. Er fällt in die Kategorie jener neuen starken und doch demokratischen Persönlichkeiten, die, wie seine engen Freunde, Gouverneur Muñez Marin in Puerto Rico und Expräsident José Figueras von Costa Rica, die Rundstaaten des Karibischen Meeres mit einem einzigen Strich in die Realitäten des 20. Jahrhunderts versetzt haben. Seine Familie besteht aus einer grandiosen, charmanten und eleganten Frau, einer reizenden, verheirateten Tochter und einem zweijährigen Enkel. Seine Lieblingssports sind Reiten, Schwimmen und, nicht unverständlicherweise, Scharfschießen. Sein Lieblingsgericht ist Steak. Seine Lieblingsliteratur: französische Romane. Seine Lieblingsaufgabe: sein Land.

Orangen, Bananen, Rum und ein Revolver, in: Salzburger Volksblatt, 19. Dezember 1958, 2.

DIE REBELLION DES INSELKNIRPSES

Im Mai 1967 machte die Insel Anguilla Schlagzeilen. Der karibische Winzling hatte sich gegen das englische Mutterland erhoben und das Eiland zur Republik erklärt. Und das Wunder geschah: Mit Pfiffigkeit und Phantasie machte das Inselvölkchen politisch und wirtschaftlich einen großen Sprung nach vorn, England gab klein bei und gestattete Anguilla zwar nicht die Unabhängigkeit, aber die Autonomie. Im karibischen Hexenkessel ist es ein kleines Paradies.

Anguilla ist eine kleine, unscheinbare Insel im Karibischen Meer. Ihr Klima ist das ganze Jahr über angenehm, das Wasser kristallklar und warm, und die kilometerlangen Strände muß der einsame Küstenbummler mit fast niemandem teilen. Es gibt vereinzelte, nur auf alten Schmugglerpfaden durch wildes Gestrüpp erreichbare, geräumige Villen und von Palmen umsäumte kleine Buchten mit luftigen Holzhäusern und sanft schaukelnden Fischerbooten. Aber es gibt keine Städte, kaum ein Haus im alten Kolonialstil, keine geschlossenen Ortschaften, außer zwei Halbdörfern, von denen sich eines um einen Mahagonibaum gruppiert, nach dem es benannt ist, und ein anderes um eine Verkehrsampel, die so neu ist, daß sie mehr Fußgänger anzieht, die sie bewundern, als Autofahrer, die sich von ihr regulieren lassen.

Anguilla ist von viel dichtem Gestrüpp bedeckt, unterbrochen von wenigen grünen Feldern. Seine Wälder sind schon lange der außergewöhnlichen Bootsbaukunst seiner Bewohner zum Opfer gefallen; und die einzige, dramatisch aus dem Meer aufsteigende Gebirgskette gehört nicht zu Anguilla, sondern wird ihm von der acht Kilometer südlich liegenden halb holländischen, halb französischen Nachbarinsel Sint Maarten/Saint-Martin als Gratisprospekt zur Verfügung gestellt. Anguilla selbst hat kaum Hügel und Anhöhen, die den Namen des Hauptortes und Regierungssitzes rechtfertigen könnten: The Valley, das Tal.

Anguilla lebt von einigen Kuh-, Schaf- und Ziegenherden, ein paar Salinen am Meer und einer Fischfarm, deren Hummer und Langusten allerdings zu den besten der Welt gehören und in Anguilla selbst fast unerschwinglich sind; die Luxushotels auf Puerto Rico und den anderen Nachbarinseln kaufen regelmäßig fast den ganzen Fang zu Höchstpreisen auf.

Abgesehen von kleinem Export-Import (Hummer gegen Benzin) versucht Anguilla, sich autark zu entwickeln. Der Fremdenverkehr stützt sich nicht auf Luxusherbergen, sondern auf kleine Hotels, die ihre Gäste aus den Überschüssen der heimischen Produktion versorgen und nicht mit eingeführten Lebensmitteln.

Mit 91 Quadratkilometern und weniger als 7000 Einwohnern ist Anguilla eines der Kleinstgebiete Großbritanniens. Unter der Leitung eines charmanten Kronkommissars, Charles Godden, wird es von einem tatkräftigen Chief Minister, Ronald Webster, regiert, der einem siebenköpfigen Kabinett vorsteht und, neben dem Gouverneur, einem neun Mann starken Parlament, dem House of Assembly, verantwortlich ist. Es gibt zwei Parteien, aber wie Charles Godden betont, spielen bei so einem kleinen Völkchen die persönlichen Kontakte eine größere Rolle: Jeder, der ein Problem hat, wird gehört, und jedes Problem, das gehört wird, wird zu lösen versucht, was man von Großstaaten nicht behaupten kann.

Wie mir der biedere Geschäftsmann Ronald Webster anvertraute, war er selber überrascht, als er entdeckte, daß sich ein Land so leicht regieren läßt, wie man einen Laden führt. Einen Laden, der alles vorrätig hält, was der Bürger braucht, von Amtsvorschriften bis zu Glaubensbekenntnissen, von denen in Anguillas Verfassung nicht weniger als acht aufgezählt sind. Bei all den Anglikanern, Methodisten, Baptisten, Adventisten, Jehovas Zeugen, Apostolischen Katholiken und Mitgliedern der „Kirche Gottes" könnte man daher von Anguilla fast dasselbe sagen, was Voltaire von England gesagt hat: Es hat hundert Religionen und nur eine Soße.

Es hat auch nur eine Verkehrsampel, aber mehr als 1600 Kraftwagen. Fast jeder, der ein Auto lenken kann, fährt auch eines, was allerdings etwas bedenklich ist, wenn man an den Slogan auf einem in Anguilla sehr populären T-Shirt denkt: „I have no problem. I drink. I get drunk. I fall down. No problem."

Dieses heute so friedvolle und, wie man in Österreich sagen würde, sich „schön langsam" entwickelnde tropische Idyll stand vor 16 Jahren im Zentrum des Weltinteresses, als es im Mai 1967 gegen den von England geschaffenen Einheitsstaat „Saint Christopher, Nevis, and Anguilla" rebellierte. Unter der Präsidentschaft von Peter Adams und später von Ronald Webster erklärte ein einiges Staatsvolk Anguilla zur unabhängigen Republik und schlug sich trotz allen düsteren Prophezeiungen zwei Jahre, von 1967 bis 1969, so erfolgreich durch, daß England, um den beleidigten Gouverneur von Saint Christopher (Kitts) zu besänftigen und seine eigene Theorie von der Nichtlebensfähigkeit staatlicher Kleinwesen zu rechtfertigen, den „Unabhängigkeitsspuk" mit einer vielbelachten Fallschirminvasion beendete. Zu jener Zeit dachte man noch, daß *small* nicht *beautiful,* sondern *funny* sei.

Während der zwei Jahre dauernden Unabhängigkeit erbrachte Anguilla der unterentwickelten Welt den Beweis, daß sich ein kleines Land durch die Mobilisierung seiner eigenen Energien sehr viel schneller entwickeln läßt als durch gutgemeinte ausländische Unterstützung, die in der Regel nur zu Verdauungsstörungen führt.

Was woanders Jahre gedauert hätte, wurde in Anguilla in Tagen, Wochen und Monaten geschafft. 24 Stunden nach der Volksabstimmung saß die Regierung bereits in dem märchenhaften Dschungelhaus des aus Köln stammenden Architekten Henry Klumb im nahen Puerto Rico mit einer Gruppe amerikanischer Freunde zusammen (Dr. Edgar Berman, Leibarzt und politischer Ratgeber des damaligen amerikanischen Vizepräsidenten Hubert Humphrey, Scott Newhall, Chefredakteur des „San Francisco Chronicle", Howard Gossage, dem berühmten Werbemann) und beschloß zur Lösung der unmittelbaren Finanzprobleme der jungen Republik die Herausgabe von Marken und Münzen, die einen Monat später bereits in Umlauf waren. Der Sammlerwert des damals gemünzten Anguilla Liberty Dollar beträgt heute mehr als 400 US-Dollar. Und die Briefmarken brachten Anguilla die erste Anerkennung als selbständiger Staat – durch die Internationale Postunion in Genf.

Einige Tage später begann man mit dem Bau der Straßen, die Anguilla 300 Jahre lang vergeblich von London erfleht hatte. Das nächste Problem war, 20 Stipendien zur Ausbildung einheimischer Verwaltungsbeamter zu ergattern. Sie wurden von Rafael Corrada, dem puertoricanischen Unterrichtsminister, vermittelt, nach einer persönlichen Vorsprache, die nicht länger dauerte als der Leser Zeit braucht, diese Zeilen zu lesen. Und als mich der Regierungschef Ronald Webster bat, ihm einen Vorrat Benzin für seine inzwischen trockengelaufene Insel zu beschaffen, bedurfte es nur eines Besuches bei einer Tankstelle im Hafen von San Juan, um den für den Rebellenstaat gesperrten Treibstoff auf einem etwas abenteuerlichen halb Segel-, halb Motorboot verladen zu lassen und 48 Stunden später in Anguilla anzulanden. Das will nicht besagen, daß der Erfolg dieser Schnellösungen einer besonderen Begabung oder Erfahrung zuzuschreiben war. Ich zum Beispiel hatte weder die eine noch die andere. Im Gegenteil. Ich gehöre zu jenen, von denen George Bernard Shaw sagte: „Die tun können, tun. Die nicht tun können, unterrichten." Was ein Freund boshaft ergänzte: „Und die nicht unterrichten können, unterrichten Erziehungswissenschaft." Bewiesen werden soll damit, daß, wenn eine Gesellschaft klein und entschlossen genug ist, auch der Unerfahrenste die Probleme mit Erfolg anpacken kann.

Aber, wie gesagt, dem Experiment, das durch das berühmte ganzseitige Inserat von Howard Gossage in der New York Times vom 14. August 1967 „Is it silly that Anguilla does not want to become a nation of bus boys?" (Ist es albern, daß Anguilla keine Nation von Hilfskellnern werden will?) überall in der Welt bekannt geworden war, machte die englische Fallschirminvasion ein Ende. Trotzdem hat die Rebellion ihr Hauptziel erreicht. Das war weniger die Unabhängigkeit von England (das es am 19. Dezember 1980 wieder in seinen Schoß zurücknahm), als die von Saint Christopher, zu dem Anguilla nicht gehören wollte. Dieses Zugeständnis machte die Regierung der ansonsten eisernen Mrs. Thatcher, verbunden mit der Warnung an andere Kleininseln im Karibischen Meer, daß eine weitere Zerstückelung ihrer früheren Kolonien nur dann zugelassen werde, wenn sie bei Großbritannien bleiben wollten.

Damit war Anguilla von der Weltbühne wieder abgetreten und in die tropische Märchenwelt der warmen, blauen Gewässer seines karibischen Paradieses zurückgekehrt.

Wie dieses Paradies sich seine Unbefangenheit bewahrt – oder zurückerobert – hat, illustriert die Begegnung mit einer Schar kleiner Schulmädchen, die ihre strahlenden, bezopften, braunen Gesichtchen neugierig durch das Fenster meines Wagens steckten und mich und meine Begleiter fragten: „Seid ihr Christen?" Die Antwort darauf schien das einzige zu sein, was sie von den Besuchern aus der fernen, fremden Welt haben wollten.

Die Rebellion des Inselknirpses. Leopold Kohr über Anguilla, in: Merian – das Monatsheft der Städte und Landschaften 36 (1983), H. 2, Februar 1983, 104 f.

DIE AUFTEILUNG RUSSLANDS

Als Chruschtschew vor einigen Wochen die wirtschaftliche Aufteilung Rußlands in 92 halbautonome Gebiete ankündigte, wurde dieser Umstand in den verschiedenen Staatskanzleien zwar mit gebührendem Interesse zur Kenntnis genommen, nach den Kommentaren zu schließen, scheint aber kaum die volle Tragweite dieser vor allem ideologisch revolutionären Umorganisation verstanden worden zu sein. Denn was Rußlands kommunistische Regierung damit eingestand, war nicht so sehr der Zusammenbruch des bisher gehuldigten zentralistischen Ideales, das im Schlagwort „Ein Staat – ein Betrieb" zum Ausdruck kam, sondern der Zusammenbruch eines der marxistischen Fundamente: nämlich der des Dogmas, daß krisenhafte Konjunkturschwankungen als rein kapitalistische Phänomene in einem kontrollierten sozialistischen Zentralstaat nicht vorkommen könnten.

Tatsächlich war ja Rußland während der ganzen Dauer seines kommunistischen Regimes genauso das Opfer unvorhergesehener Wirtschaftskrisen, wie es kapitalistische Staaten waren. Da jedoch theoretisch dafür keine Erklärung vorlag, hatte man bisher die Schuld daran nicht dem möglicherweise fehlerhaften sozialistischen System, sondern menschlichen Unzulänglichkeiten, wie Inkompetenz, Hochverrat, ausländischen Intrigen oder trotzkistischen Konspirationen, zugeschrieben. Die Folge dieser Auslegung war, daß russische Krisen nicht nur durch die gewöhnlichen Wirtschaftsschwankungen gekennzeichnet waren, sondern auch durch Intensitätsschwankungen, mit der Justizbehörden Köpfe rollen ließen.

Trotzdem machten sich bereits vor zwanzig Jahren russische Stimmen hörbar, die darauf hinwiesen, daß die regelmäßig wiederkehrenden wirtschaftlichen Dislozierungen nicht menschlicher Unzulänglichkeit zugeschrieben werden könnten, sondern – wie das ein scheinbar unentdeckt gebliebener Häretiker in den Text eines Dekretes vom 18. Februar 1938 hineinzuschmuggeln verstand – der großen totalitären Mode der „Gigantomanie".

Die vollkommen unmarxistische Idee, daß auch ein so bewußt kontrolliertes System wie der Sozialismus Wirtschaftskrisen nicht gewachsen sei, wenn Verwaltungsgebiete über die Grenzen der menschlichen Begabung ausgedehnt werden, ist daher auch in Rußland nicht so neu, als die dramatische Erklärung Chruschtschews annehmen ließ. Denn Rußland hat schon lange die Erfahrung, wenn auch nicht die Erkenntnis gehabt, daß die im Kapitalismus so gefürchteten und verheerenden wellenhaften Konjunkturbewegungen außer von einem unkontrollierten Wirtschaftssystem auch von dem physischen Umstand verursacht werden können, daß, ohne Rücksicht auf kapitalistische oder sozialistische Organisationsformen, ein Wirtschaftsgebiet bei einer gewissen Ausdehnung einfach rein technisch unkontrollierbar wird.

Dies ist der Umstand, der dem Plan Chruschtschews, Rußland in 92 kleinere, aber wiederum den Fähigkeiten des Durchschnittsmenschen angepaßte und daher kontrollierbare Wirtschaftsgebiete aufzuteilen, den tieferen Sinn und seinen revolutionären Charakter verleihen. Denn was vom theoretisch marxistischen Gesichtspunkt von unvergleichlich größerer Bedeutung ist, ist nicht die Tatsache einer neuen sozialistischen Verwaltungstechnik, sondern die Änderung der ihr unterliegenden ideologischen Grundlage, die zum erstenmal die ganz unmarxistische Erkenntnis durchblicken läßt, daß eine erfolgreiche Wirtschafts- und Sozialpolitik nicht so sehr mit der Natur eines Systems als mit der Größe eines Staatsgebietes im Kausalzusammenhang steht.

Paradoxerweise paßt sich die neue russische Struktur daher mehr der Staatsvision des heiligen Augustinus als den Organisationsplänen Lenins an. Und vielleicht wird es den Staatsmännern des Westens etwas zu denken geben, wenn sie erwägen, daß Rußland, nach dreißigjährigem Experimentieren mit wirtschaftlicher Zentralisation, sich im selben Augenblick auf fast Augustinische Kleingebietswirtschaft umzustellen versucht, in dem Europa zu dem Entschluß gekommen ist, es zur Abwechslung einmal mit einer gesamteuropäischen, eng integrierten und den Idealen Marxens entsprechenden Großwirtschaft zu probieren.

Die Aufteilung Rußlands, in: Salzburger Volksblatt, 12. Juni 1957, 1 f.

MOSKAUER EINDRÜCKE.
AKZENT, STRASSEN, FRAUEN, KUNST, GESCHMACK

Einer der ersten Eindrücke, den der Reisende von Moskau gewinnt, ist die überraschende Sprachkenntnis der Bevölkerung. Das will nicht sagen, daß jeder Moskauer Fremdsprachen beherrscht. Aber die meisten, die andere Sprachen sprechen, tun dies ohne Spur eines Akzentes. Manchmal ist ihre Kenntnis auf einige Phrasen beschränkt. Aber auch dann hat man das Gefühl, daß man, wie Professor Higgins in Pygmalion, ihre sprachliche Herkunft geographisch genau festlegen kann. Man würde schwören, daß sie von Köln oder Wien sind, von Salamanca oder San Juan, von Paris oder Marseilles, von London oder Boston. Trotzdem waren sie aber wahrscheinlich nie weiter als im Moskauer Institut für Fremdsprachen, wo jeder Hauch von einem Akzent, jeder Gefühlsgehalt einer Sprache, jede lokale Redeweise mit der gleichen Systematik gelehrt wird wie die Struktur des Atoms.

Der Vorteil solcher Sprachmeisterschaft ist offenkundig. Nicht nur ist es fast unmöglich, den Russen vom Nichtrussen zu unterscheiden. Es dient auch als ein erstklassiges Propagandamittel, da sich der in seinem eigenen Dialekt so überraschend angesprochene Tourist sofort wie zu Hause fühlt. Und was könnte für einen Propagandisten wichtiger sein, als in seinem Objekt das Gefühl zu erwecken, daß er eigentlich ganz zu Hause ist. Mit einem ausländischen Akzent wird der Kommunismus immer fremdartig und sogar irritierend wirken. Mit einem vertrauenerweckenden, breitbehaglichen bayrischen Tonfall dagegen wird er einem bald so bodenständig vorkommen wie das Münchner Oktoberfest.

Eindrucksvoll ist auch das Muster der Moskauer Verkehrsadern. Hier findet man im wahrsten Sinne des Wortes die Straßen der Zukunft. In ihrer unglaublichen Weite gleichen sie mächtigen Strömen, die in die lässige Ruhe ungeheurer Plätze einmünden. Das Resultat ist das fast vollkommene Fehlen jener Verkehrsstockungen, die die Städtebauer anderswo um ihre Vernunft zu bringen drohen. Auf den ersten Blick ist man geneigt, die scheinbare Leere der Moskauer Straßen der Unfähigkeit des Kommunismus zuzuschreiben, Automobile in den erforderlichen Mengen zu produzieren. Das ist aber ein Trugschluß; denn die leeren Straßen Moskaus weisen faktisch fast die gleiche Verkehrsdichte auf wie die überladenen Straßen amerikanischer Städte wie zum Beispiel Washington. Der einzige Unterschied ist das Verhältnis zwischen Last- und Personenautos (ungefähr 1 zu 6). Man muß nur an den Rand der Stadt gehen, wo die breiten Moskauer Verkehrsadern die Dimensionen konventioneller Straßen annehmen, um die Überzeugung zu gewinnen, daß, was Verkehrsdichte betrifft, heutzutage kaum mehr ein Unterschied zwischen amerikanischen und russischen Städten besteht.

Das freie Moskauer Straßenbild ist daher kein Zeichen von Unter-motorisierung, sondern ein Beweis der erfolgreichen Lösung eines der ärgsten Probleme unserer Zeit. Es ist eine Vision des 21. Jahrhunderts. Außerdem könnte man nirgends sauberere Straßen finden. Eine Armee von Putzfrauen sieht darauf, daß sich kein Schmutz ansiedeln kann, so daß der Besucher aus dem Westen das Gefühl hat, er müsse, wie beim Betreten einer Moschee, seine Schuhe ausziehen und in Socken herumspazieren.

Frauen sind übrigens in jeder Hinsicht den Männern vollkommen gleichgestellt. Sie handhaben nicht nur häusliche Besen, um die Straßen reinzuhalten, sondern auch die modernsten und schwersten Reparatur- und Baumaschinen. Sie leiten Fabriken, Büros, Ministerien. Leider bringt es die Ausübung von traditionsgemäß Männern reservierten Berufen mit sich, daß sie langsam auch äußerlich wie Männer auszusehen beginnen – kompakt, massiv, muskulös. Es hat daher den Anschein, daß eine klassenlose Gesellschaft letzten Endes auch geschlechtslos zu werden droht. Man kann daher mit dem russischen Karikaturisten sympathisieren, der während einer Reise durch die Vereinigten Staaten dem leicht verzweifelten Wunsch Ausdruck gab, daß doch die Frauen Rußlands ihre slawonischen Gesichter zu amerikanischen Figuren tragen könnten.

Trotz des im allgemeinen unfeminin aussehenden Großteils der Moskauerinnen begegnet man ab und zu einer Erscheinung, die nicht von dieser Welt zu sein scheint. So wie Hunderte von Austern notwendig sind, um eine Perlenträgerin zu produzieren, so scheinen Hunderttausende von Russinnen bereitwillig ihre Schönheit zu opfern, um sie in einer einzigen unvergleichlichen Aphrodite zu konzentrieren. Nur an einigen Plätzen, wie zum Beispiel im Moskauer Ballet, wird das Einzigartige zum Allgemeinen und führt zum Sieg der Schönheit über das Alltägliche.

Während Rußlands Straßenanlagen und auch sehr viel von seiner technischen Entwicklung in die Zukunft zeigen, scheint der Geschmack in Architektur, Kunst und Lebensstil hoffnungslos altmodisch zu sein. Es sieht paradox aus, daß sich der Kommunismus am behaglichsten in einem Biedermeierrahmen fühlen sollte. Die Moskauer Taxis sind genau so betriebstüchtig wie die anderer Städte. Aber innen schauen sie oft wie altertümlich kleine Barockzimmer aus, mit gestickten Vorhängen an den Fenstern und Perserteppichen auf den Böden. Die Bühnenbilder im Theater sind so naturgetreu, daß sie ein Publikum vor hundert Jahren in Entzücken versetzt hätten. Sowohl öffentliche wie auch Wohngebäude verraten wenig von den abstrakt funktionellen Linien, die anderswo zum stolzen Wahrzeichen moderner Kunst geworden sind. Aber nichts läßt sich mit dem Nutzbau der Moskauer Untergrundbahn vergleichen, deren Bauherr Perikles hätte sein können. Die Eingangsstationen sind oft im Stil reizender griechischer Tempel gehalten, während die unterirdischen Gänge und Bahnsteige römischen Marmorhallen und Thermalbädern gleichen, aus deren Säulenreihen man in moderne Züge einsteigt, die lautlos einherzugleiten scheinen.

Trotzdem ist der russische Stil nicht halb so unsinnig, wie er oft hingestellt wird. Vor allem entspricht er dem gegenwärtigen Geschmack des Publikums, genauso wie der Rokokostil der amerikanischen Automobilproduzenten mit seinen Raumschifflinien und

Rückenpfeilern dem Geschmack des amerikanischen Publikums entspricht. Und über Geschmack läßt sich nicht diskutieren. Zweitens: in ihrer altmodischen Art sind es paradoxerweise die russischen Kommunisten, die die ebenfalls altmodisch gewordene abendländische Kulturtradition aufrechterhalten, während die modernen Künstler des kapitalistischen Westens damit brachen, als sie ihre berühmten funktionellen Abstraktionen einführten, die zwar in London, Berlin, Paris oder New York neuartig modern wirken mögen, aber im morgenländischen Kulturbereich so alt und altmodisch wie Methusalem sind. Und, drittens, scheint kein Grund zu bestehen, warum der Geschmack, der Hunderte von abendländischen Generationen bezaubert hat, weniger bezaubernd in den Händen von Kommunisten wirken soll als in den Händen von Athenern. Es ist daher schwer zu begreifen, warum die Moskauer Untergrundbahnen den unappetitlichen Intestinalentwurf, auf den New York so stolz zu sein scheint, den klassischen Linien der Akropolis hätte vorziehen sollen.

Während es somit schwierig ist, am russischen Geschmack vom funktionellen oder ästhetischen Standpunkte Anstand zu nehmen, so bleibt es dennoch rätselhaft, warum er so hartnäckig konservativ sein sollte. Denn die traditionzerstörenden revolutionären Begriffe der modernen Kunst – mit ihrer unromantischen Sachlichkeit und ihrem daher leicht gleichschaltbaren Rationalismus – hat viel mehr mit der unromantischen Sachlichkeit der Kommunisten gemein, von denen sie als dekadent abgelehnt werden, als mit den freien und individuell auf Verschiedenheit zielenden Prinzipien der Kapitalisten, von denen sie gierig aufgesogen wurden.

Die Erklärung dafür scheint in einer Tatsache zu liegen, die besonders deutlich in den auf den Ufern Moskaus auf- und abfließenden Bändern undefinierbarer Fußgängermassen zum Ausdruck kommt: daß nämlich Rußland erstens ein klassenloser Staat geworden ist und sich zweitens die Klassenlosigkeit nicht wie etwa in Schweden auf dem Niveau des reicheren Bürgers, sondern auf der Linie des Arbeiters verwirklicht hat. Rußland ist im wahrsten Sinne des Wortes eine Arbeiterrepublik.

In allen Gesellschaften ist nun der künstlerische Geschmack im Grunde genommen identisch mit dem Geschmack nicht der Künstler, sondern der Kunstförderer. Die Förderer Englands, Deutschlands oder der Vereinigten Staaten sind heutzutage in erster Linie die industrielle Bourgeoisie und ihr Staat. Die Kunst dieser Länder ist daher durchdrungen von den geometrischen Abstraktionen und den fast substanzlosen mathematischen Formeln, die das gedankliche Fundament des modernen Industrialismus darstellen. In Rußland dagegen, wo sowohl die Bourgeoisie als auch die Aristokratie ausgerottet wurden, sind die Förderer und Interessenten der Kunst hauptsächlich die Arbeiter und ihr Staat. Und der Geschmack der Arbeiter war seit je nicht abstrakt, sondern konkret, nicht impressionistisch, sondern realistisch, nicht revolutionär, sondern konservativ. Arbeiter wollen ihre Frauen greifbar vor sich sehen, nicht angedeutet durch gehaltlose Linien, die den wohlgenährten Bürger inspirieren mögen, aber den ehemaligen Proletarier an kaum etwas als an seinen früheren Hunger erinnern. Daher der scheinbar altmodische russische Geschmack, der wie jeder Massengeschmack einerseits allerlei Kitsch, aber andererseits auch imposante Kunstwerke ins Leben gerufen hat.

Moskauer Eindrücke. Akzent, Straßen, Frauen, Kunst, Geschmack, in: Staats-Zeitung und Herold. Unterhaltungsbeilage des Sonntagsblattes (New York), 19. Oktober 1958, 2.

DIE KELTISCHE FREISTAATBEWEGUNG

Von den sechs keltischen Nationen, die sich bis auf den heutigen Tag in Europa erhalten konnten, ist es bisher nur den Irländern gelungen, ihren alten Staat wieder ins Leben zu rufen. Aber auch unter den andern gibt es Unabhängigkeitsbewegungen. Die Cornwaler, deren Sprache Anfang dieses Jahrhunderts ausgestorben ist, versuchen wenigstens kulturell ihre Eigenart den Engländern gegenüber zu erhalten. Die Bewohner der Insel Manu haben ihre durch eine günstige Insellage im irischen Kanal bereits bestehende ethnisch-geografische Autonomie auch politisch durch die Errichtung des House of Keys, eines für innere Angelegenheiten zuständigen Parlamentes, zu verstärken vermocht. Die Bretonen an der französischen Küste suchen für ihr altes Heimatland Bretagne den Status eines mit einem föderativ aufgelockerten französischen Bundesstaat assoziierten unabhängigen Landes zu gewinnen. Die Schotten verlangen mit zunehmendem Nachdruck ein separates Parlament. Und die Waliser wollen ihren eigenen Staat. Mit Ausnahme der Bretonen in Frankreich handelt es sich in jedem Fall um Volksstämme, die seit Jahrhunderten sowohl geographisch als auch politisch eng mit England verbunden sind.

Seit der Errichtung der irischen Republik hat die keltische Unabhängigkeitsbewegung ihre bedeutendsten Fortschritte in Wales zu verzeichnen. Der Grund dafür ist leicht verständlich. Obwohl die Waliser seit dem Ende des dreizehnten Jahrhunderts unter englischer Herrschaft stehen und seit dem Unionsgesetz von 1536 mit ihrem siegreichen Nachbar in einem Einheitsstaat verschmolzen sind, konnten sie trotzdem ihren keltischen Charakter bewahren. Sie sind bis auf den heutigen Tag so verschieden von den Engländern wie etwa die Franzosen oder Deutschen. Ihre Bevölkerung in zweieinhalb Millionen lebt in einem geschlossenen Block in der herrlichen wald-, wasser- und bergreichen quadratischen Halbinsel im Westen der britischen Halbinsel, beherrscht von der romantischen und imposanten Snowdonkette. Ihre Betätigung ist Ackerbau in fruchtbaren Tälern; sie weiden Schafe auf grasigen Hochländern, fischen an stürmischen Küsten, treiben Bergbau in steinigen Gebirgen und Handel und Industrie in emsigen Städten.

Was sie von den Engländern unterscheidet, ist allerdings weder Beruf noch Lage, sondern Kultur. Architektonisch können sich die Waliser Siedlungen zwar nicht mit dem Charme der englischen Dörfer oder der Renaissancepracht englischer Landsitze und Paläste messen. Darüber kann man sich nicht wundern, wenn man bedenkt, daß die jahrhundertelange Union mit England doch in erster Linie hauptsächlich den Nationalinteressen der dominierenden angelsächsischen Bevölkerung diente. Aber sie sind unübertroffen in ihrem musikalischen und poetischen Temperament. Während größere Völker ihren Kulturschatz heutzutage oft nur mehr als ein Museumsstück betrachten, das von einem erlesenen Kreis professioneller Propagandisten künstlich in einem Zeitalter erhalten wird, das nichts mehr dafür übrig hat, ist Musik und Literatur für die Waliser noch immer im wahrsten Sinne des Wortes Nationalangelegenheit. Ihre liebsten Bücher sind nicht kindische Abenteuergeschichten, sondern Gedichte und Erzählungen aus ihrer Vergangenheit. Und es gibt so viele Leser, daß es sich Verleger leisten können, sogar die besten Werke zu veröffentlichen, ohne finanzielle Verluste fürchten zu müssen.

Das nationale Hauptjahresereignis ist daher weder ein Stierkampf noch ein Pferderennen, sondern die jährliche Krönung des Barden für das beste Gedicht. Dies ist der Mittelpunkt des berühmten und altehrwürdigen Eisteddfod, eines einzigartigen Festspieles der nationalen Kunst, Literatur und Musik. Die Sprache der Waliser gibt ihrer Literatur die längste Kontinuität in Europa. Mehr als tausend Jahre konnten an ihr kaum eine Änderung hervorrufen. Das alte angelsächsische Gedicht Beowulf ist heute für die Engländer genau so unverständlich wie das Deutsche. Aber wenn Gwynfor Evans, der Präsident von Plaid Cymru, der Waliser Nationalpartei, aus einem walisischen Gedicht des sechsten Jahrhunderts melodische Verse wie etwa die folgenden vorliest:

Ystafell Cynddylan,
Ys Tywell hene
Heb dân, heb wely
Wylaf wers, tawaf wedy.
(In der Halle von Cynddylan
Ist es heute finstre Nacht.
Feuerlos und ohne Schlafstatt
Weine ich und falle stumm.)

so sind sie dem Waliser Zeitgenossen von Winston Churchill ebenso verständlich wie denen von Theoderich oder Karl dem Großen.

Diese außergewöhnliche Kulturvitalität ist die Hauptkraftquelle des Waliser Nationalismus. Aber sie ist auch sein hauptsächlichstes Problem. Denn trotz aller Vitalität ist das materialistische zwanzigste Jahrhundert mit seinen mehr wirtschaftlichen als geistigen Werten nicht ohne Einfluß geblieben. Nirgends hat sich das mehr bemerkbar gemacht als im Verfall der Waliser Landessprache. Während vor hundert Jahren walisisch noch von fast jedem Einwohner des Landes gesprochen wurde, ist es heute in den Städten und Industriegebieten des Südens fast vollkommen vom Englischen verdrängt worden, so daß nur mehr ein Drittel der Bevölkerung ihrer ursprünglichen Sprache kundig ist. Das neuerwachte Nationalbewußtsein hat allerdings den weiteren Verfall angehalten und die Entwicklung sogar umgekehrt. Trotzdem haben aber die maßgebenden Führer die Überzeugung gewonnen, daß der den modernen zentralisierten Großstaaten innewohnende Materialismus die Weiterexistenz kleiner Nationen unmöglich macht, falls sie nicht über das Instrument verfügen, das allein die Erfüllung ihrer kulturellen Aspirationen gewährleisten kann: ihren eigenen Staat. Der Waliser Nationalismus ist daher in erster Linie eine kulturelle Bewegung, und im Gegensatz zu so vielen nationalistischen Bewegungen in Massenstaaten sind ihre Führer nicht verbitterte Unteroffiziere, Bombenwerfer oder Machtagitatoren, sondern Geistliche, Bibliothekare, Wissenschaftler, Lehrer, Schriftsteller, Dichter – kurz die Art von Personen, bei denen es nicht schwer fällt, in ihnen die Verteidiger einer alten Zivilisation zu sehen.

Trotzdem stehen der Wiedererrichtung eines Waliser Nationalstaates beträchtliche Hindernisse im Wege. In erster Linie sind dies die Einigungstendenzen unserer Zeit, denen gemäß die beste Gemeinschaft die größte ist. Würde daher eine Rückkehr zu den kleineren politischen Einheiten der Vergangenheit nicht einen sozialen Rückschritt bedeuten? Vielleicht! Aber in diesem Fall würde es natürlich auch von England rückschrittlich sein, seinen Kolonien die Freiheit zu geben, oder Rußland, falls es unerwarteterweise seine Randstaaten wieder ihren eigenen Weg gehen ließe.

Zweitens, würde eine Trennung von England nicht wirtschaftlichen Ruin bedeuten? Dazu antworten die Waliser: den Ruin wessen? Ihr Land ist eines der von der Natur am großzügigsten ausgestatteten Gebiete Großbritanniens. Sein Nationaleinkommen belief sich im Jahre 1956 auf über zwei Milliarden Dollar. Von diesen übertrug es 616 Millionen Dollar an die britische Schatzkammer, die ihrerseits nur 470 Millionen für Wales verwendete. Es ist überreich an Kohle, Eisen, Stahl, Zinn, Elektrizität, Wasserkraft. Der Großteil dieser Produkte wird als Rohmaterial ausgeführt, um Industrien in anderen Gebieten zu versorgen. In einem eigenen Staat könnte damit eine Reihe verschiedenartigster einheimischer Sekundärbetriebe errichtet werden. Diese würden bestehende auswärtige Beziehungen genausowenig unterbinden, wie die Verstaatlichung von Unternehmen den internationalen Handelsverkehr schädigen muß.

Das letzte und bedeutendste Hindernis ist politisch. Man kann natürlich schwer behaupten, daß die Waliser unfähig seien, ihre eigene Regierung zu haben. Schließlich sind sie sogar nach englischem Maßstab eines der höchstentwickelten Völker. Die Schwierigkeit besteht darin, daß sie im Gegensatz zu Kolonialvölkern schon seit langem das vollste Maß von Freiheit zu genießen scheinen. David Lloyd George, ein Waliser, war einer von Englands größten Premierministern, dessen Einfluß während des Ersten Weltkrieges ebenso unumschränkt war wie Winston Churchills während des Zweiten. Robert Owen, ebenfalls ein Waliser, war Englands bedeutendster Sozialreformer. Wyndham Lewis – einer seiner größten Künstler und Schriftsteller; Dylan Thomas – der Fürst seiner modernen lyrischen Dichter; Augustus John ist einer der anerkanntesten Maler der Gegenwart; Aneuran Bevan – die dominierende Figur des englischen Parlamentes.

Es dürfte wenige Waliser geben, die nicht einfach stolz wären, daß so viele ihrer Landsleute so große Engländer geworden sind. Aber das ist es gerade! Sie haben ihre Größe auf der englischen Bühne errungen, in der englischen Politik, in der englischen Literatur. Das Talent, auf dessen Schultern die Zukunft der Waliser Kultur ruht, wird durch die Anziehungskraft des mächtigeren Partners in der Union der Nation entführt. Paradoxerweise ist es daher gerade die Freiheit der britischen parlamentarischen Demokratie, die mit ihrem scheinbar so gerechten Mehrheitsprinzip zum nationalen Ruin der weniger zahlreichen Bevölkerungsgruppen zu führen droht. Denn was immer ein Waliser im englischen Leben erzielt, ist im Dienste nicht walisischer, sondern englischer Interessen. Im Augenblick gehören fast zwei Drittel der 36 Waliser Abgeordneten im englischen Parlament der Labour Party an. Trotzdem wird aber Wales von einer konservativen Regierung geleitet, die nicht von einer Waliser, sondern einer englischen Mehrheit gewählt wurde. Unbeschränkte persönliche Freiheit zieht daher sogar in einer Demokratie nicht notwendigerweise nationale Freiheit nach sich. Man muß sich nur das Schicksal Südtirols vor Augen halten, das etwas ganz anderes ist als das Schicksal der individuellen Südtiroler.

Es mag sein, daß es heutzutage nicht mehr der Mühe wert ist, Nationen zu erhalten. In dem Fall läßt sich wenig für die Ambitionen der Waliser sagen. Aber ebensowenig ließe sich dann etwas für das Weiterbestehen der englischen oder französischen Nation sagen. Falls aber, wovon die Waliser überzeugt sind, Nationen noch immer große Beiträge zum Kulturschatz der Welt liefern können, dann ist auch die Erhaltung der kleinsten notwendig. Dies ist unmöglich unter den Überschwemmungszuständen, die die nationalen Großstaaten im letzten Jahrhundert in allen Ecken der Welt verursacht haben, falls nicht jeder noch staatenlosen Nation die Gelegenheit geboten wird, sich durch die Errichtung ihres eigenen Staates von der vernichtenden Flut abzudämmen.

Im Einklang mit ihrer hauptsächlich kulturellen Ambition planen die Waliser, ihren Staat weder als ein arrogantes Instrument internationaler Obstruktion noch als Repressalie gegen die Freiheit des Einzelnen zu verwenden. Sie wollen in erster Linie ihr eigenes Parlament und in zweiter Linie ihre eigene Regierung. Sie wollen Meister ihrer auswärtigen Beziehungen sein und ihre Wirtschaft in ihrem eigenen Interesse leiten. Sie wollen Freiheit für ihre Nation, aber nicht Unabhängigkeit. Sie sind ergebene und enthusiastische Anhänger der Krone, und ihr Ideal ist die Schaffung einer brüderlichen Vereinigung (confraternity) eines freien Englands, Irlands, Schottlands und Wales, die an Stelle des gegenwärtigen Zentralstaates oder eines manchmal in Erwägung gezogenen Bundesstaates treten soll. Dieselbe Idee verfolgen in England die Common Wealth Party und in Schottland die National Party.

Außer der außenpolitischen Dezentralisierung tritt Wales auch für eine weitgehende innere Dezentralisierung ein. Und das ist vielleicht der bedeutendste Punkt des Programms. Eigentum soll nicht verstaatlicht, sondern etwas gleichmäßiger verteilt werden. Die wirtschaftliche Entscheidungsgewalt soll in den Händen von Einzelpersonen, Genossenschaften und kleinen oder mittleren Betrieben anstatt in den Händen des Staates sein. Der Zweck der Staatsbildung ist somit nicht der Staat selbst, sondern der Schutz der menschlichen Person, die so gestärkt werden soll, daß sie „jederzeit dem Staat Widerstand leisten kann, falls sich der letztere vergreifen soll." Zu diesem Ende soll nicht nur die wirtschaftliche, sondern auch die politische Gewalt durch möglichst weite Verteilung unter religiöse, gesellschaftliche, wirtschaftliche und politische Untergruppen so verkleinert werden, daß der Staat dem Einzelbürger kaum mehr etwas anhaben kann. Wie Gwynfor Evans in einem der erhebendsten Dokumente, die die letzten Jahrzehnte hervorgebracht haben, besonders hervorhebt (Welsh Nationalist Aims): „Im Auge der Waliser Nationalisten ist daher die Nation eine Gemeinschaft von Gemeinschaften, und der Staat vereitelt die Erfüllung seiner eigentlichen Funktion, wenn diese Gemeinschaften durch ihn geschwächt anstatt gestärkt werden."

In einer Zeit, die, wie die unsere, so heidnisch alles verehrt, was materiell und kolossal ist: Großmacht, Masse, Staat, Produktionsrekorde, Wirtschaft, Expansion, ist es ein seltenes aristotelisches Vergnügen, eine Nation zu entdecken, die ihren eigenen Staat hauptsächlich deswegen haben will, um seine Macht über den Bürger einzuschränken und um so veraltete Werte zu schützen wie Kultur, Familie, Kleingemeinschaft und, in erster Linie, das menschliche Individuum.

Vorläufig gibt es noch wenige, die außerhalb der Grenzen von Wales etwas von den Aspirationen des walisischen Nationalismus wissen und die, die davon gehört haben, werden sie vielleicht in ihrer Mehrzahl als unbedeutende Anachronismen beiseiteschieben. Dazu dürften sie aber weniger leicht verleitet werden, wenn sie die inspirierten Führer dieser Bewegung kennengelernt haben, die nach Jahren geduldiger Arbeit plötzlich so viel Interesse erwecken konnten, daß sie heute bereits über halb so viele Parteimitglieder verfügen wie die walisische Sektion der mächtigen englischen Labour Party.

Trotzdem kann man sich nicht darüber wundern, daß in einer Welt, die von Sensationsmachern wie Chruschtschow und Nasser in atemraubender Spannung gehalten wird, die Waliser Führer noch im Schatten stehen. Aber das ist nichts Neues. Denn, wie Walter

Bagehot einmal gesagt hat: „Alle großen Nationen (wobei das Wort groß nicht mit volkreich zu verwechseln ist) wurden in Abgesondertheit und im stillen vorbereitet. Sie wuchsen ungehindert durch jede Ablenkung." Bis sie dann plötzlich dastanden.

Die keltische Freistaatsbewegung, in: Staats-Zeitung und Herold. Unterhaltungsbeilage des Sonntagsblattes (New York), 7. Dezember 1958, 1.

IST EIN UNABHÄNGIGES WALES LEBENSFÄHIG?

Kann Wales auf eigenen Beinen stehen?

Die am öftesten geäußerte Frage bezüglich eines unabhängigen Wales lautet: Kann ein Land in dieser Größe existieren?

Ein Teil der Antwort mag durch einige Gegenfragen gefunden werden. Sind so kleine Länder wie Norwegen, Schweiz, Österreich, Island, Costa Rica, Luxemburg, Dänemark ökonomisch lebensfähig? Vielleicht sind sie es nicht. Aber sie existieren. Manche vielleicht mit einem geringen Lebensstandard, manche jedoch, wie zum Beispiel Dänemark oder die Schweiz, weisen einen Lebensstandard auf, der die Bevölkerung dieser Länder zu den reichsten der Welt zählen läßt.

Tatsächlich wurden historisch gesehen die ersten großen Akkumulationen von Reichtum, welche die Grundlage für unser Zeitalter des Überflusses schufen, in Gemeinschaften erwirtschaftet, die viel kleiner als Wales waren – Flandern, Florenz, Genua, die Lombardei, die hanseatischen Stadt-Republiken und viele andere. Es erwiesen sich vielmehr die großen Flächenstaaten als Bremsblöcke der Entwicklung, welche ihre ersten Reichtümer mehr mit militärischen als mit wirtschaftlichen Mitteln erwarben, indem sie den Wohlstand der eroberten kleinen Länder zusammen mit deren Territorien aufsogen. Aber waren und sind diese anderen kleinen Länder nicht mit ausreichenden Ressourcen als Wales ausgestattet? Auch hier eine Gegenfrage als Antwort – Wie waren die Ressourcen der Trockensteppe von Tibet beschaffen, welche die Tibeter ernährte, bevor sie von dem mit Armut geschlagenen Riesen

China erobert wurden? Wie steht es mit den gefrorenen Reichtümern der Arktis, welche immer noch die Eskimos ernähren können? Tatsächlich gibt es auf dieser Erde keine Nation, welche nicht über die erforderlichen Ressourcen verfügt. Sonst würde diese Nation gar nicht erst entstanden sein.

Würden jedoch die Waliser des zwanzigsten Jahrhunderts einer Unabhängigkeit zustimmen, welche ihnen neben der Musikalität ihrer Sprache nur arktischen Kabeljau, Lebertran oder Himalayaischen Schafskäse als Basis des Lebensstandard bescheren würde? Natürlich nicht. Aber das würden wohl auch die Dänen oder die Schweizer nicht, deren Ausstattung mit Ressourcen im konventionellen Sinne der Wirtschaftsgeographen kaum größer als jene der Eskimos oder Tibeter ist. So schreibt Prof. W. A. Jöhr in seinem Buch „The Economic Consequences of the Size of Nations", welche von den Cambridger Wirtschaftsprofessor Austin Robinson herausgegeben wurde:

„Diese natürliche Grundlage der Schweizer Wirtschaft ist in jeder Hinsicht außerordentlich schmal. Das gesamte Land besteht aus kaum 41.000 qkm. Ein Viertel davon wird von Seen, Flußufern und vor allem Gletschern, Felsen und Geröllhängen der Berge eingenommen. Dabei handelt es sich um gänzlich unproduktive Gebiete. Weitere 11.000 qkm oder 27% der Gesamtfläche, werden von Weideland mit geringem Ertrag eingenommen, welche eine intensive Kultivierung nicht zulassen. Letztlich bestehen auch bemerkenswert große Flächen aus Wäldern und Forsten, so daß kaum ein Viertel der Gesamtfläche des Landes für intensive Bebauung geeignetes Ackerland darstellt. Und auch dieses letzte Viertel leidet unter Steilhängen, schlechtem Ertrag, sowie einem naßkalten Klima."

Bedeutet das, daß für die Schweiz – wie im Falle Wales, die einzige Überlebensmöglichkeit im Aufgehen in einem großen Nachbarstaat besteht?

Hier mag eingewandt werden, daß andere kleine Staaten, anders als Wales, die Nachteile ihrer geringen Größe und ihrer Kargheit durch ganz bestimmte Umstände ausgleichen konnten. Die Schweiz ist der Bankier der Welt. Liechtenstein lebt von Briefmarken; der Vatikan exportiert Theologie. Venedig, Genua, die hanseatischen Stadtstaaten betreiben Welthandel, häuften ihre Reichtümer an, indem sie jedermann sonst betrogen. Venedig verfügt über praktisch kein Hinterland, die Versorgungslage ist so jämmerlich, daß mir einst ein Kellner in einem venezianischen Restaurant, als ich gönnerhaft eine Beilage von einheimischen Gemüse bestellte, geradeheraus erklärte: „In Venedig ist das einheimische Gemüse Fisch."

Aber das alles ist nicht der Punkt, auf den es ankommt. Denn der wahre Grund, der „ökonomisch nicht lebensfähige" kleine Gemeinschaften in die Lage versetzt, ihre Engpässe an natürlichen Ressourcen auszugleichen, ist nicht eine Ansammlung besonderer Umstände, sondern die Tatsache, daß diese Gemeinschaften geradezu einen Überfluß an jenen Dingen haben, die sie vermeintlich entbehren. Denn das ökonomische Konzept der natürlichen Ressourcen ist sehr viel weiter als das physikalische Konzept, welches sich lediglich auf die Fruchtbarkeit des Bodens und die Lagerstätten von Bodenschätzen beschränkt. Ein großer Teil der Schweiz wird, wie Prof. Jöhr sagt, von Eis und Fels der Bergketten eingenommen, welche nichts anderes „produzieren" als wunderschöne Ansichten. Aber niemand kann sagen, daß wunderschöne Ansichten nicht erstklassige ökonomische Aktivposten sind, so wie es das Klima für die Karibik, die geographische Lage für den Suez-Kanal, die Ruinen für Griechenland oder die Berge, Klippen, Burgen und Küsten für Wales sind. Das alles sind natürliche Ressourcen, welche von den Ökonomen als „Land" eingestuft werden, jenen Produktionsfaktor, den sie als „freie Geschenke der Natur" definieren, seien es Bodenschätze oder Naturschönheiten, Felder oder Ströme, Forste oder Tierparks, Ozeane oder Strände, die Schönheit von Bergen oder die Schönheit einer Schauspielerin. Vor allem aber beinhaltet dieses Konzept Talent: Die naturgegebene Fähigkeit des Menschen, seine physische, soziale und institutionelle Umwelt für seinen Lebensunterhalt zu benutzen, sei es durch Gesang, Bildhauerei, Ackerbau, Organisationstalent, Handel oder die Erbauung von Palästen in Lagunen. Tatsächlich ist dies von allen natürlichen Ressourcen die wertvollste; wertvoller als Bodenschätze und fruchtbarer Boden zusammengenommen.

Und es ist das Talent (nicht unübliche Umstände wie jene, daß etwa Ausländer ihr Kapital in den alpinen Gewölben einlagern), welches, gleichmäßig verteilt, überall im Überfluß vorhanden ist und zum Reichtum kleiner Länder beiträgt, welche weniger natürliche Ressourcen aufweisen können. Es mag an manchen dieser Ressourcen fehlen. Aber solange die produktivste aller Ressourcen, das menschliche Talent, im Überfluß vorhanden ist, werden diese Länder in der Lage sein, jede nur denkbare wirtschaftliche Einschränkung zu überwinden, „wenn sie es nur wollen", wie es Philip von Hornik (in bezug auf Österreichs Phase der Nationwerdung) in einem der berühmtesten merkantilistischen Statements feststellte.

Selbst wenn wir nun annehmen, daß Wales mit natürlichen Ressourcen, wie Bodenschätzen und gutem Ackerland, mangelhafter ausgestattet ist als andere kleine Länder, so gibt es doch zweifellos keinerlei Anzeichen, welche uns annehmen lassen müssen, daß dieses Land so untalentiert sein könnte, daß es mit seiner mageren Ausstattung nicht zu leisten vermöchte, was Dänemark und die Schweiz erreichten. Außerdem gibt es keinerlei Evidenz, daß Wales Mangel an natürlichen Ressourcen hätte, wie so viele in ihrem pessimistischen Einschätzungen annehmen. Ganz im Gegenteil: Alles deutet darauf hin, daß dieses Land im Gegensatz zu Dänemark oder der Schweiz materiell eines der bestausgestattetsten Länder der Welt ist. Auf Grund meiner zahlreichen Reisen durch Wales brauche ich keine Statistiken, um mir selbst zu beweisen, was mit bloßem Auge leicht zu erkennen ist. Lassen wir einmal die Schönheit des Landes beiseite, welche zu einem Anstieg des Tourismus (bereits 1968 55 Millionen Pfund Umsatz) führte, der eben diese Schönheit zu bedrohen beginnt, so kann ich mich an keinen Tag erinnern, an dem ich nicht die düstere Pracht der Schiefergruben bewunderte oder auch die rollenden Teppiche des reichen grünen Weidelandes mit den weißen Farbtupfern der schweifenden Schafherden, welche über einen geradezu biblischen Überfluß von Leder, Fleisch, Wolle und Tuch bieten; dazu die schwarzen Reichtümer der Kohlegruben, die Flüsse und Bäche, welche über Bergflanken zu Tal stürzen und nicht nur die Süßwasserfischerei begünstigen, sondern auch einen Überfluß von Elektrizität garantieren, welcher die Bedürfnisse der Nation an privatem Verbrauch sowie im Bereich der Industrie und des Transports bei weitem übersteigen.

Um zuletzt noch einige Zahlen anzufügen, möchte ich Keith Buchanan zitieren, der im „Monthly Review" schrieb, Wales sei

„pro Kopf der Bevölkerung mit Kohle und Ackerland besser ausgestattet als England. Das Land produziert 99 Prozent von Großbritanniens Weißblech, 92 Prozent der Stahlplatten und 24 Prozent des Rohstahls."

Wenn es damit noch nicht auf seinen eigenen Füßen stehen kann, muß es tatsächlich aller Talente bar sein – eine Unzulänglichkeit, welche, wie ich annehme, kein Waliser für sein Volk in Anspruch nehmen würde.

Ist ein unabhängiges Wales lebensfähig?, in: arche nova 6 (1991), H. 1.

DER MOND ÜBER MAASTRICHT: DIE JUGOSLAWIENKRISE ALS WIDERLEGUNG?

In den Stürmen des öffentlichen Zweifels werden die Verträge von Maastricht ebenso in sich zusammenfallen wie der Turm von Babel, und zwar aus den gleichen Gründen: Weil der Herr, das heißt das Gesetz der Natur, dagegen ist.

Konstruktionen von dieser Größenordnung funktionieren nicht. Wo immer wir hinschauen im politischen Universum, stellen wir fest, daß erfolgreiche soziale Organismen, seien es Kaiserreiche, Föderationen, Staaten, Länder oder Städte, bei aller Verschiedenheit der Sprache und Tradition ein gemeinsames Merkmal aufweisen: die Struktur der kleinen Zellen. Das Problem ist nicht weiteres Wachstum, sondern das Ende des Wachstums; die Antwort nicht Einheit, sondern Auflösung großer Einheiten.

Protagoras hat vor langer Zeit gesagt, der Mensch – nicht der Staat und auch nicht der Superstaat – sei der Maßstab aller Dinge. Und der Mensch ist klein. Der Mensch ist nicht die „Menschheit". Er ist auch nicht Frankreich oder Deutschland und ebensowenig Europa.

Deswegen war das Zusammenflicken der Reste der Maastricht-Verträge auf dem Edinburgh-Gipfel Mitte Dezember ein Phyrrussieg für die europäischen Führer und Technokraten, die immer noch vom Superstaat träumen. Ihre heutige Stärke liegt in der Einmütigkeit ihres Fehlers – und von Dänemark bis zur Schweiz schwindet sie mit jedem Referendum mehr. Trotz der langen Existenz großer Einheitsstaaten und dem unablässigen Gedröhn der Einheitspropaganda scheinen partikularistische Strömungen mit ungebrochener Kraft fortzubestehen.

Die Protagonisten der europäischen Einheit haben dies offenbar übersehen, oder die Tatsache, daß der wirkliche Konflikt dieses Zeitalters nicht mehr zwischen Rassen, Klassen, Links und Rechts, Sozialismus versus Kapitalismus besteht – das sind alles Überbleibsel aus der Vergangenheit. Der wirkliche Konflikt der heutigen Zeit besteht zwischen Mensch und Masse, Individuum und Gesellschaft, Bürger und Staat, der großen und der kleinen Einheit, zwischen David und Goliath.

Wie ich vor fünfzig Jahren in einem Aufsatz mit dem Titel *Disunion Now* vorausgesagt habe, wird die Idee eines vereinten Europa auf der Basis der großen Nationalstaaten verwelken, bevor sie zum Blühen kommt. Mit jedem Schritt in Richtung Einheit kommt der Kollaps näher.

Nachdem die französische Ratifizierung der Verträge von Maastricht im September nur mit hauchdünner Mehrheit gelang, sagte der frühere deutsche Außenminister Hans Dietrich Genscher: „Immer weiter an der europäischen Einheit festzuhalten, heißt Rückschritt." Er hat recht. Wegen seiner Hybris wird Europa von den Göttern bestraft: Wenn die Nachfahren von Jean Monnet nicht unablässig in die Pedale der europäischen Einheit treten, dann stürzen sie.

Es wäre viel leichter, wenn sich die moderne europäische Geschichte den Gesetzen der Physik fügen würde. Stabilität wäre kein Problem, wenn das europäische Fahrrad so viele Räder hätte, daß es von selbst im Gleichgewicht wäre. Es müßte nicht von Brüssel aus gelenkt werden.

Für diese Art von Gleichgewicht muß das europäische Fahrrad allerdings kleine Räder annähernd gleicher Größe und Stärke haben. Das ist keine theoretische Annahme, sondern ein Rechenexempel. Wenn zu einer Föderation Nationen von sehr unterschiedlicher wirtschaftlicher und politischer Macht gehören, dann wird die Föderation über kurz oder lang zu einem reinen Instrument der stärksten Macht.

Diese Theorie der Macht ist unter den Völkern Europas durchaus virulent, was sich in dem verbreiteten Argwohn gegenüber der Rolle Deutschlands äußert. Wenn die Einheit Europas unter den gegenwärtigen Bedingungen zustande kommt – Deutschland also wirtschaftlich wesentlich stärker ist als jeder andere Mitgliedsstaat – dann wird dabei, so viel ist klar, ein deutsches Europa herauskommen.

Mit dem Näherrücken dieser düsteren Aussicht wird die europäische Desintegration erneut einsetzen. Angesichts der Schwierigkeiten, denen die Verträge von Maastricht in einer Welt begegnen, die rund um den Globus vom Auflösungsfieber ergriffen ist, rückt die Idee eines vereinten Europa immer weiter in die Ferne.

Was also ist die Antwort? Zwei hervorstechende Beispiele für erfolgreiche Föderationen sind die Vereinigten Staaten und die Schweiz, die beide nicht wegen ihrer nationalen Einheit zur Blüte gekommen sind, sondern weil es ihnen gelungen ist, potentielle Großmachtgebiete in kleine Hoheitsgebiete aufzuteilen. In den Vereinigten Staaten ist es keinem großen Staat des Mittleren Westens möglich, die Unabhängigkeit der kleineren Staaten zu beeinträchtigen und die Wirksamkeit ihrer Regierung zu lähmen.

Was die Schweiz angeht, so ist sie nicht eine Föderation von drei Nationen, wie oft angenommen wird, sondern eine Union von 22 Staaten – genannt Kantone –, deren Funktion gerade darin besteht, die Nationalitäten zu zerstören und zu desintegrieren, um dadurch als Einheit bestehen zu können.

Politische Experten sehen in der Schweiz das Beispiel für die Koexistenz höchst divergierender Nationalitäten. Aber nichts ist weiter von der Wahrheit entfernt. Der prozentuale Anteil der drei Nationalgruppierungen in der Schweiz beträgt in etwa: 70 Prozent deutsch, 20 Prozent französisch, 10 Prozent italienisch. Wären diese Gruppen die Basis ihrer berühmten Einheit, dann wäre die unausweichliche Folge, daß der große deutschsprachige Block die Vorherrschaft über die anderen beiden Nationalitäten an sich ziehen und diese zu „Minderheiten" degradieren würde. Die Regeln der Demokratie würden eine solche Entwicklung in keiner Weise behindern, sondern sie im Gegenteil begünstigen, und der Grund für die Existenz französisch und italienisch sprechender Kantone würde wegfallen.

Aber die Größe des schweizerischen Modells beruht auf der Tatsache, daß es eine Union von Staaten und nicht von Nationen ist. Nicht die Deutschen, Franzosen und Italiener bilden eine Einheit, sondern die Bewohner von Bern, Zürich, Genf etc. Die Stärke dieses kantonalen Systems liegt in der kulturellen und ethnischen Mischung seiner Teile.

Die gleiche Idee könnte auch im übrigen Europa funktionieren. Nichts wäre leichter, als Europa in kleine Regionen zu unterteilen. Anders als bei dem Versuch, ein einheitliches Gebäude zu errichten, gäbe es dagegen kaum natürlichen Widerstand, da kleine Regionen bereits existieren. Im heutigen Europa finden wir nicht Deutschland, sondern Bayern und Sachsen; nicht Großbritannien, sondern Schottland und Irland; nicht Spanien, sondern Katalonien und das Baskenland; nicht Italien, sondern die Lombardei und Sizilien. Diese Regionen sind durch ihre Fusion zu einem modernen Nationalstaat nicht verschwunden. Sie bewahren den Reiz ihrer eigenständigen Dialekte, Gebräuche und Literatur.

Ein Europa der Regionen, so ist behauptet worden, wird wieder als ein Europa der ständigen Kriege und des kleinlichen Nationalismus enden. Natürlich wird es Zusammenstöße geben. Aber ohne große Nationalstaaten werden Konflikte nicht die Dimension des Völkermords oder des Holocaust annehmen, wie es in diesem Jahrhundert geschehen ist. Wellen in einer Badewanne versenken keine Schiffe. Wie bei allen Dingen liegt das Gift in der Größe.

Was ich mir für eine funktionstüchtige europäische Gemeinschaft vorstelle, ist eine Fülle von kleinen Regionalstaaten, die so interagieren, wie es Atome in der Natur tun. Ich halte mich an die Analyse des Physikers und Nobelpreisträgers Erwin Schrödinger, der begründet, warum Atome klein sein müssen.

Erstens sind sie sehr zahlreich. Zweitens sind sie unaufhörlich in Bewegung. Drittens werden sie niemals von einem anderen Atom gesteuert. Weil sie niemand dirigiert, stoßen sie ständig zusammen. Hätten sie Ähnlichkeit mit großen Panzern, würden sie sich dabei zerstören und damit das ganze System. Aber weil sie klein sind, sind die Myriaden von Zufallskollisionen kreativ.

Es ist vorgebracht worden, klein sei nicht immer schön, es könne auch häßlich sein. Neuerdings wird Jugoslawien als Beispiel dafür in Anspruch genommen. Aber ich glaube, daß die früheren Teile Jugoslawiens deswegen miteinander im Krieg liegen, weil sie immer noch nicht klein genug sind und Macht und Stärke zu ungleich verteilt sind. Das frühere Jugoslawien besteht immer noch aus unterschiedlich großen, ethnisch differenzierten, politischen Einheiten, die von den Serben dominiert werden. Es kann keinen Frieden geben, solange die politischen Organisationen die gegenwärtige Größenordnung beibehalten. Erst weiterer Zerfall kann eine Lösung bringen.

Das heutige Jugoslawien ist das Äquivalent einer Supernova, die explodiert und den größten Teil ihrer akkumulierten Überschußmasse abstößt.

Weder in Jugoslawien noch sonst wo in Europa waren die ursprünglichen Einheiten Stämme. Ich glaube sogar, daß Stämme das Ergebnis unnatürlicher Vereinigung sind und nicht die Ursache mangelnder Einheit. Bevor sich in Europa der Nationalstaat ausgebreitet hat, gab es kleinere souveräne Zentren sozialer Existenz, ähnlich den heutigen Kantonen in der Schweiz, deren Größenordnung menschliche Kommunikation möglich gemacht hat. Regionale Zentren wie Padua, Florenz, Siena und Pisa waren souveräne Gestalter der erlesensten Kunst, Architektur und Musik auf Erden. Sie wurden erst dann zur „Provinz" und verloren erst dann ihren Geist, als sie zu größeren Einheiten verschmolzen wurden.

Ein solches Modell souveräner Zentren, die in einer Föderation miteinander verbunden sind, wäre für Europa im nächsten Jahrhundert am besten. Um das zu erreichen, muß Deutschland in kleine Einheiten aufgeteilt werden und ebenso Frankreich, Spanien und Italien. Europas Hoffnung ist seine politische und ökonomische Entmachtung und Aufteilung in subnationale Regionen.

Die große Tragödie des zwanzigsten Jahrhunderts – und in dieser Hinsicht sind wir noch immer im Dschungel – war, daß die provinzielle Mentalität des intoleranten Stammes auf den Nationalstaat übertragen wurde. Wenn sich die Enttäuschung über die Verträge von Maastricht erst einmal breit gemacht haben wird, dann wird man sicherlich erkennen, daß es höchst naiv ist zu glauben, ein Superstaat könne ein Gegengewicht zum Nationalismus seines größten Mitgliedes sein.

Die Hoffnung des 21. Jahrhunderts gründet sich auf ein völlig anderes Modell, ein Modell, das im kleinsten Maßstab Universalität herzustellen sucht; ein Modell, das auf der Erkenntnis beruht, daß die ganze Fülle der Existenz auf kleinstem Raum enthalten ist. Der Geist des Menschen braucht keinen Alexanderplatz, um sich in die Höhe zu erheben. Ein kleiner Junge soll in einem der griechischen Stadtstaaten seinen Vater gefragt haben: „Haben andere Orte ihren eigenen Mond?"

„Natürlich", hat der Vater geantwortet. „Jeder hat seinen eigenen Mond." Es ist besser so. Und heute ließe sich zu dieser Weisheit noch hinzufügen: Wir brauchen keine einheitliche Verfassung für Europa, kein europäisches Geldsystem und keine gemeinsame Außenpolitik, um unseren eigenen Mond zu haben.

1993 sprach Merilyn Berlin Snell, Herausgeberin des „New Perspective Quarterly" mit Leopold Kohr. Der Artikel ist eine Zusammenfassung dieses Gesprächs; in: Leopold Kohr. „Small is beautiful". Ausgewählte Schriften aus dem Gesamtwerk, Wien, 1995.

Der Mond über Maastricht. Die Jugoslawienkrise als Widerlegung?, in: Günther Witzany, Hg., Zukunft Österreich, 1998, 151–156.

DIE FLEISSAUFGABE DER UNO SCHÜTZT DIE KURDEN NICHT

Ein Genozid begeht, wer jemanden verfolgt, benachteiligt, einsperrt oder umbringt, nicht weil er etwas getan hat, sondern weil er einer gewissen Gruppe, Rasse, Kultur oder Religion angehört. Also wenn man zum Beispiel ein Bild verbrennt, nicht weil es kostbar, sondern ein Teil des holländischen Kulturschatzes ist; auf Jesus schimpft, nicht weil er Toleranz lehrt, sondern ein Jude ist; Leute verfolgt, nicht weil sie anders denken, sondern weil sie Christen sind; Bahais, wie in Iran, hinrichtet oder Kurden unterdrückt, weil sie dem Volksstamm der Kurden angehören.

Der Begriff Genozid wurde 1943/44 in der Carnegie-Stiftung für Internationalen Frieden in Washington vom früheren Oberstaatsanwalt von Warschau, Rafael Lenkin, geprägt und ausgearbeitet. Sein Büro – herrlich schräg gegenüber dem Weißen Haus – lag unmittelbar neben meinem und dem eines österreichischen Freundes, Egon Wertheimers, des letzten Schloßherrn von Ranshofen. Dieser arbeitete gerade an seinem Buch „Internationales Sekretariat", das zum Leitfaden für die zukünftigen Vereinigten Nationen wurde. Ich sammelte Dokumente über historische Zollvereine als Basis für eine etwaige zukünftige europäische Wirtschaftsgemeinschaft.

Eines Tages brachte mir Rafael Lenkin sein Manuskript mit der Bitte, es für die „Washington Post" zu rezensieren, was ich ab und zu für Bücher meiner Freunde tat. Nach einer Woche übergab ich meine Besprechung meinem Kollegen, sagte ihm aber, daß ich sie ihm zuliebe keiner Zeitung anbieten würde. Zehn Minuten später stürmte er verärgert in mein Büro und sagte: „Wissen Sie, wenn Sie mein Student wären, würden Sie durchfliegen." Zum Glück hatte ich mein Studium schon zehn Jahre früher in Innsbruck abgeschlossen. Unsere Beziehungen verblieben akademisch kollegial, aber sie waren nie mehr dieselben.

Was ihn erzürnt hatte, war, daß ich ein Genozid-Verbot als ein typisches Massen- und Rassengesetz bezeichnete, das nichts schützt, was nicht schon seit den Zehn Geboten unter Schutz steht. Denn wenn es ein Verbrechen ist, jemanden zu töten, dann ist es auch ein Verbrechen, jemanden zu töten, weil er Deutscher, Zigeuner, Jude, Palästinenser, Schwarzer, Christ oder Mameluk ist. Ein Volksgesetz dieser Art ist daher vollkommen unnötig. Wenn der einzelne geschützt ist, ist auch jedes Mitglied seiner Rasse, Farbe, Nation, Religion und Kulturgemeinschaft geschützt, was umgekehrt nicht der Fall ist. Im Gegenteil. Wenn die Masse, die Gesamtheit, die Kollektivität geschützt ist, ist der einzelne nicht nur nicht geschützt, sondern wird ihr oft als Ritualopfer zur Buße für ihre animalischen Haufen-, Herden- und Lynchgelüste dargebracht.

Obwohl ich meine Buchrezension nicht veröffentlichte, habe ich doch später jede Gelegenheit benützt, den Genozidbegriff als überflüssig, rassistisch, undemokratisch, anti-individualistisch und unmoralisch zu bekämpfen. Aber der Geist der Zeit drängte unaufhaltsam in die entgegengesetzte Richtung, bis schließlich die internationale Genozidkonvention nicht nur als erstes Gesetzgebungsstück der jungen Vereinten Nation angenommen wurde; sie war eine der wenigen Konventionen, die einstimmig angenommen wurden. Es galt, was mein Freund Anatol Murad in bezug auf eine andere Sache sagte: „Ihre Stärke lag in der Einstimmigkeit ihres Irrtums."

Als ich kurz darauf Rafael Lenkin in den Korridoren der jungen Vereinten Nationen in die Hände lief, gratulierte ich ihm trotzdem in aufrichtiger Bewunderung zu seinem Triumph und der Zähigkeit, mit der er vollkommen allein seine Idee zu diesem unglaublichen

Enderfolg geführt hatte. „Ja", sagte er, indem er mir mit dem Zeigefinger hart auf die Brust klopfte. „Ja, trotz Ihrer Opposition."
Das Charakteristikum solcher Weihwasserkonventionen ist, daß, sobald sie einmal angenommen sind, sich keine Katze mehr um sie schert, wenn man tatsächlich etwas mit ihnen anfangen könnte. Und das ist der Grund, warum ich die etwas paradoxe Entstehungsgeschichte erzähle. Der Golfkrieg ist zu Ende, und alles, was die siegreichen Alliierten tun, um nicht die Kurden genauso wie die Kuwaitis befreien zu müssen, ist, zu sagen, daß die Unterdrückung, Vernichtung und Austreibung der Kurden eine interne Sache der Irakis sei und daher die Vereinten Nationen, in deren Namen der Golfkrieg geführt wurde, nicht eingreifen können.

Das würde vielleicht stimmen, handelte es sich nicht um einen klaren Fall von Genozid, was, ob es nun sinnvoll oder unsinnig ist, seit 1948 nicht ein intern-nationales, sondern ein internationales Verbrechen ist. Es muß, wo immer es begangen wird, nicht vom Präsidenten Bush geahndet werden, sondern von denselben verschüchterten Vereinten Nationen, die ihn und die anderen Alliierten aufgefordert haben, das Invasionsverbrechen Iraks in Kuwait wieder gutzumachen. Den Genozid an den Kurden nach all dem Pomp, mit dem die Konvention vor 43 Jahren angenommen wurde, jetzt als Privatsache Iraks zu bezeichnen, ist nicht eine fromme Verbeugung vor internationaler Gepflogenheit und Etikette, sondern ein Fall von elender Mitschuld an einem Verbrechen.

Aber was kann man schon von einer Weltgemeinschaft erwarten, die auf ihren Eintrittskarten, von denen ich noch immer eine aus der Zeit der Annahme der Genozidkonventionen in meiner Brieftasche andächtig herumtrage, ihre Hilflosigkeit mit der Warnung in Kleindruck verkündet: „Die Vereinigten Nationen sind nicht verantwortlich für Schäden, die der Inhaber dieser Eintrittskarte an seiner Person oder seinem Eigentum erleiden sollte, während er sich auf dem Boden oder in den Gebäuden der Vereinigten Nationen befindet, in denen Sitzungen und Versammlungen der Vereinigten Nationen stattfinden." – Amen.

Die Fleißaufgabe der UNO schützt die Kurden nicht, in: Salzburger Nachrichten, 12. April 1991, 3.

IV INTERVIEWS

UNSERE GEFAHR IST DIE GRÖSSE. WIR BRAUCHEN WENIGER STAAT. KEINE „TITANIC", SONDERN RETTUNGSBOOTE:

Klein zu sein ist schön, gesund, lebenswert und unsere Chance, zu überleben. Wir müssen nicht vorwärts, sondern zurück: zurück zu menschlichen Größen, zurück zu übersehbar und lösbar kleinen Problemen, zurück zum Genießen des Selbstgeschaffenen, zurück zu den natürlichen Grenzen, zurück zu den bereichernden nationalen und regionalen Unterschieden, zurück zu einer Konföderation kleiner Staaten.

So appelliert Leopold Kohr, 67, Professor, universeller Denker, Nationalökonom, Philosoph, Schriftsteller, Ratgeber von Politikern, oppositionellen wie regierenden, und nicht zuletzt „Überentwicklungshelfer". Leopold Kohr entwickelte und lehrte seine Theorien lange vor dem Bericht des „Club of Rome" über „Die Grenzen des Wachstums". In der damaligen Wachstumseuphorie verschaffte ihm das unter seinen Kollegen Gegner, heute sind viele der damals von ihm angekündigten Entwicklungen bereits kritische, aktuelle Probleme. Wie erfolgreich sich seine Thesen praktizieren lassen, bewies er auch Ende der 60er Jahre, als er die 6.000 Anguillaner (Antillen) bei ihrem Unabhängigkeits-„Krieg" gegen die Britische Krone beriet; daraus entstand ein Operettenkrieg, als britische Elitetruppen gegen waffenlose Fischer eingesetzt wurden. Zum allgemeinen blamablen Gelächter: David gewann abermals gegen Goliath.

Anläßlich eines Vortrags vor dem Zürcher „Consultant Club" über „Das Elend der Diplomatie" wurde er von den LNN interviewt:

LNN: Herr Professor Kohr, kurz zu Ihrem Vortrag hier: Was haben Sie den Diplomaten vorzuwerfen?

Kohr: Früher gingen die Diplomaten davon aus, daß ihre Verhandlungspartner mutmaßlich Lumpen waren. Waren die es dann tatsächlich, dann hatte man eine gute Basis und eine reelle Chance. Die Kunst der früheren Diplomatie war die Kunst der Zersplitterung: Der Frieden wurde teilbar gemacht, der Krieg aber auch. Da der totale Frieden sowieso unmöglich war, erreichte man wenigstens einen teilweisen Frieden. Und der war erstens durchaus dauerhaft, vergleichsweise, und brachte zweitens viel weniger Menschen ins Unglück als heute, wenn er gebrochen wurde. Kurz – die Probleme wurden durch Zersplitterung aufgeteilt, damit verkleinert und lösbar.

LNN: Und die moderne Diplomatie?

Kohr: Die Idee der modernen Diplomatie ist, den Ozean leerzupumpen, statt kleine Abschnitte zu schaffen, Häfen, in denen wenigstens einige Schiffe bei Sturm geschützt sind. Unsere Diplomatie gibt vor, davon auszugehen, daß der Mensch ideal ist.

LNN: Und dann...?

Kohr: Und dann entstehen Verträge, die ihr Papier nicht wert sind. Staaten sind nicht ideal, Menschen nicht, also auch Diplomaten und Politiker nicht. Nehmen Sie Watergate: Der Grund, warum sich die Staaten – und wir mit – uns von Watergate und so weiter so schwer erholen, ist nicht das Übermaß an Korruption, sondern ein Übermaß an Ehrlichkeit. Politik ist kein Geschäft für Heilige. Von einem Piloten will ich nicht, daß er betet, sondern daß er weiß, wie man fliegt. Die Prinzipien der Politik sind physisch, nicht moralisch. Jedermann kann jedem Präsidenten beweisen, daß er eigentlich ein Halunke ist, sonst wäre er's nicht geworden. Wichtig in der Politik, in der Diplomatie ist das Konstruktive. Und wenn es konstruktiv ist, zu lügen, dann muß gelogen werden. Die Zivilisation ist ein System von Unwahrheiten.

LNN: Und ihr Credo ist die kleine Größe – auch für das „Gleichgewicht der Kräfte"?

Kohr: Exakt. Gleichgewicht kann es nur durch Kleinheit geben. Auch dann gibt es Probleme – aber keins ist ein besonderes Problem. Das Gleichgewicht der Kräfte ist nur unter zwei Bedingungen erreichbar: erstens müssen die Teile sehr zahlreich sein und zweitens sehr klein. Dann ändert jede Störung nur die Bedingungen und das Gleichgewicht balanciert sich neu aus.

LNN: Und damit sind wir bei dem schwerwiegendsten Problem der menschlichen Gesellschaft, wie Sie es sehen?

Kohr: Es kommt immer alles auf ein Zentralproblem an, wenn das nicht gelöst wird, kann man überhaupt nichts lösen: das ist die überwuchernde Größe der menschlichen Gesellschaften: „Big is beautiful." Meine Diagnose ist: „Größe ist häßlich – klein sein schön."

LNN: Innerhalb des gesamten Problems Größe: Welche sind die schwerwiegendsten Folgen dieser häßlichen Größe?

Kohr: Das ist im Augenblick zum Beispiel die Inflation in England, nur um etwas herauszubringen. Der Mensch verliert jeden Tag, was er gewonnen hat, durch die Inflation. Das ist in erster Linie ein Problem der Größe; nicht, daß die Bergarbeiter mehr verlangen, nicht, daß die Preise hinaufgehen. Da ist das Problem der Unkontrollierbarkeit irgendeines Problems durch zu große Größe: die jugendliche Delinquenz, die man heutzutage in den Großstädten hat, wie beispielsweise San Francisco, daß man nicht mehr wagt, auszugehen; der Wert des Lebens, der Geselligkeit einer Gesellschaft, wenn man sich nicht mehr traut, jemanden zu treffen. Oder die Kriege! Krieg ist kein Problem, Arbeitslosigkeit ist kein Problem, Inflation an sich durch die Wellenbewegungen, das Auf und Ab der Wirtschaftstätigkeit, ist kein Problem, Armut ist kein Problem, das Problem ist die skandalöse Armut, die Riesenhaftigkeit der Not, des Hungers, der Arbeitslosigkeit, die gigantischen Dimensionen, die jeder Krieg annehmen muß, weil zu viel Personen in die kriegführenden Parteien eingereiht sind. Das Problem ist nicht der Krieg, sondern der große Krieg, nicht Armut, sondern die riesigen Slums, die Dimensionen der Armut. Die Lösung ist nicht Frieden, die Lösung des großen Krieges ist der kleine Krieg, die Lösung der riesenhaften Armut ist eine beschränkte Armut.

LNN: Wie klein müßte ein kleiner Krieg sein, damit er nach Ihrer Ansicht noch eine menschliche Größe hat?

Kohr: Einer wie im Mittelalter, wo nur die sich an einem Krieg beteiligt haben, die gerne Krieg führten: Landsknechte, Fürsten. Die meisten Leute waren Bauern, alte Leute, Kinder; Frauen waren von vornherein ausgeschlossen, so daß der Krieg mehr oder weniger zwischen Kriegssportlern geführt wurde. Und denen geschieht es recht, wenn sie umkommen, sie haben auf der anderen Seite den Genuß des Sieges. Das unverzeihliche Malheur ist, daß jeder hineingezogen wird – durch die Ambitionen von größe-fixierten Staatsmännern.

LNN: Wie sehen Sie in diesem Zusammenhang die EG, die Europäische Gemeinschaft, und die Versuche, nun noch mehr Länder in diese Europäische Gemeinschaft zu integrieren?

Kohr: Das ist ja ein anderer Aspekt des Größenproblems – die Idee, daß man durch Zusammenschluß Probleme leichter lösen kann als separat. Gewisse Probleme sind gelöst worden in der Wirtschafts-Gemeinschaft: man hat nicht mehr Butter, sondern soviel, daß man einen Butterberg hat, mit dem man nichts anfangen kann; man hat mehr Wein, soviel, daß man Weinsorgen hat, die schon zu einem Weinkrieg geführt haben; man hat mehr Eier, soviel, daß man nicht weiß, wem man sie aufdrängen kann. Das ist typisch: anstatt mehr zu haben, bäumt sich alles in diese unkontrollierbare Größe so auf, daß es nicht Reichtumsgipfel sind, sondern Beulen einer kranken Haut.

LNN: Wie sehen Sie in diesem Zusammenhang die Unternehmen, die in der letzten Zeit zunehmend in Verruf gerieten – die multinationalen. Sind sie auch auf Grund ihrer Größe allein bereits als gefährlich oder auf Grund der Wirkung ihrer Größe?

Kohr: Nun, eigentlich war die multinationale Organisation eine Reflexreaktion auf das Problem der Größe – als Kooperationen, Wirtschaftsräume unmögliche Dimensionen annahmen.

LNN: Man hört überall Rezepte gegen die multinationalen Unternehmen, beispielsweise man müsse multinationale Gesetze erlassen, multinationale Gerichtshöfe, d. h. dann also den Teufel mit dem Beelzebub austreiben?

Kohr: Eben! Ich glaube, auf dem Weg der Größe kann sich nichts lösen, weder geschäftlich noch privat. Die einzige Möglichkeit, die Größenprobleme unserer Zeit zu lösen, ist nicht weiterzuschreiten auf diesem Weg, sondern zurückzugehen. Und der Rückschritt, der sogenannte Rückschritt, wird dann alles vorauslösen: die Butterberge abtragen, die Arbeitslosigkeit einschränken und so weiter, weil es nicht mehr in zu großem Rahmen gelöst werden müßte. So, wie der Fritz Schumacher vorgeschlagen hat, eine „intermediate technology", eine mittlere und vermittelnde Technik dasselbe leisten kann wie automatische Produktivität; mit einem Unterschied: da die „intermediate technology" weniger effektiv ist, weniger produktiv, kann dasselbe Resultat nur erreicht werden, wenn alle Hände zufassen, also mit voller Mühe aller, ohne Arbeitslosigkeit; dann kann man jeden höchsten Lebensstandard erreichen, vorausgesetzt, daß man nicht die suggestiven Produktionsmittel verwendet. Wenn man die verwendet, so kriegt man nicht mehr, sondern man kriegt mehr Geld; aber das Hauptresultat ist die Arbeitslosigkeit; die wird dadurch erzeugt, nicht durch multinationale Zersplitterung oder Rezentralisierung, sondern durch den Staat, und der Staat ist der letzte Arbeitgeber in einer produktiven Übergrößengemeinschaft.

LNN: Wie ist in diesem Zusammenhang die UNCTAD-Konferenz zu sehen, die in Nairobi war, durch die versucht wurde, zwischen den Ländern der sogenannten Dritten Welt oder den Rohstoffländern und den Produktionsländern auszugleichen, und zwar weltweit? Das hieße also auch bereits wieder eine Lösung in der viel zu großen Dimension zu suchen?

Kohr: Ja, ich las das Interview eines deutschen Politikers mit Tansanias Nyerere (einem der weiseren Staatsmänner Afrikas), der vorgeschlagen hat, daß die wohlhabenden Länder als Schuldner, sozusagen mehr tun müßten, um den Lebensstandard der nicht wohlhabenden Ländern zu erhöhen. Das ist ein typischer Fehlschluß, denn die wohlhabenden Länder gründeten ihren Reichtum lange bevor sie Kolonien hatten. Überseebesitze waren immer Verlustoperationen, die sich nur die wohlhabenden Länder leisten konnten. Die Antwort ist, dasselbe zu tun, was zum Reichtum von England, Frankreich und der Schweiz führte. Die Schweiz hat nie eine Kolonie gehabt und ist trotzdem die Schweiz.

LNN: Das Rezept wäre also, zu arbeiten, und zwar selbst, nicht Maschinen und Computer arbeiten zu lassen, die alle Arbeit erledigen, sondern selbst zu arbeiten, das zu erarbeiten, was man auch verbrauchen will?

Kohr: Ich konsultierte hier in Zürich einen Arzt, seine Gehilfin machte mir einen Termin „mitten im Tag", zu dem ich großbritannischerweise erst aufgestanden wäre, etwa um halb acht. Das ist der Grund, warum's der Schweiz so gut geht. Sie hat mir gesagt, das Leben ist hart. Ja, es ist hart, aber sie hat sehr hübsch ausgesehen, sie hat glücklich ausgesehen, keine Probleme außer der Härte des Lebens und der Gegenseite – dem Genuß des Lebens.

LNN: Ist da nicht ein geradezu alttestamentarischer Gedanke dahinter? Du sollst das Brot im Schweiße deines Angesichtes essen?

Kohr: Aus meinen eigenen Erinnerungen: ich fing als Goldwerkarbeiter in Kanada an. Ich habe nie so schwer gearbeitet, wirklich schwer, im Schweiße meines Angesichtes, aber um 4 Uhr, wenn der Tag aus war – das Gefühl des Verdienthabens war so herrlich, daß ich mich immer beklagt habe, daß man nicht dieses Gefühl von Verdienst auch ohne Arbeit haben kann. Geht nicht. Wie Goethe sagt: „Tages Arbeit, abends Gäste, saure Wochen, frohe Feste sei dein glücklich Zauberwort."

LNN: Die Sekunde des Sisyphos, wenn er den Berg herunter geht, bevor er den nächsten Stein wieder aufheben und wieder hinauf gehen muß – die glücklichste seiner Existenz? Aber eine andere Frage: Wenn es eine bestimmte Größe gibt, ab der etwas zu groß ist, eine Stadt, ein Staat, ein Volk, ein Problem – wie können wir das ungefähr definieren? Wie kann man die optimale Größe bestimmen?

Kohr: Also wirtschaftlich würde optimale Größe sein, wenn ein Staat alles hat, um sich einen hohen Lebensstandard zu verwirklichen und alle Hände gebraucht werden. Über einer gewissen Größe braucht es nicht mehr alle Mitarbeiter, halbtags sind dann 90% der Bevölkerung unnotwendig. Das ist die wirtschaftliche Größe. Die politische Größe hat niemand besser definiert als Aristoteles: Ideal groß ist ein Staat, in dem alle mit dem Auge gesehen werden können, so daß kein Problem mehr über das Fassungsvermögen der Staatsmänner wachsen kann. Und mit modernen Mitteln kann sich diese Grenze erweitern, aber nicht sehr viel. Ich habe ausgerechnet, daß 15 Millionen die absolute äußerste Größe eines kontrollierbaren Staatswesen sind. Dann hat Aristoteles auch gesagt, daß in einem guten Idealstaat jedermann unterrichtet sein muß über die Gesetze, über die er bestimmen will, und die Charaktere seiner Führer. Ein Staatswesen soll in ein Theater passen. Die ideale Größe wäre demnach die Größe eines Theaters, indem der Letzte versteht, was auf der Bühne vorgeht; wenn es größer ist, dann verstehen die hinten das nicht mehr, so beginnen sie zu reden usw. Das sind die „philosophischen Größen", die technologisch natürlich erweitert werden können, aber begrenzt.

LNN: Wir haben hier teilweise noch Landsgemeinden, zu denen man zusammenkommt und dann darüber redet, was es nun zu entscheiden gibt. Das würde diesem Prinzip ideal entsprechen?

Kohr: Genau, hier ist es noch im reinsten erhalten. Aber wie gesagt, es gibt heutzutage Möglichkeiten durch Zeitungen, durch Radio, durch TV das etwas zu erweitern, man kann nach Tokio telefonieren und man kann Tokio kaum erfassen und verstehen, was dort vorgeht. Aber man kann die Grenzen etwas erweitern, wie gesagt, in Staatswesen von höchstens 15 Millionen können die Bürger noch genug informiert sein, um ihr Schicksal selbständig kontrollieren zu können. Ohne Genie, denn wenn man ein Genie braucht, dann heißt das, daß das Staatswesen nicht mehr gut ist. Immer, wenn Giganten als Nationalökonomen oder Staatsmänner notwendig werden, dann ist das ein Anzeichen der Erkrankung, der Gigantomanie, der Übergröße des Staatswesens.

LNN: Nach dem schönen Wort, wonach Größe das Vermächtnis der Saurier ist? Demnach wären also Staaten, wie beispielsweise Dänemark oder Liechtenstein, Österreich, die Schweiz, durchaus noch in der richtigen Größe und Staaten wie die USA oder die UdSSR zu groß, auch schon Staaten, wie beispielsweise die Bundesrepublik oder Frankreich. Wenn nun diese Elefanten miteinander heiraten wollen, in irgendeiner Form doch ein „Europa" erreichen – welche Möglichkeiten sähen Sie, dieses Europa als gemeinsame Idee funktionieren zu lassen? Was müßte man unternehmen? Ein föderatives Prinzip?

Kohr: Wenn das föderative Prinzip die Staatsgemeinschaft zur optimalen Größe verkleinern kann. Schwierig ist nur, daß, wenn eine Föderation zusammensteht, sich die Grenzen, die die Zellen voneinander halten, mit der Zeit abschwächen. In den USA hat man ein föderatives Prinzip. Vor 200 Jahren war das gelungen, aber jetzt gibt es Zentralismus. In Großbritannien hängt es in der Luft, die Idee, Größenprobleme durch Verkleinerung zu lösen. Aber es muß viel weiter gehen, nicht föderativ, sondern konföderativ, die Teile müssen so unanfällig sein als möglich, also so selbständig als möglich.

LNN: Das heißt, man müßte die Unterschiede zwischen den einzelnen Teilen nicht egalisieren, sondern man müßte sie betonen? Das heißt, man müßte die Teile möglichst autark machen, nahezu autonom, außer vielleicht von einer gemeinsamen Idee geleitet?
Kohr: Es schaut sehr mittelalterlich aus, aber das ist genau die Idee. Und das ist die Idee der atomaren Sintflut. Wir kommen in eine Sintflutepoche der Menschheit. Das 1. Mal nach der Legende, wo Wasser die Erde ertränkte, war die Antwort nicht große Schiffe, wie die Titanic, sondern die Arche von Noah, Rettungsboote, die alle selbst schwimmen konnten. Und dasselbe gilt in einem atomaren Zeitalter, wo einige Bomben, zentral abgeworfen, riesige Städte vernichten, die alle an der Zentralregierung hängen. Wenn man heute ein paar Bomben auf London abwirft – ganz Großbritannien wäre in zwei Monaten verwelkt. Die Antwort auf Großzerstörung mit relativ minimalen Mitteln durch ein paar Atombomben ist, dasselbe zu tun, was man bei den Schlachtschiffen gemacht hat, um sie unsinkbar zu machen: Kleine, unsinkbare Zellen. Das ist die Philosophie des Überlebens.

LNN: Was müßte in einem solchen konföderierten Europa, in dem es viele autonome, kleine Gebiete gibt, das Prinzip sein, nachdem diese Gebiete abgegrenzt werden? Wäre das zum Beispiel eine Sprache, oder wäre das ein gewisser Landstrich, wären es beispielsweise Elsässer mit Badensern oder Lothringer wieder mit andern?
Kohr: Das Beste an all diesen Regionen, die noch bestehen, waren die ursprünglichen Staaten, die groß genug waren, um ihre Identität zu schaffen und alle Arbeit. Die Kathedrale von Straßburg, die Weinländer, die Champagnerländer, die eindruckvollsten Regionen sind nicht durch eine zusammenhängende, vereinigte Nation geschaffen worden. Sie sind als Echo der Bedürfnisse der Lokalbevölkerung entstanden. All das soll man unterstreichen, auch sprachliche Verschiedenheiten, auch Dialekte wieder fördern.

LNN: Das hieße auch, daß man beispielsweise das Schwiizerdütsch durchaus fördern sollte und nicht in eine Weltsprache einebnen?
Kohr: Schwiizerdütsch ist noch immer so stark, daß die schweizerische Identität nicht Gefahr läuft, irgendwie unnatürlich unterstützt werden zu müssen.

LNN: Sieht man das Problem des Auseinanderfallens von zentralregierten Großgebilden jetzt auch in Frankreich, wo Präsident Giscard d'Estaing versucht, den einzelnen Provinzen wieder ein wenig Autonomie zu geben? Ist das ein Schritt in die richtige Richtung, kann er noch helfen oder müßten die Maßnahmen ungleich radikaler sein?

Kohr: Die Autonomien in Frankreich müßten viel radikaler sein. Die gehen nicht weit genug, man muß nicht nur Autonomie an Lothringen geben oder an England, an Wales, in Schottland, sondern auch an 20 andere Regionen, die die ursprüngliche Landschaft darstellt, so Burgund oder Polen. Alle die müssen wieder eine größere Selbständigkeit gewinnen, weil die Probleme, die meisten Probleme der Welt, die der Mensch lösen muß, lokale Probleme sind. In unserer unmittelbaren Umgebung spielen sich 90% unseres Lebens ab, und 90% der Probleme entstehen unmittelbar und sind am leichtesten in diesem kleinen Ausmaß zu lösen. Die Lokalität beschränkt die Probleme, die in Großstaaten ins Riesige auswachsen; dieselben Probleme in lokalen Gebieten werden so eingeschränkt, daß der Mensch mit seiner schmalen Statur ihrer wieder Herr werden kann.

LNN: Und um Großgebilde in kleine lebensfähige Einheiten zu bringen? Was ist das richtige Prinzip? Zerstückeln, zerteilen, mit Gewalt also, oder dazu verführen, kleinere Gebilde, autonome Gebilde entstehen zu lassen?

Kohr: Also es gibt zwei Wege: Einmal, was die Biologen benützen, um das Unkraut herauszubringen. Die geben Einspritzungen von Größenserum, so beginnt das wahnsinnig zu wachsen, so daß man dadurch die Tendenz der Zeit beschleunigt, und nach ein paar Tagen bricht es zusammen. Die zweite Möglichkeit ist der Krieg. Der nächste Krieg wird ein atomarer Krieg sein, der läßt keine Großstaaten, die werden alle verdorrt sein, und was sich erhält, muß sich wieder als Kleinstaat organisieren. Eine dritte Möglichkeit wäre eine Mission, aber dazu muß man erst die Bevölkerung, die Führer, die Zeitungsleute, die Politiker darauf aufmerksam machen, und das ist ungeheuer schwer.

LNN: Das heißt, jemanden, der seine Rettung darin sieht, immer größere Schiffe zu bauen, um sich vor der Sintflut zu retten, kann man kaum davon überzeugen, daß ein kleines Rettungsboot ihm viel zuverlässiger das Überleben sichern würde?

Kohr: Man kann ihn überzeugen, wenn die Titanic sinkt, aber das ist zu spät. Jetzt in Südafrika gibt Forster Konzessionen, aber viel zu spät. So vor einem Jahr, vor zwei Jahren, hätte niemand so eine Konzession gemacht. In Rhodesien wird Smith in drei Monaten alles tun, was vor Jahren aktuell war, und es wird zu spät sein.

LNN: Zu Ihrer These gehört auch, daß Wales für alleine ein lebensfähiger Staat ist. In Ihren Sendungen in der BBC wurde das auch diskutiert. Wie war dann das Echo in Großbritannien darauf?

Kohr: Einmal sind Schottland und Wales Gebiete, die dafür geeignet sind. Schottland ist fast gewonnen, in Schottland besteht die Gefahr, von London aus gesehen, daß die nächste Wahl möglicherweise eine Mehrheit für die schottischen Nationalisten bringen würde. Und in Wales geht es ein bißchen langsamer, aber die Bewegung stärkt sich, auch mit dem schottischen Vorsprung wird Wales hineingerissen werden. Aber die Sache ist die, daß jetzt vorläufig noch humorvolle Bewegungen entstehen für englische Autonomien, die haben jetzt schon einen Parlamentarier, den Stonehous, für die englische Nationalistenpartei. Was natürlich falsch ist, denn England ist kein Staat für mich (48 Millionen), und was ich vor kurzem vorgeschlagen habe, ist, daß man die alten Grenzen wieder herstellen soll; Wessex, Sussex, Essex. Also es liegt in der Luft, und die Reaktionäre, die Leute, die sich dagegen wehren, sind alle die, die die Furcht haben, daß sie ihren Job verlieren, also die Größe einer Mission von der Größe der Gefolgschaft abhängig machen.

LNN: Ist es denkbar, daß die Konservativen und die Labour Party in Kürze diese Ideen stärker aufnehmen, als sie sie bisher aufgenommen haben?

Kohr: Die wehren sich mit Händen und Füßen.

LNN: Weil es ihre eigene Größe auch beschneidet?

Kohr: Obwohl die Margaret Thatcher die Ambition hat, Minister von Großbritannien zu werden? Oder von Wessex? Und jeder, *das* ist das Selbstzerstörende eines Krebses, der Ansicht ist, je größer sie wird, um so besser, ohne Rücksicht darauf, daß, wenn sie am größten ist, das ganze System auffrißt, und das ist das Ende.

LNN: Die Notwendigkeit der Teilung in kleine lebensfähige Einheiten ist also nach Ihnen bewiesen. Was aber beispielsweise passiert in dem Austausch, in dem politischen, in dem wirtschaftlichen Verkehr, z. B. zwischen einer Konföderation von kleinen lebensfähigen Staaten und beispielsweise einer sogenannten Supermacht?

Kohr: Der Austausch von Gütern, der Handel, der Zweck der Kleinstaaterei letzten Endes, ist nicht nur die Administration und Regierung zu verkleinern. Wenn die Wirtschaftsgemeinschaft über die Grenzen hinausgeht, so wird sie die Probleme schaffen, wofür man einen größeren Staat braucht, eine größere Regierung. So eine kleine Regierung, wie sie Misses Thatcher befürwortet, kann nur dann entstehen, wenn die regierte Einheit verkleinert wird, aber die muß nicht nur politisch verkleinert werden, sondern auch wirtschaftlich. Ideallösung: eine 80%ige Selbstversorgung. Das Wichtige ist: 80% autark, 20% eine Weltgemeinschaft.

LNN: Das hieße, daß es aber bestimmte Einrichtungen dennoch gäbe, gewisse gemeinsame Versorgungslinien, z. B. auf dem Gebiet der Medizin oder dergleichen. Und wie ist das nun zu sehen im Zusammenhang mit Forschungsvorhaben, von denen man heute behauptet, daß man sie also nur in absoluter Größe und mit Milliarden Dollarsummen betreiben könnte, oder sind diese Forschungen völlig unnötig?

Kohr: Ja, es gibt Gebiete, in denen man von einer Größengemeinschaft abhängt, z. B. Medizin oder Forschungsaustausch in gewissen Bereichen. Aber das will nicht besagen, daß man deswegen alles einschließen soll. Wenn man noch immer heutzutage im Schlafwagen in Europa fährt, dann muß deshalb Europa nicht vereinigt sein, das hat man schon seit 80 Jahren tun können. Das ist wie mit einem Appartementhaus, wo man einige Sachen gemeinsam hat, die sehr günstig sind: Lifte und die Vorhalle, den Portier, die Wasserversorgung, die Elektrizitätsversorgung. Aber das ist kein Grund, warum man jetzt auch gemeinsame Küchen haben sollte, gemeinsame Schlafräume, gemeinsame Unterhaltungsräume.

LNN: Wenn die Größe als Problem in dieser Art gelöst wäre, welche Funktion hätten dann eine beispielsweise übernationale oder multinationale Organisation wie die UNO?

Kohr: Die einzige Funktion wäre, dafür zu sorgen, daß die Kleinstaatenwelt erhalten bleibt. Und nur ein paar Funktionen, wie das internationale Postwesen, kann man ja anhängen, Minimalfunktionen. Die Hauptfunktion ist, zu verhindern, daß sich die Kleingebiete aus irgendwelchen Gründen zusammenschließen. Die UNO würde dann die Funktion eines Flössers im Strom übernehmen: die Baumstämme hinunterzubringen. Wenn Kleinstaaten Krieg führen wollen, dann hat eine übernationale Regierung die Möglichkeit, mit wenigen Mitteln einige ihrer wenigen Funktionen ausüben zu können; dann könnte sie, wenn zwei Staaten kriegssüchtig werden, eingreifen, einen kleinen Krieg befrieden, zu einer bewußten Entkriegung der Welt. Das heißt also, man hat ein System, in dem, wenn irgendwo Überdruck entsteht, der bereits durch Kleinventile überall entweichen kann und nicht ein riesiges Ventil braucht oder geschweige denn explodieren muß. Zwei, drei Leute können sich prügeln, aber es muß nicht ein Massenmord entstehen. So in dieser Richtung.

LNN: Das hieße, wenn man Ihre Auffassung weiterverfolgt, daß die Großstaaten, wie die Vereinigten Staaten, UdSSR, China, sich immer ähnlicher werden müssen, weil ihre Probleme immer ähnlicher werden und sich von den Kleinstaaten immer weniger unterscheiden würden.

Wenn das Problem der Größe zu immer ähnlichen Folgen führen muß, ist es dann wahrscheinlich, daß sich Großstaaten immer ähnlicher werden und sich immer weiter weg entwickeln von dem „gesunden Kleinstaat"? Und daß so eine Welt entstehen könnte, die nicht aus der Konfrontation zwischen Kommunisten und Kapitalisten beispielsweise besteht, sondern zwischen Kleinstaaten, lebensfähigen, menschlichen Staaten und unmenschlich großen?

Kohr: Ja, das habe ich immer versucht zu betonen, in meinen Bemerkungen in vielen von meinen Vorträgen. Daß der Gegensatz heutzutage nicht mehr zwischen Kapitalismus und Sozialismus, Weiß und Schwarz, Reichtum und Armut besteht, sondern zwischen dem Menschen und der Gesellschaft, zwischen Individuum und Masse, dem Bürger und dem Staat. Die sozialen Funktionen sind so groß geworden, daß sie die Bedrohung des Glücks und Lebensstandards, der Freiheit des Menschen sind, nicht mehr die konventionellen „Ausbeutungen von Kapitalisten" oder der Macht. Und der Kleinstaat gegen den Großstaat, das ist David gegen Goliath. Das ist der Zwiespalt unserer Zeit. Die Großen werden immer ähnlicher, und ihre Ähnlichkeit besteht darin, daß ihre Probleme immer unlösbarer werden, und deswegen denken sie an friedliche Übereinkünfte, an Zusammenarbeit. Aber nachdem die Probleme unlösbar geworden sind wegen ihres Gigantismus, werden sie durch Zusammenarbeit durch größere Zusammenballungen noch unlösbarer. Aber die Natur sorgt dafür, daß das zu Große unstabil wird, kritisch, und es bricht in einer kolossalen Explosion. Jedenfalls werden die Überlebenden die Kleinstaaten sein. Die Zukunft gehört den Kleineren.

LNN: Zum Größenproblem noch einmal: Wir haben ja in der letzten Zeit in dem sogenannten kommunistischen Machtblock verschiedene Erscheinungen erlebt. Sind das Ihrer Beobachtung nach bereits Zerfallserscheinungen eines großen Gebildes?

Kohr: Rußland hat eigentlich einen Teilungsversuch besonders auf ökonomischem Gebiet durchgeführt. Chruschtschow hat die Sowjetunion in 105 Bezirke eingeteilt, interessanterweise von zwei bis fünf Millionen Einwohnern, die dann ein paar Jahre später auf etwa 16 Distrikte eingeschränkt wurden. Das heißt, die einzelnen Distrikts sind erweitert worden, in Gebiete von 8 bis 15 Millionen, die äußere Grenze, die ich immer angenommen habe für Optimalgrößen unserer Zeit, mit aller Technologie und nur mit einem Zentralgebiet um Moskau um 25 Millionen. In der EG entstehen immer Probleme. Schon vor zehn Jahren beschwerten sie sich, die Gebiete seien zu groß, mit denen sich die Gemeinschaft befassen muß. Es ginge besser, wenn sie in Gegenden von zwei bis fünf Millionen aufgelöst würden. In China könnte zentral nie etwas bewirkt werden; so haben sie aus der Unmöglichkeit eine Tugend gemacht und die Dorfsouveränität stimuliert, so haben sie es ermöglicht, die riesigen Gebiete von China zu entwickeln, ohne die Zentrale.

LNN: Vor 30 Jahren schon haben Sie sich unter den Nationalökonomen viele Feinde gemacht. Worauf ist das im wesentlichen zurückzuführen? Was unterscheidet Sie von 99% aller anderen lebenden und toten Nationalökonomen?

Kohr: Daß ich auf dem Höhepunkt der Wachstumswirtschaft die begrenzte Formwirtschaft vorgeschlagen habe, daß Wachstum nur ein Mittel ist zur Erreichung einer idealen Form; wenn die erreicht ist, muß das Wachstum abgeschaltet werden. Vor 20 oder 25 Jahren habe ich gefühlt, daß dies das Hauptproblem unserer Zeit ist, nicht, wie man noch weiter wachsen kann, sondern wie man zu wachsen aufhören kann. Wenn ein Kind die normale Größe des Menschen hat, die Form des Menschen, dann ist das Wachsen eine großartige Einrichtung bis zur Erreichung dieser Idealgröße, wenn es weiter geht, ist es das Hauptproblem. Ein Riese zerfällt unter seinem eigenen Gewicht. Das war die Idee: daß das Wachstum nicht absolut ein Ideal ist. Daß man immer und immer weiter wachsen muß, hat sich gehalten bis zum Anfang der 70er Jahre.

LNN: Ihr System wäre ein System von Kleinstaaten?

Kohr: Man kann den Kleinstaat zu weit treiben. Ich bin nicht ein Befürworter eines Dorfstaates, obwohl sie historisch die besten Bedingungen brachten und, nachdem sich die Geschichte überall wiederholt, heute in Afrika oder in China die modernste Idee ist. Und dann kommt der Luxus eines Kleinnationalstaates. Heute in Zürich habe ich wieder diese verhältnismäßig kleine Stadt erlebt, mit 500.000 Einwohnern, diese Weltstadt gleichzeitig; aber das besondere daran ist, daß diese Weltstadt eine kleine Stadt ist, relativ von wenigen der modernen Probleme geplagt. Hier ist einiges vollkommen, glaube ich, zufriedenstellend, und jede 50 Kilometer oder 30 Kilometer weiter kommt man wieder in eine Hauptstadt, überall keine Zentralisierung. Das erste Ziel ist immer die unmittelbare Umgebung. Ich erzähle Ihnen die Geschichte aus einem alten Kochbuch, über den Reichtum von Sybaris. Sybaris ist die Stadt, die so reich war, daß man noch heute jemanden einen Sybariten nennt, der wollüstig in allem herumschwelgt. Zu ihrer Zeit haben sich die Philosophen von Griechenland, die Politiker, Ökonomen usw. immer gewundert, wie es kommt, daß das kleine Sybaris so unglaublich reich war, im Gegensatz zu Athen. Damals dachten sie, es könne nur auf den Umstand zurückgeführt werden, daß die Küste, an der Sybaris gelegen war, nicht für einen Hafen geeignet war. Folglich konnten die Sybariten ihre Produkte nicht wie die Athener in den Handel bringen, und die armen Sybariten mußten alles, was sie produzierten, selbst konsumieren. *Das war der Reichtum.* Das ist die Idee des Kleinstaats: die Kosten zu verringern. Die größte Last, die größte Steuer im wörtlichen Sinn, die die Arbeit und das Land belasten, sind die Kosten des „Transports". Jetzt wird die Produktivität darauf konzentriert: Bahnen, Schiffe, Straßen und alles mögliche herzurichten, damit man ein Kilo Kaffee von Sambia nach Dänemark schafft oder sonstwohin.

LNN: Welche Zukunft würden Sie der Schweiz prognostizieren?

Kohr: In der Schweiz entsteht etwas durch diesen Größenwahn ringsum. Also die Größenkrankheit als Krebs, obwohl Krebs eigentlich nicht ansteckend sein soll, aber nichts ist letzten Endes so ansteckend wie Größe, und in den letzten 20 Jahren hat sich die Schweiz dazu verführen lassen, sich auf die Großmärkte einzustellen. Es gibt neue Erwerbsmöglichkeiten, wenn man sich darauf einstellt, die Wirtschaftsgemeinschaft zu beliefern. Leider. Wenn das zu weit geht, muß die Schweiz sich letzten Endes anschließen, allerletzten Endes wird sie von den Problemen angesteckt. Die alleinstehende Schweiz ist ein Wunsch. Ein hauptsächlich kantonales Arrangement wäre wünschenswert: der größte Markt ist immer der nächste, den kann man am leichtesten ausnützen, weil man ihn am besten versteht, es kostet am wenigsten sich vorzubereiten, weil es keine Macht gibt, die unbekannt ist. Infektionen der Großräume würde die Schweiz zum Opfer fallen.

LNN: Also wäre Ihr Rat für die Schweiz, dem eigenen Ursprung gemäß weiterzuhandeln, der eigenen Identität entsprechend und sich nicht auf fremde Fehler einzulassen?

Kohr: Und ihren Reichtum wie bisher zu erarbeiten, daß sie in erster Linie ihren eigenen Markt sieht. Und diese 20% Randluxus durch Internationalität sind natürlich ein angenehmer Zuschuß. Wenn der wegfällt, wird sich die Schweiz um 20% einschränken müssen, nicht aber leiden. Wenn sie sich jetzt weiter vergrößert, wird die Gefahr bestehen. Das war schon bemerkbar, jetzt wird es immer mehr bemerkbar.

LNN: Es gibt natürlich auch in der Schweiz traditionelle Ausnahmen davon, also beispielsweise die Uhrenindustrie, die ja eine

sehr alte Tradition hat und schon immer für den Weltmarkt produzierte.
Kohr: Ich überbetone, was heutzutage so unterbetont ist. Das gibt den Eindruck, daß ich die Idee der Kleinheit zu weit treiben würde, aber das wäre dann genauso schlecht. Nichts ins Extreme treiben.
LNN: Der berühmte Bericht über die Grenzen des Wachstums des Club of Rome, über 20 Jahre nach Ihren ersten Publikationen, ergeht sich in Pessimismus und Fatalismus. Wird sich diese Prophezeiung erfüllen? Teilen Sie diesen Pessimismus, diesen Fatalismus?
Kohr: Teilweise ja. Es ist ungeheuer schwer, jemanden zu überzeugen, daß man nicht im Wachstum des sogenannten Fortschrittes weitergehen kann, daß man zurückkehren muß, daß das unbedingt notwendig ist. Es gibt noch immer die Möglichkeit einer Bekehrung. Wenn sie dann kommt, wenn man im Sterben liegt, dann wird sie nichts nützen. In dieser Hinsicht bin ich pessimistisch, ich ziehe meine Schlüsse aus der Natur des Menschen, Politikers, Diplomaten.

Unsere Gefahr ist die Größe. Wir brauchen weniger Staat. Keine „Titanic", sondern Rettungsboote, Interview der Luzerner Neuesten Nachrichten mit Leopold Kohr, Manuskript, 33 Seiten. (publiziert in LNN, 7. September 1976, 4).

„GOTT ZERSCHLÄGT BABYLON, WO ER ES FINDET"

Herr Kohr, Sie haben zu einer Zeit, als noch niemand daran dachte, etwas ganz Großes entdeckt, nämlich die Aktualität des Begriffes Ökologie. Das war Ende der dreißiger, Anfang der vierziger Jahre...
Leopold Kohr: Mein erster Artikel über dieses Thema ist im Jahre 1939 erschienen, als alle Staatsmänner der Welt versuchten, die Welt zu einigen, um Kriege abzuschaffen. Was sie geschaffen haben, waren größere Kriege anstelle der kleineren. Es gibt keine Wahl zwischen Frieden und Krieg. Es gibt nur eine Wahl zwischen Riesenkriegen oder Kleinkriegen.

Damals – übrigens auch heute – war jeder interessiert, noch mehr Partner zu bekommen.
Kohr: Noch mehr Bündnispartner. Ein berühmtes Buch, das damals erschienen und ein Bestseller geworden ist, hieß „Union now" von Clarence Streit. Vereinigung jetzt!
Sie haben den Titel umgedreht: „Disunion now!"
Kohr: Ja, ich habe darüber beim Frühstückstisch mit einem berühmten Historiker gesprochen und zuerst scherzhaft gesagt: „Wie wäre es, wenn man, anstatt Vereinigung anzustreben, die Welt aufteilen würde?" Das war ein Frühstücksgespräch, aber daraus hat sich dann meine Philosophie entwickelt. Der Scherz hat mich gefangengenommen und ist dann der Zentralpunkt meines Denkens und meines Wirkens geworden.
Ihre These ist bewußt in schockartiger, Slogan-artiger Form formuliert worden. Das hat ihr einerseits genützt in bezug auf ihre Verständlichkeit, es hat ihr andererseits geschadet, weil sie von manchen als Gag mißverstanden wurde. Haben Sie sich selbst als jemand betrachtet, der den Gag einsetzt, um Wirkung zu erzielen?
Kohr: Ich habe immer versucht, nicht zu verletzen, deswegen hat man mir immer zugehört. Ich habe auch immer versucht, dem Publikum die Möglichkeit zu geben, über meine Thesen zu lachen – und gleichzeitig zu fühlen, daß ich mehr zu sagen habe, als all diese Dissertationen, die über die Planung der Wirtschaft geschrieben worden sind, die alle darauf hinausgelaufen sind, daß überhaupt kein Problem mehr lösbar sei: weder Inflation noch Arbeitslosigkeit noch die anderen Plagen.
Man war aber damals davon überzeugt, daß zur Lösung aller Probleme immer mehr Vereinigung notwendig ist.
Kohr: Weil man glaubte, daß das Problem die Kleinheit ist und die Lösung die Vereinigung, die Größe. Ich aber habe gesagt und sage: Nicht die Arbeitslosigkeit, die Inflation sind das Problem. Das Problem ist das gigantische Ausmaß z. B. der Arbeitslosigkeit: die ungeheure Dimension macht das Problem aus. Und was man tun muß, ist, die Dimension zu verkleinern, nicht das Problem abzuschaffen, denn das kann man nicht.
Hier kommen wir auf den Kern Ihrer Theorie: Dieser basiert auf der These, daß die Größe gesellschaftlicher Ansammlungen das

eigentlich Bestimmende für das Schicksal der Menschen ist. Es sind nicht das Böse und das Gute, es sind auch nicht der Kommunismus und der Kapitalismus – das alles betrachten Sie im Grunde als untergeordnet –, für Sie ist entscheidend, daß bei Erreichung einer kritischen Größe soziale Aggregate schädliche Eigenschaften annehmen.

Kohr: Die Menschheit ist nicht aus dem Paradies ausgeschlossen worden, weil Eva einen Apfel gegessen hat, sondern weil sich die Menschen so vermehrt haben, daß die Äpfel knapp geworden sind. Das Feigenblatt war die erste Geburtenkontrolle.

Wie schaut denn Ihre ideale Welt aus? Wie hätte man die Welt erhalten sollen, oder wie sollte man sie neu gestalten?

Kohr: Alles ist eine Frage der gesellschaftlichen Größen. Gewisse Größen produzieren gewisse Probleme. Probleme sind natürlich immer da: Zehn von zehn sterben immer – und so wird es bis zum letzten Tag der Menschheit gehen. Es wird Arbeitslose, es wird Mörder und Mordopfer, es wird jugendliche Drogensüchtige geben. Aber bei gewissen Größen multiplizieren sich die Probleme derart, daß die menschliche Möglichkeit, sie zu bewältigen, nicht entsprechend wachsen kann. Die Mittel zur Bewältigung wachsen in arithmetischer Weise, linear. Die Probleme vergrößern sich in großen Gemeinschaften jedoch geometrisch, nach der Zinseszinskurve.

Sie verwenden ja eine sehr eindrucksvolle Analogie aus der Biologie: Ein Floh kann springen, ein zehnmal oder gar hundertmal größerer Floh könnte ganz sicher nicht springen, er müßte ganz anders konstruiert sein. Eine Gazelle, die zehnmal, hundertmal größer ist, wird ein Mammut, ein Saurier. Und die Mammuts, die Saurier sind nicht ohne Grund ausgestorben. Eine gewisse Größe erdrückt jedes Tier, kann somit nicht überschritten werden: Die menschliche Gemeinschaft ignoriert diese Erfahrung.

Kohr: Da muß man auf den Zweck der Gesellschaft zu sprechen kommen. Wozu ist eine Gesellschaft da? Kurz zusammengefaßt: wir erwarten vier Dienste vom Gesellschaftsleben, die wir uns selbst nicht leisten können – denn sonst wäre keiner so ein Narr und schlösse sich einer Gesellschaft an, wenn er ja alle Genüsse allein haben könnte. Diese Vorteile, die wir allein nicht haben können, sind: Der Vorteil der unmittelbaren Gesellschaft unserer Mitmenschen. Dazu braucht man, habe ich mir ausgerechnet, eine Gruppierung von ungefähr hundert, groß genug, um Abwechslung zu vermitteln, und klein genug, daß man den persönlichen Kontakt nicht verliert.

Die „Du"-Nähe...

Kohr: Ein Wirtshaus verkörpert diese Größenordnung. Nun zur zweiten Stufe, zum nächsten Bedürfnis: Der Mensch hat wirtschaftliche Wünsche. Um sie zu erfüllen, braucht man eine gewisse Arbeitsteilung: Ein Dorf mit tausend Bewohnern ist so eine Wirtschaftsgesellschaft. Aber dann beginnen die ersten Unsicherheiten einzutreten. Mit der geselligen Gemeinschaft des Wirtshauses und der Wirtschaftsgemeinschaft des Dorfes tauchen aber die ersten sozialen Schwierigkeiten und Dispute auf, die ein drittes menschliches Bedürfnis wecken: Den Drang nach Ordnung und Sicherheit. Um den zu stillen, wird die politische Gesellschaft notwendig. Die muß groß genug sein, um die erforderlichen Polizisten, Richter, Beamten und Soldaten von der Last befreien zu können, sich täglich ihren Unterhalt selber ergattern zu müssen. Aber auch dazu sind kaum mehr als ein paar tausend Einwohner notwendig, die durch die Föderation einiger Dutzend Dörfer bereitgestellt werden können, wie blühende Kleinstaatengebilde wie etwa Liechtenstein, Andorra oder San Marino sich glänzend bewiesen haben. Aber mit Geselligkeit, Wohlstand und Sicherheit erscheint letztlich ein viertes – das höchste Bedürfnis des Menschen, das nur von der Gesellschaft befriedigt werden kann. Das Verlangen nach Kultur, nach Theater, Geist, Kunst, Musik, Universitäten. Um die dazu erforderlichen Talente freizumachen, muß die kulturelle Gesellschaft noch etwas größer sein als eine, die nur ihre wirtschaftliche und politische Funktion zu erfüllen hat. Aber wie die griechische Polis oder die glitzernden Stadt-Staaten des Mittelalters so glänzend bewiesen haben, sogar für diese höchste Mission der Gesellschaft genügen schon Bevölkerungen von zwischen zwanzigtausend und hunderttausend Mitgliedern. Infolge unserer technischen Errungenschaften kann man sich aber die obere Grenze der optimalen Gesellschaftsgröße heutzutage bei zehn bis fünfzehn Millionen vorstellen.

Größer sollte also kein Staatengebilde sein.
Kohr: Nein, die Probleme vermehren sich dann lawinenartig. Alles, was dann an Produktivität gewonnen wird, muß dazu verwendet werden, den Staat vor dem Zusammenbruch zu bewahren.
Das heißt, von einer gewissen Größe an frißt eine zu groß gewordene Gesellschaftsform ihre Produktionsmittel auf, um sich selber zu erhalten.
Kohr: Ja, nicht nur frißt die größere Gesellschaft ihre größere Zusatzproduktivität auf. Sie frißt auch in die Produktivität des Individuums hinein. Wir glauben, unser Lebensstandard erhöht sich, aber das ist eine Täuschung. Wir haben nicht mehr, wir verbrauchen nur mehr – es kostet uns mehr.
Das Gesetz, daß nur Kleines sich erhält, ist ein Naturgesetz. Wenn wir die Geschichte des Turmbaus von Babel lesen, wird uns das religiös geoffenbart. Gott hat den Versuch einer himmelstürmenden Zusammenballung von Menschen als Herausforderung, als gotteslästerliche Herausforderung verstanden.
Das tut er ja noch immer, meinen Sie.
Kohr: Ja, Gott zerschlägt Babylon, wo er es findet. Die Natur hat die Tendenz, alles was zu groß wird, zu vernichten, und alles, was sie vernichten will, zu groß werden zu lassen. Das zeigt auch die Geschichte: Arnold Toynbee hat darauf hingewiesen, nachdem er 20 Zivilisationen studiert hat, daß jede zusammengebrochen ist, als sie die Größe eines Weltstaates erreicht hatte.
Der Tod des Sauriers...
Kohr: Ja, die Vereinigung zum Größten war der vorletzte Schritt zum Zerfall. Heutzutage wollen sich die Völker dennoch nicht nur politisch vereinigen, auch ökonomisch, in den Gemeinschaftsmärkten, kulturell, religiös. Sie sehen nicht, was für einer Totalkatastrophe wir damit entgegengehen. Sie müßten umkehren...

Interview: Franz Kreuzer

„Gott zerschlägt Babylon, wo er es findet". Leopold Kohr spricht sich für kleine, überschaubare staatliche Einheiten aus, Interview mit Franz Kreuzer, in: St. Galler Tagblatt, 10. Januar 1990, 2.

EUROPA IST EINE TITANIC

Er schwärmt von der Schweiz, sagt dem Europa, das sich durch Zusammenschluß Größe geben will, den Untergang voraus: Professor Leopold Kohr streitet seit einem halben Jahrhundert für eine Kleinstaatenwelt. Gestern sprach der österreich-amerikanische Ökonom auf Einladung des Liberalen Forums an der HSG.

Herr Kohr, die Schweiz hat drei Optionen: Sie kann ein Beitrittsgesuch zur EG stellen. Sie kann dem EWR beitreten oder in Europa einen Alleingang versuchen. Was empfehlen Sie uns?

Leopold Kohr: Was, um Gotteswillen, könnte die Schweiz durch einen Beitritt zusätzlich gewinnen? Jeder, der wie ich kein Schweizer ist, sieht, daß hier alles, das sonstwo kracht und zusammenbricht, dank der Überschaubarkeit klappt. Die Schweiz hat ohne eine Wirtschaftsgemeinschaft einen der höchsten Lebensstandards in der Welt erreicht.

Ein neues Europa entsteht: Sagen wir Schweizer dazu ja, sichern wir uns vielleicht bei der Gestaltung etwas Mitsprache. Wird von außen nicht über uns verfügt, wenn wir nein sagen, abseits stehen?

Kohr: Die Schweiz ist in ihrer Größe ein Rettungsboot, das vereinte Europa ist eine Titanic. Soll sich die Schweiz auf eine Titanic begeben, die mit jedem Zuschuß an Größe mehr schaukelt? Europa sollte es sein, das sich in Landschaften aufteilt, sich die Rettungsbootstruktur der Schweiz gibt.

So geschmeichelt wir uns über diese Theorie fühlen dürfen: Europa strebt politisch, vor allem aber wirtschaftlich das Gegenteil an.

Kohr: Es ist diese unselige Einigkeitsphilosophie. In diesem Jahrhundert mit seiner ersten Dekade, in der ich geboren worden bin, 1908, gab es neun Großmächte. In der letzten Dekade dieses Jahrhunderts, in der ich gerade noch so lebe, gibt es eigentlich nur noch zwei. Was hat die Größe den Großmächten von einst gebracht? Den Untergang. San Marino hingegen, der Winzigstaat, blüht seit dem 3. Jahrhundert – der einzige Staat übrigens, der aus dem römischen Zeitalter geblieben ist.

Sprechen Sie sich damit gegen jedes stete Wachstum aus?

Kohr: Eine stete Vergrößerung entspricht weder den Natur- noch den Wirtschaftsgesetzen. Das Grenznutzengesetz, das die berühmte österreichische Schule vor einem Dreivierteljahrhundert zur internationalen Wirtschaftslehre beigetragen hat, besagt, daß jedes über eine gewisse Größe hinausführende Wachstum mehr kostet, als das es einbringt. Das Ende einer solchen Entwicklung ist der Ruin.
Europa spricht hingegen von Aufbruch.
Kohr: Wozu braucht Europa diesen Aufbruch, diese stete Vergrößerung? Zwar wird dadurch die Produktivität erhöht, gleichzeitig aber wachsen die Schwierigkeiten – rapid, nach der Zinseszinskurve. Was hat es denn bisher gegeben in diesem wirtschaftlichen Europa? Es gibt Butter, soviel Butter, daß Butterberge entstanden sind; es gibt Wein, soviel Wein, daß Weinseen entstanden sind.

Die EG ist doch täglich am Rande der Verzweiflung. Schauen Sie sich die Konferenzteilnehmer an, die alle drei Wochen an einem andern Ort zusammenkommen müssen, weil sie nichts zustandegebracht haben. Alle diese Manifeste der Unfähigkeit werden dann als Manifeste der Verständigung ausgegeben.

Wäre denn eine Umkehr in Ihrem Sinn überhaupt noch möglich?
Kohr: Das kann nicht die Frage sein. Denn eine Umkehr ist absolut notwendig, um zu überleben. Die Frage ist die, wie Europa umkehren kann. Die Schweiz gibt, wie schon gesagt, das Modell: Europa braucht – im größeren Maßstab – eine „Kantonisierung".

Große Gemeinschaften sind nicht notwendig, sie sind schädlich, und ich sage den Untergang solcher wachsenden Gemeinschaften voraus, denn es gilt das gleiche Gesetz wie in der Naturwissenschaft. Ist die Natur eines Systems müde geworden, vergrößert sie es, bis es zerplatzt.

Wie stark würden Sie es bedauern, wenn Ihre „Modell-Schweiz" der Gemeinschaft beiträte?
Kohr: Das Hauptopfer brächte die Schweiz selbst. Sie würde sich aufgeben.

Interview: Bruno Scheible

Europa ist eine Titanic. Interview mit Professor Leopold Kohr über Europa und die Schweiz, Interview mit Bruno Scheible, 12. Jänner 1990.

DAS GEFÄHRLICHE UNTERFANGEN EG

Mit 82 Jahren ist der weltbekannte Nationalökonom Leopold Kohr jugendfrisch und angriffslustig wie eh und je. Die EG ist für ihn eine Fehlkonstruktion von weltgeschichtlicher Dimension.

Die EG-Befürworter hält er für Lemminge, die unbedingt in den Abgrund stürzen wollen. Politikern, die um jeden Preis die europäische Einigung wollen, unterstellt er schlicht, daß ihnen bloß fad sei. Und der nationale Wahn ist für ihn – von der jüngsten Geschichte grausig bestätigt – das kriegstreiberische Grundübel, dem er die Idee loser nachbarlicher Kleinstaatenbunde als Friedensgaranten gegenüberstellt.

Bereits 1941 forderte der aus Salzburg stammende, international zu Anerkennung gelangte Wirtschaftswissenschafter Leopold Kohr in einem in den USA erschienenen Artikel schweizähnliche Staatenbunde wie Pommern/Westpolen, Ostpreußen/Baltikum, Kärnten/Venezien/Slowenien, Österreich/Ungarn/Tschechei/Slowakei, Baden/Burgund oder Lombardei/Savoyen.

Sein volkswirtschaftliches Idealmodell ist auch heute noch ein Europa der Regionen, in dem nachbarschaftlich, nicht nationalstaatlich gedacht wird. Überregionale Einrichtungen sollten nicht enger strukturiert sein als die Internationale Schlafwagengesellschaft. In ihr erkennt er das universelle, absolut ausreichende und tagtäglich tausendfach erprobte Modell für internationale Zusammenarbeit.

Leopold Kohr ist auch mit 82 Jahren immer noch ein unermüdlicher Andersdenker, ein Anarchist sämtlicher herrschender Denkmodelle. „Das hält mich am Leben", sagt er, „denn Arbeit ist das universale Lebenselixier." Für ihn persönlich ist diese Arbeit vor allem das Denken außerhalb der Konventionen.

Als beispielsweise die Goldbergwerksarbeiter in England eine Pensionsaltersenkung forderten, weil sie wegen ihrer statistischen Lebenserwartung von 67 Jahren nicht bloß zwei Jahre lang den Ruhestand genießen wollten, riet er ihnen – für ihn folgerichtig – scheinbar Paradoxes: Sie sollten bis 67 arbeiten, dann würden sie 69 werden. Wenn sie schon mit 60 in Pension gingen, lebten sie wahrscheinlich bloß 62 Jahre.

Lebenslang gegen den Strom zu schwimmen, sieht Kohr als naturgesetzliche Notwendigkeit – in kokett-bescheidener Analogie: Wenn ein Strom abwärts fließe, ziehe er dennoch zwei oder drei Zentimeter am Ufer zwangsläufig aufwärts.

Das grundlegende gesellschaftspolitische Problem ist für Leopold Kohr das der Größe. Es handle sich dabei um ein Phänomen, das dem menschlichen Geist schwer faßbar scheint: das der geometrischen statt der arithmetischen Reihe.

„Ich zeige das gerne am Beispiel des Erfinders des Schachspiels. Als der Fürst – ganz in der Manier des protzigen Staatsmannes – auf eine Bezahlung für das Spiel bestand, forderte der Weise, der es erfunden hatte, lediglich ein einziges Reiskorn für das erste der 64 Felder, die doppelte Menge für das zweite und so weiter... ‚Das ist doch lächerlich‘, meinte der Fürst, ‚du schenkst mir ein Spiel, das mich glücklich macht, und willst nur eine Handvoll Körner.‘ Er begann, die Körner abzuzählen, aber lange, bevor er das 64. Feld erreicht hatte, erkannte er, daß er sein Fürstentum verloren hatte. So ist es überall: Die Staatsmänner sind unfähig, das Gesetz der geometrischen Reihe zu erkennen."

Da Wachstum bis zu einem gewissen Grad offensichtlich gut ist, werde man blind und übersehe, daß es eine Kippe gibt, vor der man haltmachen müsse.

„Schon Paracelsus hatte erkannt: Alles ist Gift – ausschlaggebend ist nur die Menge. Der englische Historiker Arnold Toynbee hat diese Erkenntnis auf die Kulturen ausgeweitet. Jedesmal, so fand er heraus, wenn in der Geschichte eine Kultur den Punkt eines Weltreichs erreichte – das heißt, sobald alle Teile dieser Kultur in sich vereinigt worden waren –, war das der vorletzte Schritt zum Zusammenbruch."

Vor einem solchen Schritt stehe Europa jetzt. Aber man könne dem anscheinend nicht widerstehen. Es herrsche eine Art „Lawinengeist", der beständig zunehme und dessen Stärke in der Einstimmigkeit des Irrtums liege: Die mit der Größe überproportional wachsenden Probleme seien durch noch mehr Größe zu lösen.

Dabei seien alle Argumente auf der Seite der überschaubaren kleinen Einheiten. Eine moderne Großstadt könne ohne fortgeschrittene Technologie nicht existieren, eine kleinere Einheit durchaus. Die Technik behebe zwar einige materielle Schwierigkeiten, sie brauche aber nicht mehr die gesamte Arbeiterschaft. Jede Großstadt erzeuge auf diese Weise ihre Arbeitslosen selbst.

„Zur Beschäftigung der sonst Arbeitslosen wird zunächst eine Bürokratie aufgebaut. Wenn das nicht mehr weitergeht, weil schon jeder einen Aufsichtsrat oder Supervisor hat, wird die Unterrichtszeit verlängert, so daß zum Schluß das letzte Doktorat mit der letzten Ölung zusammenfallen wird."

Das dritte und effizienteste Mittel zur Beseitigung der Arbeitslosigkeit sei das Militär. Die Armeen wüchsen zunächst nach dem gleichen Prinzip wie die Bürokratien: Die regelmäßigen Beförderungen dienten dazu, die Soldaten nicht ihre Wertlosigkeit erkennen zu lassen. Wenn diese Möglichkeit aber ausgeschöpft sei, weil es schon ein Übermaß an Generälen gibt, bleibe, als einziger Ausweg, loszuschlagen.

„Das geht wie in dem Lied aus Alaska: ‚Raining by night: Nothing to do but to pick up a fight' – es gibt überhaupt nichts zu tun, also raufen wir."

Ein weiteres Argument: Je größer ein Staatswesen werde, desto mehr werde es unbedingt notwendig, daß der Bürger in alle Gegenden fährt. Mit zunehmender Größe des Gemeinwesens werde der Transport zur schwersten Steuer auf Land und Ort.

Das amerikanische Wirtschaftswunder, das Amerika zur größten Wirtschaftsmacht der Welt gemacht hat, basiere auf einer ursprünglich weitgehend dezentralen Wirtschaft ohne übermäßigen Transportaufwand. Die Idee, daß Handel und Transport die Basis des Reichtums seien, sei lächerlich.

„Zur Zeit des alten Griechenland gab es an der italienisch-adriatischen Küste eine Stadt namens Sybaris. Die war so reich, daß noch heute ein unverschämter Schlemmer ein Sybariter genannt wird. Schon die Philosophen des fünften Jahrhunderts fragten sich: Wie kommt es, daß Sybaris, das nicht einmal einen ordentlichen Hafen hat, so reich ist, daß Athen dagegen vergleichsweise arm wirkt? Und sie kamen zu folgendem Ergebnis: Da die Küste, an der Sybaris lag, zu steinig und zu felsig war, um einen Hafen zu schaffen, konnten die Sybariter keinen Handel treiben; infolgedes-

sen mußten sie alles selber konsumieren, was sie produzierten – die armen Schlemmer."

Also: Wozu sich an die EG anschließen und alles in die Luft verpulvern? Das Problem der heutigen Zeit sei nicht, wie man wachsen soll, sondern wie man zu wachsen aufhören soll.

„Wenn man mir sagt, ich sei ein Romantiker, so ist meine Antwort: Nur für einen Romantiker macht das Leben einen Sinn. Das Leben beginnt aus dem Nichts und endet im Nichts, und dazwischen gibt es eine Menge Abschläge. Für einen Nationalökonomen ist das ein glattes Verlustgeschäft – nur der Romantiker sieht die Herrlichkeit. Die Natur, die Wirklichkeit ist romantisch."

Der berühmteste Beitrag der österreichischen nationalökonomischen Schule, das Gesetz vom abnehmenden Grenznutzen, sage es ebenfalls aus: Ab einem gewissen Punkt kostet jeglicher Zuwachs mehr, als er bringt. Es seien immer die Großen, die dann zusammentreten und beratschlagen: Wie können wir dennoch weiter wachsen?"

„Keine Mutter läuft zum Arzt und sagt: ‚Um Gottes willen, mein Bub – jetzt ist er 19 Jahre alt und hat aufgehört zu wachsen.' Aber die Staaten geben sich weiterhin ihr Wachstumsserum, und dann wundern sie sich, wenn es Schwierigkeiten gibt. Genauso ist es in der EG. Die Europäische Gemeinschaft ist im Prinzip eine Problemgemeinschaft. Und weil die Probleme beständig und überproportional wachsen, sagt man: Wir müssen noch mehr Länder dazukriegen und noch mehr zusammengehen, dann wird es besser gehen."

Tatsächlich würden aber alle offenen Fragen ständig komplexer, undurchschaubarer und unbeherrschbarer. Zentralistisch verordnete Regelungen seien das falsche Rezept dagegen. Durch sie würde letztendlich jegliche Regierungstätigkeit lahmgelegt. Die Folge sei – wie die Geschichte gezeigt habe – der Zerfall.

„Das Europa der Zukunft sollte, um Bestand haben zu können, wieder in seiner ursprünglichen Landschaft existieren. Salzburg muß nicht erst geschaffen werden. Bayern und Sachsen – das sind Länder von einer Größe, die wir verstehen."

Solange die Länder unabhängig und klein waren, hätten sie Kultur und Wohlstand hervorgebracht. Liechtenstein sei deshalb so reich, weil der Staatsapparat, den jede Gemeinschaft haben müsse, so klein sei.

„Der Liechtensteiner arbeitet täglich eine Viertelstunde für den Staat und kann dann ins Wirtshaus gehen. In Österreich wird ab 11 Uhr nur noch für den Staat gearbeitet. Das Staatsdach ist überall dasselbe, aber bei den Kleinen kostet es fast nichts. Daher kommt der hohe persönliche Lebensstandard des einzelnen."

Das Altertum sei die eigentliche Neuzeit des Menschen gewesen. Die griechischen Kleinstädte haben geblüht, solange keiner daran dachte, sie zusammenzuschließen. Das Altertum sei gleichsam die Intensivstation gewesen, in der alles erfunden wurde, was wir brauchen, um atmen zu können, hören und sehen zu können.

„Das hat in Bad Ischl aufgehört, als Kaiser Franz Joseph die Kriegserklärung zum Ersten Weltkrieg unterzeichnet hat. Mit diesem Krieg hat das Individuum aufgehört. Wir verstehen das noch nicht ganz, denn unser Vokabular ist noch vom alten Griechenland bestimmt. Deswegen verstehen wir, was Thukydides geschrieben hat – und auch die Geschichte des Helden Ödipus: Das ist genau jener Einzelmensch, der die Historie geprägt hat."

Die jetzige Zeit hingegen verstünden wir nicht. Der einzelne Mensch habe schon lange aufgehört, den geringsten Einfluß zu haben. Die Masse bestimme den Einzelmenschen.

„Die Geschichte wird – nach Altertum, Mittelalter und Neuzeit – keinen vierten Akt mehr haben, sondern es läuft bereits ein neues Drama. Wenn meine Prophezeiungsgabe stimmt, wird dieses Drama nur einen Akt haben."

So wie nach dem Zerfall des Römischen Reiches würden grenzübergreifende Interessen in den Vordergrund treten und Nachbarschaftsregionen entstehen. Das erfolge automatisch, weil dies ein Naturgesetz sei, so wie das Gesetz von der Schwerkraft: Die Verwaltungskraft einer Regierung vermindere sich – so wie die eheliche Treue – mit dem Quadrat der Entfernung.

Die meisten Wissenschafter würden deshalb versagen, weil sie nicht akzeptieren, daß in den Sozialwissenschaften die gleichen Gesetze gelten wie in der Physik.

„Leonardo da Vinci ist im Herbst vor einem Weizenfeld gestanden und hat eine Welle durch das Feld gehen sehen. Da ist ihm

plötzlich zu Bewußtsein gekommen, daß dies dasselbe ist wie eine Welle im Wasser: Das Wasser bleibt still, die Welle geht drüber. Es gibt nur ein Gesetz."

Die Wirtschaftskrisen kämen und gingen mit der gleichen Gesetzmäßigkeit wie Wellen.

„Im Jahr 1957 hat mir in Costa Rica ein Student einen Artikel aus ‚Fortune' gebracht. *Dort waren auf zwei Seiten die berühmtesten Nationalökonomen Amerikas aufgelistet, und drüber stand: ‚Keiner von ihnen hat die Rezession vorhergesehen.' Das ist kein Wunder: Sie haben nicht verstanden, daß das die gleichen Wogen sind wie jene des Leonardo."*

Wenn ein Sturm aufkommt, also die Wellen höher werden, sei die richtige Antwort nicht, größere Schiffe zu bauen, sondern Häfen einzurichten, wo dasselbe Wasser im kleineren Rahmen weniger Unheil anrichten könne.

„Die richtige Antwort auf die jetzige Krise ist nicht vermehrte internationale Zusammenarbeit und vereinte Regierungstätigkeit. Die Antwort ist die gleiche wie bei jedem Problem unserer Zeit: Das Leben ist unruhig, es hat Wellen, und wir sollten alles versuchen, damit es kleine Wellen sind."

Das Gespräch führte Paul Matusek

Das gefährliche Unterfangen EG. trend-Gespräch mit Leopold Kohr, in: Trend 23 (1992), H. 10, Oktober 1992, 131-135.

„GEISTIG UMSTELLEN UND DAS GLÜCK IM KLEINEN SUCHEN"

Ein „Verkehr und Umwelt"-Interview mit dem Philosophen Leopold Kohr zu Umwelt, Verkehr und Tourismus von Sabine Stehrer

Im kleinen Salzburger Gebirgsort Neukirchen am Großvenediger liegt die Leopold-Kohr-Akademie. Dort veranstaltete das Institut für Verkehrsplanung und Verkehrstechnik der TU Wien gemeinsam mit Alfred Winter, dem Salzburger Landesbeauftragten für kulturelle Sonderprojekte, ein Seminar zum Thema „Verkehr und Tourismus in der Alpenregion". Der Salzburger Philosoph Leopold Kohr beließ es diesmal nicht bei seiner Rolle als Namenspatron der Akademie: Er eröffnete die Vortragsreihe höchstpersönlich. Für ein Interview mit unserer Zeitschrift nahm er sich ebenfalls Zeit.

V & U: Herr Kohr, Sie gelten als Vorreiter ökologischen Denkens. In Ihren Büchern finden sich zwar immer wieder kritische Bemerkungen zu den Themenbereichen Verkehr, Umwelt und Tourismus, nach einem umfassenden Beitrag dazu habe ich aber vergeblich gesucht. Nun haben Sie gerade das Seminar „Verkehr und Tourismus in der Alpenregion" eröffnet. Was fällt Ihnen spontan zu diesem Titel ein?

Kohr: Sie haben recht, etwas Zusammenhängendes zu diesen Themen habe ich noch nicht geschrieben. Vielleicht sollte ich das demnächst tun? Spontan fällt mir dazu ein Zitat von Theophrastus Bombastus Paracelsus ein: „Es ist alles Gift, es kommt nur auf die Dosis an." Das trifft auf den Verkehr genauso zu, wie auf den Tourismus. Zum Verkehr: Die Verkehrsmittel wurden eigentlich ja als Dienstagenten des Menschen erfunden. Heute ist der Knecht zum Meister geworden und der Meister zum Knecht. Ein Auto muß ja ununterbrochen gefüttert und gewartet werden. Genauso auch alle übrigen Verkehrsmittel. Dabei verbraucht der „Knecht" unheimlich viel Energie, die besser in die Wartung seines Hauses oder seiner Stadt investiert wäre. Früher waren die Städte nicht auf den Verkehr ausgerichtet. Man brauchte nicht schnell die Stadt durchqueren oder umfahren, sondern hatte viel Energie und Zeit übrig, um sie zu verschönern. Gerade meine Heimatstadt Salzburg ist das beste Beispiel für solche Städte. Heute gibt es auch dort viel zu viele Verkehrsadern. Die Verkehrsadern lassen eine Blutung entstehen. Die Stadt blutet aus, und das in jeder Hinsicht.

V & U: Wie ließe sich Ihrer Meinung dieses Ausbluten stoppen?

Kohr: Das Problem ist nicht die Verkehrsbelastung an sich, es ist nur deren Ausmaß. Schuld daran ist nicht die größere Bevölkerungszahl, sondern vor allem die Geschwindigkeit, mit der sich die Bevölkerung bewegt. Einem physikalischen Gesetz zufolge ändert sich mit der Umlaufgeschwindigkeit eines Körpers auch dessen Masse.

Genauso verhält es sich mit dem Gesellschaftskörper. Je mehr sich die Bevölkerung einer Stadt bewegt, umso größer ist ihre Masse. Es müßte der Zwang abgeschafft werden, technologische Entfernungen zu überwinden. Mit der Schaffung kleiner Einheiten wäre das möglich.

V & U: Helmut Swoboda, ein österreichischer Journalist und Schriftsteller, der sich intensiv mit Zukunftsphilosophie beschäftigt hat, schlägt etwas anderes vor. Er meint, der Zwang, technologische Entfernungen zu überwinden, werde vor allem durch die Werkzeuge der sozialen Existenz geschaffen und plädiert für eine Aufhebung der allgemeinen Arbeitspflicht, womit seiner Meinung nach Verkehrs- und Umweltprobleme, und auch jene, die durch den Massentourismus entstehen, hinfällig werden.

Kohr: Darin steckt aber ein Körnchen Wahrheit. Viele Arbeitende fahren ja nicht nur zur Arbeit und wieder heim, sie reisen zudem noch herum, weil sie nichts anderes zu tun haben, und verursachen so einen Großteil unserer Verkehrsprobleme. Bestes Beispiel hierfür sind die meisten Staatsmänner. Sie reisen in der Welt herum und machen Besuche, weil sie sonst nichts zu tun haben. Ein zweites Beispiel ist das Verteidigungsministerium Großbritanniens: Dort sind 150.000 Bürokraten und 125.000 Soldaten beschäftigt. Das heißt, eigentlich suchen sie täglich nach einer Beschäftigung und fahren natürlich auch viel herum. Sie müssen ja schließlich die Technologie benützen, die für diese Zwecke angeschafft wurde. Hier halte ich es ganz mit meinem Freund Friedrich Schumacher, der immer sagt, daß uns die Rückkehr zur mittleren Technologie in kleinem gesellschaftlichem Rahmen sehr gut tun würde. Ein Kleinstaat sollte zum Beispiel keine Fluggesellschaft gründen, weil er die gar nicht braucht. Überspitzt formuliert: Den Wolfgangsee überquert man besser mit dem Ruderboot als mit dem Jet.

V & U: Aber alle Bürger des kleinen Staates wollen den Wolfgangsee mit ihrem Auto umfahren.

Kohr: Mit dem Automobil verhält es sich immer noch so, daß es in einer Gegend wie zum Beispiel hier in Neukirchen eine absolute Notwendigkeit ist. Wohnt man aber in der Stadt Salzburg, wo das öffentliche Verkehrsnetz so gut ausgebaut ist, daß man auch ohne Auto bequem ins Theater, ins Kino oder zur Arbeit gelangt, dann ist das Automobil ein Luxus, allerdings nur ein vermeintlicher. Der wirkliche Luxus besteht darin, auf das Auto verzichten zu können. Ohne Auto ist das Leben jedes einzelnen billiger und effizienter. Mit all seinen Abhängigkeitsprodukten wie den Autobahnen, Parkplätzen, Ampeln etc. trägt es außerdem nicht gerade zur Verschönerung einer Stadt bei. Leider haben die Menschen vergessen, daß ihnen Ästhetik guttut. Der Gedanke daran müßte wieder stimuliert werden. Und, was auch noch eine große Rolle spielt: Leider kommen die Automobile dem infantilen Geist des Menschen sehr entgegen. Ich weiß, wovon ich rede. Ich hatte früher selbst ein Auto.

V & U: Kommen wir zum zweiten Stichwort dieses Seminars, dem Tourismus. Wie stehen Sie dazu?

Kohr: Es ist schade, daß es überhaupt den Begriff „Tourismus" gibt. Früher gab es den Gast. Der unterschied sich ganz wesentlich vom Touristen. Touristen sind eine Schar Unterprivilegierter, die nur zu uns fahren, weil das Leben bei ihnen zuhause unerträglich ist.

V & U: Dann sind Sie mit dem Biologen Frederic Vester einer Meinung. Er vertritt die These, daß nach einer Verbesserung der Lebensbedingungen in der Heimat der Touristen die mit dem Massentourismus verbundenen Probleme hinfällig wären.

Kohr: Ja. Die Umlaufgeschwindigkeit der Gesellschaft verringert sich, wenn es keine Drei-Tage-Trips mehr gibt.

V & U: Sie sind grundsätzlich gegen große Zusammenschlüsse. Wie verhält es sich mit Verkehrsmitteln wie der Bahn, deren Funktionstüchtigkeit ja von Grad und Güte nationaler und internationaler Zusammenarbeit abhängt?

Kohr: Die Bahn zählt für mich zu den natürlichen Monopolen, sie ist eine Ausnahme. Genauso wie das Gesundheitswesen, die Telephongesellschaft oder die Post. In diesen Bereichen sollte es große, internationale Unionen geben, die noch viel stärker als bisher zusammenarbeiten.

V & U: Die Verkehrsbelastung und jene Belastung, die durch den Massentourismus hervorgerufen wird, hat in einigen fremdenverkehrsintensiven Gegenden die Grenze zum Unerträglichen er-

reicht. In anderen Gegenden will man vorbeugen. Dort bekennt man sich zum sanften Tourismus, Nationalparks werden geschaffen, wie hier in Neukirchen, Ortskerne werden verkehrsberuhigt, Fußgängerzonen errichtet, an den Durchzugsstraßen Rückbauten vorgenommen. Was halten Sie von solchen Lösungen?

Kohr: Die Idee, einen Nationalpark zu errichten, geht ja von der Region aus, in der ein Nationalpark entstehen soll. Das finde ich gut, denn hier besinnen sich die Menschen auf das, was sie haben, und wollen es schützen und mehr daraus machen. Diese Art von Lokalautonomie ist ganz in meinem Sinne. Ein fertiger Nationalpark wirkt sich auch auf die Gegend, in der er sich befindet, positiv aus. Er verhindert die Entstehung des sozialen Krebses, an dem so viele Gegenden kranken, die sich nach der nächsten Großstadt orientieren. Eine verkehrsberuhigte Zone oder Fußgängerzone ist wie ein Spital, denn sie dient im Grunde dem schlechten Zustand, in dem sich die Stadt aufgrund des massenhaften Autoverkehrs befindet.

V & U: Wie sehen Ihre Lösungen aus?

Kohr: Es gibt nur eine Möglichkeit, wenn man am Rande eines Abgrundes steht: Den Schritt zurück zu machen. Die Menschen müssen sich geistig umstellen und ihr Glück im Kleinen suchen.

V & U: Herr Kohr, wir danken für das Gespräch.

„Geistig umstellen und das Glück im Kleinen suchen". Ein „V & U"-Interview mit dem Philosophen Leopold Kohr zu Umwelt, Verkehr und Tourismus von Sabine Stehrer, in: Verkehr und Umwelt. Internationales Magazin für Verkehrspolitik, 7 (1993), H 7/8, Nov./Dez. 1993, 41 f.

Leopold Kohr: Lebenslauf

1909: Leopold Kohr wird am 5. Oktober 1909 in Oberndorf bei Salzburg geboren.

1916–1928: Kohr besucht in Oberndorf die Volksschule und in Salzburg das Humanistische Bundesgymnasium. 1928 legt er die Reifeprüfung ab.

1928–1933: In Innsbruck studiert Kohr Rechtswissenschaften. Ab dem Spätherbst 1928 lebt er fast ein Jahr in London, studiert an der London School of Economics und knüpft Kontakte zu hochrangigen Ökonomen und Politikern der Labour Party. 1929 gründet er in Innsbruck eine sozialdemokratische Studentengruppe. 1933 promoviert Kohr zum Dr. jur.

1933–1937: Kohr absolviert in Salzburg und Wien das Gerichtsjahr und studiert an der Universität Wien Staatswissenschaften. Während mehrerer Aufenthalte in Paris arbeitet er als Journalist und ist an der dortigen Universität inskribiert. 1937 promoviert Kohr zum Dr. rer. pol.

1937: Als Berichterstatter für österreichische und Schweizer Zeitungen und für die Pariser Nachrichtenagenturen „Agence Viator" verfolgt Kohr den Spanischen Bürgerkrieg. In Spanien lernt er die Anarchistenbewegung kennen und schließt Bekanntschaft mit Eric Arthur Blair (alias George Orwell), Ernest Hemingway und André Malraux.

1938: Nach dem „Anschluß" engagiert sich Kohr in Paris in einer Widerstandsgruppe, der auch Otto Habsburg angehört. Sie versuchen mit Hilfe des Diplomaten Egon Ranshofen-Wertheimer, den Völkerbund in Genf zu deutlicherer Ablehnung des Vorgehens der Deutschen zu ermuntern. Um ein Visum für die Emigration nach New York zu erhalten, reist Kohr nach Salzburg, mit knapper Not gelingt die Rückkehr nach Paris. Am 31. Oktober erreicht Kohr von Le Havre aus New York. Zunächst wohnt er bei dem

	Bäcker Lämmermeyer, einem gebürtigen Oberndorfer. Im Zuge einer Reise nach Toronto lernt er den Historiker Georg M. Wrong kennen, bei dessen Familie er einige Zeit wohnt.
1939–1943:	Im Nordwesten Kanadas arbeitet Kohr in einem Goldbergwerk. Seine gesundheitlichen Probleme (beginnende Taubheit) rühren von diesen Anstrengungen. Auch in Amerika setzt Kohr den politischen und publizistischen Kampf gegen den Nationalsozialismus und für die Unabhängigkeit Österreichs fort, u.a. in der „Österreich-frei-Bewegung" und mit Artikeln in der „Washington Post". Ab 1941 arbeitet er für die „Carnegie Endowment for International Peace" in Washington und leitet eine Studiengruppe zur Geschichte von Wirtschaftsgemeinschaften. Im selben Jahr erscheint im New Yorker Magazin „The Commonweal" sein Aufsatz „Disunion Now", in dem er die Zerschlagung von Großmächten fordert.
1943–1955:	Kohr unterrichtet an der Rutgers University in New Jersey die Fächer Nationalökonomie und Politische Philosophie. Mit seinen Kollegen Robert J. Alexander und Anatol Murad, einem gebürtigen Wiener, verbindet Kohr enge Freundschaft, und er lernt Romulo Betancourt, den Staatspräsidenten von Venezuela, kennen. 1950/51 entsteht sein erstes Buch „The Breakdown of Nations", das 1957 in London erscheint. Erstmals seit seiner Emigration kehrt Kohr in den Sommerferien wieder in seine österreichische Heimat zurück.
1955–1973:	Kohr lehrt an der Staatsuniversität von Puerto Rico in San Juan. Er unterstützt die Unabhängigkeitsbestrebungen der Inselbewohner gegen die Vorherrschaft der USA und setzt sich gegen die drohende Zerstörung der Altstadt von San Juan durch US-amerikanische Industriegiganten ein. Architektur, Stadt- und Dorferneuerung sowie Verkehrsberuhigung werden neue Schwerpunkte in Kohrs Theorien.

1958: Kohr lernt den walisischen Pazifisten und Nationalisten Gwynfor Evans kennen und unterstützt von da an die Aktionen der gälischen „Plaid Cymru" gegen die Londoner Zentralregierung, gegen Atomrüstung und Kernkraftwerke sowie für die Erhaltung der keltischen Kultur.
1967: Als Berater hilft Kohr mit, auf der Karibikinsel Anguilla einen unabhängigen Staat zu gründen. Nach einem Jahr scheitert der Versuch an der Intervention der britischen Kolonialmacht.
1970: In London lernt Kohr über seinen Freund John Papworth den britischen Nationalökonomen Fritz Schumacher kennen, der später mit seinem Buch „Small is Beautiful" weltberühmt wird. Schumacher bezeichnet Kohr als wichtigsten Lehrer. Auch die Bekanntschaft mit Kenneth Kaunda, dem Präsidenten von Zambia, verdankt Kohr John Papworth. Die Einladung, in Zambia eine Akademie zu gründen, lehnt Kohr ab. Kaunda schreibt das Vorwort zu „Development without Aid", in dem sich Kohr mit Entwicklungshilfe und Dritter Welt auseinandersetzt.
1973: Nach der Pensionierung übersiedelt Kohr von Puerto Rico ins walisische Aberystwyth und unterrichtet an der dortigen Universität. Er schließt Freundschaft mit den Anthropologen Alwyn Rees, Brynmore Thomas sowie mit dem Literaturwissenschafter Walford Davies.
1980: Im Zuge der Vorbereitungen zur großen Keltenausstellung 1980 in Hallein „entdeckt" Alfred Winter Leopold Kohr und macht ihn und seine Ideen in seiner Heimat wie im deutschen Sprachraum bekannt.
1983: In Stockholm erhält Leopold Kohr als erster Österreicher den „Right Livelihood Award", den Alternativen Nobelpreis.
1986–1994: Kohr übersiedelt von Aberystwyth ins südwestenglische Gloucester. Er ist viel auf Reisen, hält Vorträge und Gastvorlesungen, u.a. einen Lehrauftrag an der Universität Salzburg. Während der Abwesen-

heit wird in seinem Haus in Gloucester mehr als ein Dutzend Mal eingebrochen.

1986: In Neukirchen am Großvenediger werden die Leopold-Kohr-Akademie und der Kulturverein Tauriska gegründet. Mit zahlreichen Symposien und Kulturveranstaltungen wird versucht, Kohrs Ideen in die Praxis umzusetzen.

1993: Kohr trifft Vorbereitungen zur Übersiedlung nach Oberndorf.

1994: Im Alter von 84 Jahren stirbt Leopold Kohr am 26. Februar 1994 in Gloucester.

1999: In der Regierungserklärung von Landeshauptmann Dr. Franz Schausberger ist die Unterstützung der wissenschaftlichen Aufarbeitung des Leopold Kohr-Nachlasses festgehalten.

2000: Der Wissenschaftliche Beirat der Leopold Kohr-Akademie beginnt den Kohr-Nachlaß zu ordnen und aufzuarbeiten.

Im neuen Salzburger Museum Carolino Augusteum (Eröffnung 2006) ist eine Leopold Kohr-Dokumentation mit seiner Bibliothek geplant.

Leopold Kohr Akademie

Archiv – Veranstaltungen – Forschung – Publikationen

1983 wurde Leopold Kohr als erster Österreicher mit dem Right-Livelihood-Award, dem „alternativen Nobelpreis", ausgezeichnet, und die London Times nahm ihn in ihre Liste der 1000 wichtigsten Menschen des 20. Jahrhunderts auf. In der Jury-Begründung bei der Verleihung des Alternativen Nobelpreises 1983 für Kohr hieß es: *„Er vertrat hartnäckig die These, wonach autonome Kleinsysteme eine effektive Lösung für Probleme sind, die heute die Menschheit beschäftigen. Kohr befürwortet die Auflösung von zentralisierten Strukturen, weil kleine Einheiten wie Dörfer besser in der Lage sind, lokale Probleme zu lösen. Mit eigenen Materialien und intellektuellen Ressourcen."*

Diese Kohr'sche Leitidee ist Auftrag und gleichermaßen Programm für die Leopold-Kohr-Akademie, die sich als Fortbildungsinstitut versteht und die Förderung der wirtschaftlich kleinen Einheiten zum Ziel hat. In seiner Heimat blieb Kohr bis in die 1980er Jahre fast unbekannt. Erst dann wurde er auch in Salzburg durch Alfred Winter (Landesbeauftragter für kulturelle Sonderprojekte) „wiederentdeckt".

Seit 1986 macht es sich die in Neukirchen/Großvenediger situierte Leopold-Kohr-Akademie und TAURISKA zur Aufgabe, Kohrs Werk zu bewahren und weiterzuführen. Ziel ist es, der Bevölkerung die Ideen Leopold Kohrs näher zu bringen. Deshalb befasst sich die Akademie mit Ideen für die Zukunft, mit der kulturellen Entwicklung von ländlichen Regionen. Es geht um Ökologie, Wirtschaft und Politik, um Probleme, die durch ungebremstes Wachstum entstehen. In Tagungen, Workshops und Kursen mit internationalen, nationalen und regionalen Experten werden Themen wie Selbstversorgung, Handwerk und Gewerbe ebenso behandelt wie kulturelle Aktivitäten.

Kohr lebte in den 1980er und frühen 1990er Jahren abwechselnd in seinem Haus in England in Gloucester und in Salzburg. Am Senatsinstitut für Politikwissenschaft an der Universität in Salzburg hielt er mehrere Gastvorlesungen. Im Sommer 1993 traf Kohr Vorbereitungen zu seiner Übersiedlung in seine Heimatgemeinde Oberndorf, wo er im „Salzachhof" eine Dachwohnung beziehen wollte. Wenige Wochen vor Kohrs Tod zerstören Einbrecher sein Archiv in Gloucester. Am 26. Februar 1994 starb Kohr im Alter von 84 Jahren kurz nach einer Operation.

Seit 2000 kümmern sich die Mitglieder des wissenschaftlichen Beirates der Leopold Kohr Akademie um die Aufarbeitung des Nachlasses. Ein Archiv soll den Interessierten die Möglichkeit geben, einen Einblick in die Arbeit Kohrs zu gewinnen. Weitere Aufgaben der Akademie sind: die wissenschaftliche Be- und Aufarbeitung des gesamten Nachlasses von Leopold Kohr sowie die Öffnung dieser Materialien für die interessierte Fachwelt (Archivstandort Salzburg-Altstadt), die kommentierte Neuherausgabe aller bereits publizierten sowie die Edition bisher unveröffentlichter Werke (in Kooperation mit dem Otto-Müller-Verlag), die Vergabe und Betreuung von wissenschaftlichen Arbeiten (Diplomarbeiten, Dissertationen) in Zusammenarbeit mit dem Fachbereich Geschichts- und Politikwissenschaft der Universität Salzburg, die kritische und interdisziplinäre Auseinandersetzung mit dem Werk Kohrs in der universitären Lehre, die Gründung und Durchführung sowie internationale Forcierung des Projektes Geschichte@Internet im Sinne Kohrs, die Betreuung der jeweils aktuellen Alternativen Nobelpreisträger plus Ausrichtung von themenbezogenen Jahrestagungen in Neukirchen und Salzburg, die Entwicklung und Vorbereitung eines Leopold-Kohr-Preises, die Ausarbeitung von Elementen einer „Theorie kleinräumiger Wirtschaftskreisläufe" im Kohr'schen Werk als spezifischen Beitrag zur Wirtschaftstheorie und Unterstützung von Projekten eigenständiger Kultur- und Regionalentwicklung auch im europäischen Kontex.

Leopold-Kohr-Akademie / Tauriska
Susanna Vötter-Dankl und Christian Vötter
(Geschäftsführung)
www.leopoldkohr.com

LEOPOLD KOHR

Das Ende der Großen
Zurück zum menschlichen Maß

4. Auflage

344 S., geb., € 22,–
ISBN 3-7013-1055-6

„Heute hallen Kohrs Vorhersagen in äußeren Lebensbedingungen wider,
die zum Weltschauplatz bürokratisch geplanten industriellen Fortschritts
und fortschreitenden menschlichen Untergangs geworden sind."

Ivan Illich, Theologe und Sozialreformer

OTTO MÜLLER VERLAG

LEOPOLD KOHR

Die überentwickelten Nationen

230 S., geb., € 20,–
ISBN 3-7013-1076-9

Weniger Staat
Gegen die Übergriffe
der Obrigkeit

184 S., geb., € 20,–
ISBN 3-7013-1089-0

OTTO MÜLLER VERLAG